経営革新

Vol. I

楠美憲章
井上輝一
孫正義
萩原敏孝
安居祥策
脇田眞
小脇一朗
矢野朝水
フィリップ・ドネ
ダーリル・ケーン
永井和之
西藤輝
鈴木敏文

監修
鈴木敏文
林曻一

中央大学総合政策研究科経営グループ編

中央大学出版部

はしがき

本書は、日本のトップ経営者が語る「経営革新の実践」書である。経営革新とは何か。自社の実践事例を中心に熱っぽく語りかけているのが本書である。それもそのはず、本書に収められている「実践・経営革新」は、大学院の寄付講座（産学コラボレーション）として、丹念に準備された講義録だからである。最近の大学院では、若い学生に交じって成熟した社会人学生も多くなっている。熱っぽく語りかける価値ある学生が増えている。講義する側も聴く側も熱っぽくなる。経営革新とは何か。阿吽の呼吸ではなく、言葉で表現された経営革新の本質を知りたい、もっと科学したい。高度知識社会は、こうして進化するものと考え、講義を行った経営者の快諾のもとに刊行されたのが本書である（昨年度に第一回目の『経営革新』書を刊行しているので、本書は第二回目の刊行書ということになる）。ビジネスマン、ビジネスを専攻する学生、大学院生の参考書として広く活用されることを願っている。

さて今日の日本にとって、この経営革新という言葉ほど重要な意味と価値をもつ言葉も少ない。経営革新とは何か。その実践のノウハウは何か。いや日本ばかりではない。今世界では至るところで経営革新が起きている。開放されていく世界とその構造的変動は、企業に変化適応の経営を求め、企業は懸命にそれについていかねばならない。これは今にして始まったことではないが、今日ほど世界変化のスピードが早まった時代も少ない。経営革新は変化適応の経営戦略であり、企業はこの経営革新によってよりスピードを上げて変化に適応していくことができる。その意味で、経営革新は、一時しのぎの臨時的な経営手段と捉えられるべきものではなく、むしろ時代の変化に適応していくための連続的・日常的な企業生存のための変身の手段と捉えられなければならないものである。明日の変化を読み、環境適応と生存のために今日変身することが経営革新の本質なのである。

「過去の成功体験は捨てよ。それが通用する時代ではない。」まさに時代は、不断の努力としての経営革新を求めているからである。過去の在り方を壊し、明日の在り方を生み出し実践すること。この活動の連続の成果として、企業の生存は保障されていく。ともすればマンネリに陥りやすいのが、人間であり、組織である。マンネリに安住すれば、筋肉も神経も弛緩し、終には動けなくなるのが道理。マンネリは恐ろしい病なのである。デフレ経済はマンネリ病の極みであるから、糖尿病のように完治は難しい。

本書には、デフレ経済からの脱出ノウハウも語られている。連続する企業不祥事からの脱出ノウハウも語られている。持続的成長経営のノウハウも語られている。経営革新とは、環境適応の健全な経営ノウハウである。経営者も社員も国民も、健全な社会を取り戻すために、経営革新のノウハウを学び、どうしたらよくなるのかを考えて実践する。変化の時代に挑戦するということは、強く生きることなのである。本書から変身のノウハウを学習してほしい。

なお、本書の内容について簡単に説明しておきたい。以下見るように本書は、経営革新を制度論的な観点からアプローチするコーポレート・ガバナンス論に焦点を合わせているかのように見えるが、本書の意図するところは二一世紀の健全なる企業発展の経営モデルの探究にある。確かに法律的・形式的コーポレート・ガバナンス論は世界の流行であり、所有と経営の分離する現代企業の相互牽制的なコントロール制度の改革は重要だ。しかし、社外からのコントロールという牽制機能を企業システムに埋め込んだところで経営革新は起こせないのである。重要なのは、内面からの改革エネルギーである。トップ経営者の明確なプリンシプルと情熱が欠けているならば、外面からいくら牽制しても健全な経営が行われるわけはないのである。内面と外面との総合的なアプローチで、実践・経営革新のノウハウを学習してほしい。

第1章は、「日産自動車と経営改革」である。日産自動車の経営革新は、世界でも有名になっており、そのリーダーとしてカルロス・ゴーンの名とともに広く知られるところとなったが、学術的にはまだ整理の途上にあるといわねばならない。どのような経営革新が断行されたのか。彼を支持した当時の楠美副社長が語る日産復活の本質とは何か。国際提携戦略、リーダーとフォロワーとの濃密な協力、実績主義と信頼の権限委譲などキーワードが語られるが、そこから経営革新の本質を探ってほしい。

第2章は、「コーポレート・ガバナンスの基本的考え方とトヨタ自動車の組織改革」である。ここではグローバル企業としての観点から経営革新を捉えるトヨタの主張が展開される。経営革新のための経営形態として米国型がいいとか、日本型がいいとかの比較論としてのコーポレート・ガバナンス論の流行にクギを刺す点は、興味ある問題提起と受け止められる。企業文化と国際的理念との調和を目指した組織改革の確立こそ重要だと提唱している。

第3章は、「情報アクセス権と二一世紀型のニューディール政策」を取り上げている。内容は、ソフトバンクの経営者の孫正義氏がイメージする経営革新論である。経営革新には、リーダーの偉大な創造力・構想力が必要なことが論じられる。特に時代の大転換期にはそれが成功者になるかならないかの分岐点になると論じていることは興味深い。時代の先を見ることの大切さ、具体的には光ファイバーの技術と政府主導の資金調達との結合が、明日の高度情報化社会における日本の国際競争力になることを数値を掲げながら提唱する。J・シュンペーターの創造的破壊論を彷彿させる論議が展開されている。

第4章は、「コマツにおけるコーポレート・ガバナンス改革」である。グローバル企業コマツは、本社機能をもつ日本のほかに、アジア、欧州、アメリカ、中国の五社体制でグローバルな連結経営を展開しているが、そこでのコーポレート・ガバナンスを企業のコントロールの方法と捉えて、それには①誰のために経営するのか、②何を目指すのか、③どのように経営するのか、の三点が重要だと指摘し、それぞれにグローバルな観点で興味深い説明を加えて、グローバル化に対応した企業価値の最大化とは何かを究明している。

第5章は、「帝人におけるコーポレート・ガバナンス効果」である。ここでは二一世紀のグローバル時代に対応した最高意思決定機構である取締役会の在り方を中心に、帝人のコーポレート・ガバナンス改革事例をもとに説明する。具体的には、取締役会改革、執行役員制度の導入、アドバイザリー・ボードの設置、監査役と監査役会の充実、CEOに対する監視の強化などが提唱されている。

第6章は、「新生雪印乳業再建への取組」である。典型的な経営の失敗を意味する企業不祥事の発覚から企業崩壊の悪夢に恐怖した名門企業、雪印の経営再生の苦難の道程を論じている。社内外の声を反映した企業体質の変革と品質管理体制の強化に始まり、企業理念と社員の行動基準の確立を目指した経営革新の道は、ブランド経営の陥る「奢りの経営」のもたらす失敗の恐怖（コスト）を見事に説明している。

第7章は、「中小企業の経営革新とコーポレート・ガバナンス」論である。日本の企業の九九・七%、雇用面でも全体の七割に当たる三、〇〇〇万人が働く中小企業の経営革新は重要な社会的課題だと論じている。従来のオーナー経営者による経営革新の限界を外部出資者の拡大や外部役員の導入などによる開かれた信頼される経営基盤の確立にむけての革新、産業集積の積極活用、非同族経営への改革など経営革新の重要なポイントが提唱されている。

第8章は、「機関投資家とコーポレート・ガバナンス」論である。現代の株主は、古典的な経済学の前提にする株主とはおよそ性格や特徴が異なっている。現代企業に対して世界的に存在感と影響力を増している機関投資家の行動とその在り方、つまり企業経営者に経営革新を促す存在としての役割の重要性が詳細に論じられている。特に日本の株式市場における影響力が増している機関投資家「厚生年金基金連合会」の事例を中心とした本章の議論は興味深いものがある。危機に瀕している企業年金存続のために機能する「年金基金」それ自体の経営革新が提唱されている。

第9章の「グループ共通のアンビション、マネジメントスタイルの確立が成功の鍵」では、フランスで有名なアクサグループの経営革新が語られている。現在、世界の従業員数が一〇万人を超えるグローバルな保険会社アクサの成長戦略は、M＆Aである。実質の設立は一九八五年であるから驚異の成長である。M＆Aという文化の異なる企業間の結合に基づく驚異の成長がどのような経営革新によって達成されてきたのか。大変興味深い論旨が展開されている。アクサの「アンビション経営」について、グローバル・ブランドの重視、全社員による共通した価値観と責任意識、世界中のマネジャーをフランスに集めての研修制度によるアクサ文化の基盤づくりなど、興味ある論点が解説されている。

第10章の「どんなコーポレート・ガバナンスにも落とし穴、熟慮が必要」では、米国における企業不祥事への対応の困難さが論じられていると同時に、知られざる米国経営の問題点が平易に解説されている。日本では米国の企業改革法（SOX法）が注目されているが、法律では律し切れない問題が米国にはあること、つまり米国のコーポレート・ガバナンスの負の実態が語られている。経営者の報酬が日本に比べ驚くほどに高く、またそれによって経営者のステイタスが形成されている米国社会では、日本とは異なるコーポレート・ガバナンスが必要であることを力説している。

第11章の「改正商法とコーポレート・ガバナンス」では、日本の最近の商法改正のポイントが平易に解説されている。ここでは形だけのガバナンスの強化という経営革新の在り方に警鐘が鳴らされる。信頼の置けない組織でのガバナンスがいかに空しいことか、本論文は平易に解説する。その上で、法律によるガバナンスを補完する「社会的ガバナンス」がいかに大切かが論じられている。

第12章は、「コーポレート・ガバナンスと日本企業の事例考察」を扱っている。なぜ今、コーポレート・ガバナンスなのかを、ソニー、トヨタ、イトーヨーカ堂グループ、キヤノン、ヤマト運輸などを事例に論じている。取締役会の形骸化している企業における経営革新として、改正商法に見る取締役会に委員会を設置し、そこに外部取締役を大幅に導入してCEOを監視する「委員会等設置会社」への移行の効果が考察されている。結論は、形（法律）だけのコーポレート・ガバナンスの限界を指摘し、重要なのは外部のよいところを積極的に取り入れる企業文化・風土の構築だと論じている。

第13章は終章である。「イトーヨーカ堂グループと経営革新」をテーマに経営革新の本質が論じられている。ここでは形式だけのコーポレート・ガバナンス論の限界が指摘されるとともに、健全な経営は、それぞれの企業で自分たちのアイデンティティーを確立し、それを守っていくことから始まると主張されている。委員会等設置会社方式がいいのか、従来の監査役設置方式でいくのかばかりの形式論議では健全な経営は実現しない。必要なのは、時代変化の本質を見抜く眼をもつこと、難しい成功体験からの脱却に挑戦すること、従来の考え方や発想を「変える」企業のみが生き残れることなど、経営革新の本質に関わる重要なポイントが提唱されている。

以上のように、本書は実践する経営者の体験に基づく経営革新のノウハウを集めている。すでに本書の続編（来年刊行）も予定されている。このような産学コラボレーションによる「経営革新」学の質的向上は、今の時代、世界が日本に求めるところとなっている。この潮流において本書の意義をご理解賜りたくお願い申し上げたい。

最後に、講師を快くお引き受けくださった内外の経営者と教授の皆様、また中央大学をはじめとする多くの関係機関の皆様から寄せられた数々のご支援・ご協力に感謝申し上げたい。特に本書の刊行の基となる寄付講座を提供してくださった中央大学卒業生の経済人の会、「南甲倶楽部」のメンバーの皆様には衷心から感謝申し上げたい。

平成一七年三月

中央大学名誉博士・イトーヨーカ堂グループ会長　鈴木敏文
中央大学大学院総合政策研究科教授・経済学博士　林　昇一

目次

第6章　新生雪印乳業再建への取組　――――　脇田　眞

第7章　中小企業の経営革新とコーポレート・ガバナンス　――――　小脇一朗

第1章

日産自動車と経営改革

企業変革論の視点から

楠美憲章

元日産自動車株式会社代表取締役副社長・中央大学客員教授

企業変革を成し遂げた企業に共通して見られる現象の一つに、最初から一貫したシナリオで変革を展開しているという事実があります。また、トップから社員に至るまで、意識・行動の両面で一体感をもって取り組んでいるという点もあげられます。

今日は、こういった視点から日産を取り上げます。当事者として報告すると同時に、観察者の視点からもコメントしたいと思っています。

1 日産改革の発端

日産改革の芽はどこにあったのかということからお話しします。五年前、すなわち一九九八年ですが、当時、世界の自動車各社は来るべき二一世紀をどうやって生き延びていくかということで、その方策を模索していた時期でした。端的に言いますと、どの自動車メーカーも、単独で生きていくのは大変なことだという共通した時代認識がありました。

その背景は何かというと、一つは、あの時点ですでに世界的な供給過剰の状態にあったこと。二点目は技術開発がらみですが、二一世紀には燃料電池その他で膨大な技術開発に大変なコストがかかるわけですが、そのためには、大きな売上とそれに伴う収益の確保が必須だということであります。さらには、世界的にデフレが定着するという構造的な問題もありました。そういう意味で、ＧＭ、トヨタといえども単独でやっていくのは大変だという認識があったわけです。

そういう背景があって、春頃から、世界の自動車メーカーの間で合従連衡の動きが始まりました。皆さんの記憶にあるのは「ベンツとクライスラーの合併」だと思いますが、そのほかにもあの時点で様々な動きがありました。ＧＭが日本のいすゞ、富士、スズキの三社との提携強化に乗り出したこと、フォードがボルボの乗用車部門を買収したことなどがあげられます。トヨタが（国内でありますけれども）日野、ダイハツを完全子会社化したというのもあの頃の話です。このように、各社各様に動いていました。

2　当時の日産

日産も当然、同じような認識を持っておりました。つまり、当時の日産は企業規模がいかに中途半端だということです。二七〇万台規模というのは世界的に見て決して小さくはないサイズですが、二一世紀にグローバル・プレーヤーとしてやっていくには、やはり、足りないという悩みです。加えて、日産は他社に比べて、より深刻な固有の悩みを抱えておりました。すなわち、商品、販売をはじめいろいろな面で競争力を落としており、歯止めなき低落傾向にありました。

そういう中で、財務上の脆弱さ（これは端的に言って、日産の膨大な借金体質のことです）が、当時勢いを持ち始めた格付け機関や証券アナリストの間で問題視され出しました。この背景には、時あたかも起こった日本版金融ビッグバンがあります。これによって、いわゆる「メインバンク制」が揺らぎ出し、日産のメインバンクも従前のように日産に構っていられなくなってきました。

前後して、大手銀行や証券会社が倒れたこともあり、半年もしないうちに、市場で「日産が危ない」という話が出始め、一気に抜き差しならぬ事態に追い込まれました。これは日産七〇年の歴史で初めての大ピンチでした。

3 大転換を決意

このように、事態をここまで悪化させたことに対しては、何といっても、われわれ経営陣の責任が大でありま す。集中的な議論の末、われわれは自ら腹を切ったつもりで、日産の解党的の出直しと大転換を決意しました。

その前に、「何故に、日産がここまで落ち込んだか」という敗因を私なりに整理しますと、まず、現象的・皮相的には、「商品が悪かった」とか「海外事業が裏目に出た」とかいろいろあげられますが、その真因を突き詰めていくと、やはり、われわれの仕事のやり方や日産の風土に問題があったのではないかということです。例えば、「顧客よりもライバルを見ていた」とか、「視点が全社的というよりは、セクショナリズム。部分最適解に流れるところがあった」などです。

そして、このことはマネジメントの意思決定の問題につながります。これは端的に言って、意思決定力が弱かったということですが、具体的には、意思決定の際に例外を認めるとか、非合理的な判断を妥協的にするなど、甘い点が多々あったということです。

もう一つ、それよりも大きいのは、実行力の弱さです。仮に、意思決定がきっちりされたとしても、それを実行・実現する段階でその通り行動に移せたかというと、大変忸怩たるものがあります。当時の日産は、「実行」よりも「議論」が得意な会社であったと言わざるを得ません。

逆に言うと、思いやりや言い訳が通用したり、具体的貢献度よりもよき組織人たることが人事の評価基準として高かったりしていたわけです。要するに、「責任を曖昧にする文化」があったとも言えます。その原因を深掘りしていきますと、どうしても、人事システムに突き当たります。もちろん、日産は当時でも「能力主義」を採用していました。しかし、「実績主義」ではなかったのです。つまり、仕事をきっちりやれなくても、それが即、評価につながらない。実績と評価の不連続といいましょうか、そこに大きな問題があったのです。

さらに罪深いのは、そのことに気付きつつも直せなかったということです。変えようと思っても、いろいろな軋轢や思惑があって、結局、回避したり、先送りしてしまうことが多くありました。また、体面が邪魔をしたというようなこともありました。

いずれにしても、「こういうマネジメントはもう通用しない」ということをあの期に及んでやっと決心した次第です。そして、そこから日産のターンアラウンドが始まるわけです。

4　国際提携戦略に取り組む

どういう方向にターンしたかと言いますと、今までの反省の裏返しになりますが、一つは、マネジメント改革を大胆かつ速やかにやること。もう一つは、先ほど申し上げた時代背景から、企業規模の実質的拡大を図るということです。しかも、時間的な制約からこの二つの命題を同時に解決しなければならなかったわけです。「然らば、その解を何に求めるか」ということになり、出てきたのが「国際提携」という選択肢でした。

ところが、これがまた、大議論になりました。最初はやはり、自主再建路線です。つまり、「企業規模に必要だから、提携はいい。しかし、経営の自主性は守らなければいけない。だから、外資と組んでもその資本参加率は三割以下でなければいけない」などという議論です。

しかし、この議論を続けていくうちに、「その線で本当に初期の目的が達成できるのか？」という意見も出てきました。つまり、「同じ経営メンバーで宗旨替えをしても、社員がついてくるかどうか？」ということです。さらには、「仮に、社内は何とか変われたにしても、外との取引関係で初志貫徹できるか」という難題が残ります。つまり、後にゴーンが系列破壊という形でやったようなことをわれわれにできるかどうかということです。大変情けない話でありますが、われわれでは、やっても結局中途半端に終わってしまうのではないかと危惧しました。

そのような議論を経て、最後は「起死回生策と抜本策を一気にやろう」ということになり、そのためには「名を捨てて実を取る」という断を下したわけです。私はこの時が、ある意味では、日産が変革を決意した時だろうと思っています。

ということで、早速、提携交渉にとりかかります。具体的には、多少時間の前後はありますが、ベンツ、ルノー、フォードの三社と交渉を始めました。この経緯は省略しますが、誘ったり誘われたりという形でした。冒頭申し上げたようなグローバル・ベースでの合従連衡が起こっていた最中での提携交渉でした。

そして一〇カ月後に、ルノーとの提携を決めたわけです。なぜルノーかということですが、決め手は「優れたマネジメントの導入の可能性」と「相手の真剣さ」でした。交渉を通じて、ルノーのマネジメントが一番日産に馴染むのではないかと判断するに至りました。また、日産にないものをルノーが持っているし、ルノーにないものを日産が持っているという点で、最も相乗効果が出るということも確認されました。さらに、先方がこの提携に大変熱心でした。

一九九九年の三月末に正式に提携発表をしました。反響は思った通り大変悪く、「弱者連合」とか「選択を誤った日産」などと言われました。しかし、われわれは腹をくっていました。つまり、「われわれは正しい選択をしたのだ。これをうまくやれば、日産もルノーも生き残れる。しかし、失敗すれば、ともに死ぬ」と。

5　ゴーン主導で足早な「再生」を

翌週早々、ゴーンが家族連れてやってきました。彼の意気込みを感じました。そして、数カ月後、彼は「まず、日産が今早急にやるべきことは何か」という問題提起をします。それが後のNISSAN REVIVAL PLANにつながるわけです。

彼が他の人と違う点は、具体的にかつプライオリティーを付けて、「何をいつまでにやるか」を示したことです。日産のビジョンはどうあるべきだとか、意識改革をまずやらなければというような抽象的なことではありません。私はそこに非常に共感を覚えます。

また、彼は社員全員に向かって「日産再生はビジネスライクにやろう」と呼びかけました。英語でそのまま言いますと、「Based on business, not on tradition, not on outside environment」です。「外とのしがらみとか、過去の前例とか、そういうものを一切捨てて合理的にやっていこう」ということです。それと、NISSAN REVIVAL PLAN（以下、ＮＲＰ）の各論を詰めていく段階で、彼は「事前に答えを用意しない」とも言いました。彼は日産のそれまでの体質を早くも見抜いていたということです。つまり、「聖域を設けない、タブーに挑戦する」という意味合いです。安易な妥協をしないでＮＲＰをつくろうということです。まったくその通りで、簡単に達成できるような低い目標をクリアしたところで日産は良くならないわけですから。

そして、でき上がったＮＲＰの内容は空前の大リストラ策として、社内外に大きな反響を巻き起こしました。

〝五工場閉鎖。二一、〇〇〇人削減〟という活字が踊りました。さらには、〝日産はここまでやるのか？　日産は壊れるのではないか〟という厳しい観測まで出ました。

しかし、このNRPは、見方を変えると、いわゆる経営版の「マニフェスト」であり、当時では珍しいものでした。つまり、ゴーンはこの中で、具体的に何をいつまで、どこまでやるんだということを宣言・約束したわけです。

これに対する外部の反響も、当初は極めてネガティブでした。まず、「あれは無理だ。実現できない」とか「破壊的リストラだ」というのが大方のマスコミ・識者の見解でした。その証拠に株価が下がりました。あの当時、リストラをやると株価が上がるというのが相場でしたが、「日産はやり過ぎだ」というわけです。経済界の中でも、日産の将来を疑問視する方が多かったのも事実です。

しかし結果は、一年後には黒字まで回復し、二年目には全部の目標・計画を前倒しで達成するところまできたわけです。これが「日産のV字回復」と言われる背景です。そのおかげで、日産は早期に市場の信頼を取り戻しました。

然らば、どうやって実現したのか？　ただ精神論で頑張ったというわけではなく（もちろん、情熱は変革に不可欠な要素ですが）、手法的に新しいツールをいくつか用意しました。その一つは、「クロスファンクション」です。これは結構有名になりましたので、内容は省略しますが、要するに、社内横断的機能の強化ということです。挑戦的な、つまりバーの高い目標や計画というものは、多くの場合、部門をまたがる課題が多いわけですから、セクショナリズムを排除するための仕掛けを工夫したということです。次に、プランの実行段階で仕掛けたのが、「コミットメント」という手法です。これも皆さんご承知だと思いますが、要するに、NRPという大きな宿題を社長から末端に至るまで一人ひとりが応分の荷物として背負ったということです。そして、この時にゴーンは「ここまでは全体の五％だ。後の九五％は実行だ」と言いました。一人ひとりが実行段階で画竜点睛を欠かないようにしようという決意です。

ここで、企業変革論の視点から触れておかなければいけないのは、「リーダーの役割」と「フォロワーの役割」というテーマです。

まず、ゴーンのリーダーシップですが、NRP成功に不可欠だったことは言うまでもありません。ゴーンのリーダーシップについてはいろいろな見方ができますが、私は、彼のリーダーシップの神髄は「コミュニケーション」にあると思っています。社員との丁寧で継続的な対話を通して、社員の行動を変容させたということです。これは企業変革の絶対条件と言えます。このコミュニケーションは、言い換えると、社員への動機付けです。この辺に関しては、ゴーンは類いまれなる才能を持っています。そして、彼はそのために率先垂範します。こんなエピソードがありました。NRPを発表した後、マスコミに「あのNRPが達成できなかったら、どうするのか?」としつこく訊かれた彼は、即座に「失敗すれば辞任する」と言いました。NRPがスタートして半年もたっていなかったと思いますが、この発言はマスコミでも話題になりました。しかし、彼の言葉は社内においてこそ、大きな意味がありました。つまり、社員が〝ゴーンさんはあそこまで言うのか、彼は真剣なんだ。俺たちも腹をくくってやり遂げなければ〟という雰囲気になっていきました。あの当時、日本企業の経営者であそこまで言うのは珍しかった。しかし、これはリーダーの大事な要件の一つだと思います。

あわせて、私が申し上げたいもう一つの変革の絶対条件に、「立派なフォロワーの存在」という要素があります。リーダーがいくら優秀でも、トップ一人にできることはたかが知れています。日産の場合にもまったくそうでした。全員がその重い荷物を背負ってきっちり使命を果たしたからこそ、企業として生き返れたわけです。その辺はゴーンもよくわかっていまして、常々、「答えは社内にある、あなた方が考えてくれ」ということでした。彼曰く、〝目標値やスケジュールは譲れない。しかし、やり方は任せる。なぜなら、あなた方が一番日産を知っているのだから〟というわけです。

ですから、ＮＲＰはゴーンが一人でつくって実行したわけではありません。むしろ、その反対です。提案や知恵を〝もっと出せ、もっと出せ〟と迫り、その結果、妥協せずに計画をまとめ上げ、〝さあ、やろう〟と率先垂範したということです。

そういう意味で、優秀なフォロワーがいて初めて卓越したリーダーシップも生きてくるわけです。たまたま一昨日、ＩＢＭのガースナーさんと話す機会がありましたが、ガースナーさんも同じようなこと言っていました。〝自分がＩＢＭでやれたことはほんのちょっと。実は、自分は触媒にすぎない。社員が化学反応してくれたんだ〟と。

以上が大変雑ぱくですが、日産がひとまず生き返るまでの過程です。そして、今は、持続的な変革と成長発展に向かって取り組んでいるところです。

6 さらなる「変革」に向けて

変革の定着のために、日産が現在取り組んでいることがいくつかあります。一つは、組織・制度のモデルチェンジ。代表例は「人事制度」で、これが一番大事だと思っております。実績主義を前面に打ち出し、賃金・昇進とリンクさせたのはもちろんのこと、人材育成、ローテーション、個々人のキャリア・デザインともリンクさせています。さらに、関連して意を用いているのは、「権限委譲」です。一人ひとりにより難しい仕事をしてもらうわけですから権限委譲は当然ですが、実績主義と権限委譲の組み合わせで、より大きな成果を出そうとしています。そうすることによって、会社もハッピーだし個人も自己成長するという良循環に入ることを狙っています。

日産の場合、評価をめぐってかつてあった不満は、成果主義の導入により大幅に解消されました。厳しいシステムですが、「彼はあれだけ貢献したのだから、評価されるのは当然だ。おれも来年は頑張ろう」というような納得性が出てきたわけです。

しかし、この成果主義の導入に当たって大事なことは、評価のルールをきっちりつくり、それを透明性のある形で事前に社内展開することです。そうでないと、やはり、特定の部署の人や目立つ人物だけが評価され、その反面、一生懸命やったけれどもゴーンから見えていない人たちが多数ディスカレッジするということになるからです。これでは、企業トータルとしても得なことではありません。

それからもう一つ、世間にはゴーンがフランスからいっぱい人を連れて来たという誤解が結構あるのですが、そうではありません。ゴーンはできるだけ現有勢力を使うという主義です。それに、彼は今の日産の若い人は有能だという感触を持っています。そのことは彼らにも伝わっており、それが上下の信頼関係を生み、仕事の成果にもつながっているわけです。

そういうことをやっていく中で、仕事の価値観というものが変わってきました。例えば、これまで、コンセンサス経営だったものが個別のコミットメント・ベースに変わりました。また、連帯責任だったものが個人責任になりました。慣習でやっていたことがルールの下に行われるようになりました。その結果、例外的な意思決定が排除され、合理性・ルール性が出てきました。同時に、暗黙値的でインフォーマル性の強い日本企業特有の仕事の仕方がかなり透明化してきました。さらに、最も変わった点は、ある意味で「議論の日産」から「実行の日産」になりつつあるという点です。「実行」が日産の企業文化の中核になりつつあるのではないかと私は期待しています。このことは日本企業に共通する問題で、まだ吹っ切れていないところが多いように思っています。

そういうことで、最近の日産は、少し離れた立場で見ていると、変革の癖がついてきたかなと思います。最終目標は、これを完全に体質化することです。「変化は常態なり」ですから、変革を体質化するよりほかないわけです。

次に、日産はいわゆる「守りのリストラ」が完全に終わり、今、「攻めのリストラ」に入っています。その狙いは、拡大基調の中で一段と競争力を付けようということです。そのための計画を「日産一八〇計画」と呼んでおり、今年はその初年度です。これも三年計画で、来年中には全部終えようという意気込みでやっています。そして早くも、「ポスト日産一八〇計画」を仕込んでいるところです。

この過程で大きな拠り所になるのが、「ルノーとの提携効果」です。提携が正式に決まった九九年の春に、日産もルノーも〝この提携は「新しい形の企業連合」です〟と申し上げましたが、当時はあまり関心を持たれませんでした。しかし、最近になり、マスコミのみならず、識者、世界のビジネススクールなども注目し始めています。どこが面白いかというと、「合併しないけれども合併以上の効果を出す」というコンセプトだからです。この裏には、「それぞれ氏育ちも違うわけだから、アイデンティティーとブランドは別々に持とう。しかし経営資源は全部一緒にしよう」という、両社の最初から一致した戦略があります。そのために、まず、両社で使う言葉を英語に統一しました。日本語でもなければフランス語でもありません。しかしそれでも、単語一つひとつの意味合いは人により違ってくるわけですから、重要な単語は全部辞書化して、意味合いの統一化を図りました。職制も、部課長から役員に至るまで様々な階層がありましたが、両社間で完全に同じ呼称に統一しました。ですから、両社を跨いで異動も評価もしやすいことになります。

　このように、経営のソフトインフラをきっちり合わせる方が、外見だけ統合するよりも遥かに効果は出てきます。この点は、提携に慣れていない日本企業として大いに考えるべきかと思います。

　もちろん、日々、仕事の現場では対立もあれば失敗もあります。しかし、それを繰り返しながら、それはそれなりに「行動と実績から学ぶ」という仕組が今できてきつつあるのかなと観察しております。

7　結びにかえて――「日産改革」の意味合い

　企業変革論の視点から、私は日産の改革は二段階から成っていると見ています。

　第一段階は「国際提携」です。これをテコに新しいマネジメントの導入と実質的な企業規模の拡大の切符を手に入れました。

　そして、第二段階は、言うまでもなく、「ゴーン改革」です。この過程で、日産の経営システムと競争力が格段に向上しました。その上で今後は、提携の効果がグローバルに発揮されることが期待されています。

　最後に、「日産改革の成功のファクターは何か」ということについて、私の見方を申し上げたいと思います。

　一つは、国際提携の際に示された両社の姿勢です。お互いに冷静に、無理強いや我を張ることなく、とにかく「両者一緒になれば、何とか世界の自動車戦争に生き残っていける」という思いから、互いに強みを提供し、弱みを補完するという合理的で謙虚なアライアンスになっていることです。この裏には、ルノーのシュバイツァー会長と日産の塙会長の二人の英断と戦略があったからです。

　二番目は、やはり、日産はゴーンという優れたリーダーを得たということです。今日、これほど大胆な企業変革を実現できたのはゴーンのリーダーシップがあったればこそです。

三つ目は、やはり若い人たちがゴーンの決意と方針に対し、極めて前向きに取り組んだことです。そういう意味で、私は身内ながら、立派なフォロワーの協力があって初めてここまで来られたし、この先も楽しみだと思っています。

もう一月ちょっと前になりますか、朝日新聞が社説で日産のことを取り上げました。あの朝日が個別企業のマネジメントを社説で取り上げるのは大変珍しいことです。その見出しは「日産改革は神話ではない」というもので、要するに、元気の出ない日本企業にゲキを飛ばすという意図です。「あれは日産だからできたとか、外国人のトップだからできたと例外視したり、他人ごとだと捉えては駄目ですよ。やる気になれば日本企業もあそこまでできるんですよ」と、いかに朝日らしいご託宣でした。

もちろん、日産改革は決して最適のケースではありません。しかし、一企業の生き様を他山の石とするところはあるのではと、当事者として、また、観察者として最近思っているところです。

（二〇〇三年一〇月九日）

第2章 コーポレート・ガバナンスの基本的考え方とトヨタ自動車の組織改革

トヨタと某社は例外ですか

井上輝一

トヨタ自動車株式会社元常務取締役・豊田合成株式会社常勤監査役・りそなホールディングス株式会社社外取締役

自動車産業の特徴は、サプライサイド《供給》から言いますと、総合組立産業です。総合組立産業であるということは、日本の自動車産業の質が高いとするならば、それは工作機械、素材産業、あらゆる産業の基礎産業のレベルの高さによって支えられている、ということです。私は時々トヨタの技術者に、「君たちだけが優秀だから、車が優れているわけではない」と言いますが、反面当然のこととして、日本の自動車産業の質は、その優秀な素材をコーディネートする技術の優秀さにも支えられていると思います。しかし、基本的にはやはり、日本の基礎産業、工作機械産業、エレクトロニクス産業、極端なことを言いますと電力の品質まで含めて、日本の産業レベルの高さの上に、自動車というものの品質が保たれているということを忘れてはいけません。

一方、ディマンドサイドから言いますと、自動車産業というのは大量・耐久消費財ですから、今日お見えの方も含めて、皆様のお世話になっているわけです。それは、トヨタの車に乗っていただいているか、日産の車に乗っていただいているか、ホンダの車に乗っていただいているかということは関係ございません。あるいは、車を持っておられないということも関係ございません。すべて潜在的な私どものお客様です。

したがって、すべての日本の方々のお世話の上に立って、トヨタ自動車というものは成り立っています。こういった感謝の気持ちが、今日、トヨタ自動車を何とか支えているのだと私は思っています。

1 コーポレート・ガバナンスって何ですか？

コーポレート・ガバナンスは二年ぐらい前から、これを論じていれば何とかなるというような流行になっています。ただし、このコーポレート・ガバナンスが何であるかということについてははっきりしない。なぜこんなに流行しながら混乱しているのでしょうか。それは根本的に、ガバナンスということは、統治ですから、組織がある限り存在するものです。ところが最近の「コーポレート・ガバナンス」というのは、一九八〇年代のアメリカで盛んになり、世界的に広まった言葉です。フランスへ行った時に、「フランス語にコーポレート・ガバナンスはあるか」と問いましたら、「ない。フランス語でも、英語でコーポレート・ガバナンスと言うのだ」とのことでした。実は私は監査役になってコーポレート・ガバナンスという言葉に接した時に、世界のいろんな専門家に「コーポレート・ガバナンスって何ですか？」と質問状を出しました。そうして返ってきた答えをまとめ、『月刊監査役』という監査役協会の機関誌に書きましたが、実に多様な定義があります。

コーポレート・ガバナンスは、実はもういろんなところで話し尽くされていますので、最初に私の方から皆さんに、今日の主要な論点を一つだけお話しいたします。

私は、日本的ガバナンスとか、アメリカ的ガバナンスとかという言葉は大嫌いです。グローバル化した経済と経営の中で、いかにドメスティックな企業であれ、今やグローバリゼーションの影響を避けるわけにはいきません。そういう状態の中で、日本的な経営とかアメリカ的な経営というのは、ある面では存在するけれども、本質的には差があるはずはありません。あるとすれば、優れた経営と優れていない経営があるだけ。だからエクセレント・カンパニーの共通の理念は共通だと、私は思っております。それが、私の一つの信条です。

コーポレート・ガバナンスが多様に議論される理由の一つに、コーポレート・ガバナンスを話す人の立場というものの違いがあるように思います。イギリスの有名な「ハンペル・リポート」を書いたハンペル卿は、ある大手会社の会長です。彼は「ハンペル・リポート」の冒頭に、「私は経営者である。私は経営者の立場で、この『ハンペル・リポート』をまとめたのだ」ということを書いています。それは日本でも本になって出てい

英国ハンペル委員会報告書
「第１章　コーポレートガバナンス」からの紹介

（注）1999年　駿河台経済論集から

１．１　コーポレートガバナンスの重要性は、企業の繁栄（business prosperity）とアカウンタビリティの双方に貢献することである。

（中略）

本委員会はアカウンタビリティを強く支持するものであり、キャドベリー委員会とグリーンベリー委員会が貢献したことを承知している。
しかしアカウンタビリティを強調することは長年にわたって企業を繁栄させるという取締役会の第一の責任を曖昧にする傾向がある。

ますから、見られることがあると思います。コーポレート・ガバナンスの話となると、研究者・学者はそういう立場で、経営者は企業経営という立場で、機関投資家の方は機関投資家としての立場で、コーポレート・ガバナンスというものを話されます。ですから、話す人の立場によってコーポレート・ガバナンスが違う。これは決して悪いことではなくて、その人の立場を理解してやってほしいということです。特に注意を要するのは、コーポレート・ガバナンスを生業《なりわい》にしている方がたくさんおられ、それぞれがビジネスとしてコーポレート・ガバナンスを話しておられるということです。この、どの立場からコーポレート・ガバナンスに取り組むかどうかということは重要な視点です。

私は企業の経営者であり、監査役であり、そういう立場からコーポレート・ガバナンスをお話しいたします。ちなみに、この歳ですから、この分野での専門家になろうという気はまったくございません。ですから単に経営者のＯＢとして、今、コーポレート・ガバナンスの問題を振り返っているということです。

コーポレート・ガバナンスということを、日本は「企業統治」と訳しました。片仮名日本語というやつの不思議です。日本の片仮名英語は大体、英語を日本語にして、日本語で英語を理解するという思考の方法を、日本人は取ります。それで、コーポレート・ガバナンスを「企業統治」と訳した途端に、企業統治論、組織論に置き換えられる方が多いのです。

けれども本来的には、コーポレート・ガバナンスは一九三〇年前後の大不況の中で発達し、一九八〇年代のアメリカのニューエコノミーの中、株式市場を大衆に開放して経済を活性化するという政策で、証券取引のルールとして発達した言葉です。したがって、アメリカの上場基準とかＳＥＣの規則という形、あるいはデラウェア裁判所を中心とする判例というもので構成されています。

もともとアメリカには、企業統治について、企業経営に関する法律が連邦法にはなく、ほとんど州法に任せられています。これはアメリカの建国の歴史からきているものです。ただ、あのエンロン事件が衝撃を与えたので、連邦法が出たわけです。該当する法律の冒頭に、「この法律は、財務諸表の信頼性確保に関する法律である」と書いてあります。だから、株式市場から資本を調達しようとする人は、このルールに従いなさい、と。ここに、株主価値最大を主張するアメリカのコーポレート・ガバナンスの本質があるわけです。

なお、日本の商法は、上場会社と非上場会社とを分けていません。規模によって大会社、中会社、小会社というのはありますが、証券取引法という世界では、商法とは別個に上場のルールを決めています。私は、上場会社法を定めるべきだということを五年間ずっと主張しています。

ですから、企業組織がどうあるべきか、統治がどうあるべきかというのは、コーポレート・ガバナンスにとっては大事な問題ではあるけれども、それそのものではない。これが片仮名英語の日本語の曖昧なところで、議論を非常に混乱させています。

何もコーポレート・ガバナンスだけではありません。「ユビキタス」という言葉が流行りました。今でも流行っています。わけがわからないでも、「ユビキタス」というと、皆あまり質問してはいけないことになっています。質問するのは何か、無知な人であるという雰囲気。私もさすがに会社の情報に関する会議の時に質問できませんでしたが、終わったあと説明した役員に訊きましたら、「私もわからない。後で調べて報告する」と。そこでその担当部へ行って、「ユビキタスとは、何だ」と大きい声で言いましたら、一人の課長が得意気になって教えてくれました。「これはラテン語か何かで、神はいつでもどこにでも現れるという言葉で、それを情報通信の社会で、誰でも、いつでも、どこでも、というのでユビキタスという言葉を使ったのだ」と。まあ、日本人のいいところですが、英語を片仮名にして、日本語にして、日本語から英語を理解したつもりになる。

「取締役」というのも同様です。アメリカのBOD（board of directors）は、日本の取締役とはまったく違います。BODを「取締役」と訳しておいて、今度は日本の取締役制度でアメリカのBODを理解するという現象は、コーポレート・ガバナンスの議論を非常に混乱させています。アメリカのBODというのは一体何であるかを、調査機関を使っていろいろ実態調査をしたものを後でご紹介したいと思います（しかも平成一二年の商法改正で「委員会制」が導入されることになって「業務執行を基本的にする取締役」と「業務執行をしない取締役」が同じ言葉で語られるという不思議なことも起こっています）。

2　トヨタ自動車は例外ですか？

日本人というのは不成功を語るのが大変好きで、成功したことについては、あまり触れたくない、あれは例外だという話にしたがる傾向があると思います。日本でコーポレート・ガバナンスの話をしますと、トヨタと某社の話は別だと言われる方があります。トヨタと某社は、グローバルなコーポレート・ガバナンスの理念から言って、本当に例外なのでしょうかというのが、私の本日の皆さんへの率直な問いかけです。私の話を聞いていただいて、やっぱり例外だなあと思われるか、思われないかということです（業種も企業文化も異なっていますから、当然、システムや形は異なっています）。

トヨタ自動車は今、グローバルに事業を展開しています。重大なのは、日本に本社を持つグローバル企業だということです。グローバル経営とか、グローバル会計とか、グローバル監査とか、今、グローバル、連結という話が盛んです。これは私の持論ですが、グローバルといった場合、どこに本社があるかは重大な問題です。アメリカに本社のあるグローバル経営と、日本に本社のあるグローバル経営と、欧州に本社のあるグローバル経営とでは違います。国力、経済力、軍事力、すべてを背景にして、国の力をもって、グローバルというものに、経営する時にどういう態度を取るべきかということが違うわけです。

トヨタ自動車は、日本に本社を持つグローバル企業です。したがって、ゼネラルモーターズとトヨタ自動車は、グローバルな自動車産業でも、違う部分があります。ただし、グローバライゼーションの時に、いわゆるセントラリゼーション（セントラル化）というものと分散化、集中と分散というのは、共通する大変大きなテーマです。

皆さんご承知のことですが、トヨタは三〇を超える国に生産拠点を持っています。生産工場の数としては、アメリカには幾つもありますから、おそらく五〇近い生産工場を世界に持っているだろうと思います。販売拠点は大体一〇〇カ国に及んでいるということです。もう一つ強調しておきたいのは、ニューヨークならびにロンドンに上場しているということです。ニューヨークならびにロンドンの上場規則に縛られている企業であり、SECの規則の許可なく財務諸表も出せないという面を持っているということです。それでいてなぜ学者の方々は、コーポレート・ガバナンスのグローバルな議論の中で、トヨタ自動車と某社は別ですよとおっしゃるのかが、私の本質的な疑問です。

グローバルなスタンダードから離れているような企業が、グローバルな経営ができるわけがないというのが、私の信念です。つまりは、日本に本社を持つグローバル企業であり、グローバルに事業を展開するトヨタという会社の経営は、グローバルに通用する、ということだと思います。この一連の経営改革に至るまでに、私どもはずっと、いかに国際的に理解される経営組織にするかということに苦労してきました。

一方、トヨタ自動車は、TQCを重要視する会社です。デミングサイクル、要するにPDCA（Plan Do Check Action）というシステムを非常に重視して参りました。

この六月をもって、トヨタ自動車は久しぶりに大幅な経営改革を行いました。それは、ここに出た常務役員制を中心とする問題です。トヨタの経営トップと監査役会議長として、この三年間、ともに考えてきました。いかに国際的に通用する理念をもって組織をつくるか。それでいて、いかにトヨタ自動車という企業文化と自動車産業という本質を損なわないで、国際的理念との調和を図るかということを三年間苦慮し、実験し続けてきたわけです。それが、六月に発表した企業組織の形です。この改革は思いつきではなく、旧来の組織の中で可能な限り会議の形態を変え、取締役会の経営を変え、監査役会の運営を変え、ターゲットに向けて三年前から実験と修正を重ねてきたのです。したがって、社外からは何か新鮮な感じがあったかもしれませんが、社内には何の驚きもなく、今までと何ら変わらないじゃないか、という感じでした。

経営が非常に行き詰まった場合は別として、経営組織というものは、簡単に革新すべきものではない、がらっと変えるというようなものではないと、私は思っております。会社の経営組織というのは、ゼロからできるほど簡単なものではないということです。特に、お客様や株主のことを考えたら、がらっと変えて失敗するかもしれないというような危険な実験をすることはできません。やはりテストを積み重ね、これでいけるという確信があって、組織改革に踏み切るものだと思います。これは、ＴＱＣ、あるいはＰＤＣＡのサイクルそのものです。

3　コーポレート・ガバナンスの四つのバランス

コーポレート・ガバナンスについては、私の持論として「四つのバランス論」を主張しています。

一つは、リーダーシップとガバナンスのバランス。リーダーシップとモニタリングのバランスと申し上げた方が正確かもしれません。競争の激しいこの時代、経営に最も求められているのはリーダーシップです。リーダーシップのない会社に、競争に勝つだけの力は生まれてこない。強力なリーダーシップがあるから強力なモニタリング組織が確立するわけで、リーダーシップのないところに非常に強い監査組織の必要はありません。監査役協会の会長職にあった私は、「もしこの監査役協会の会社の中に、監査役制度が非常に強力でつぶれる会社があったら、その監査役は最低である。何にもしないで会社が繁栄している監査役よりも劣る」と申してきましたが、経営の基本は監査ではなくやはりリーダーシップだと信じています。リーダーシップがあるからこそ組織は発展する。これはもうジュリアス・シーザーの時から同じで、ローマの共和制が良かったのか、シーザーの強力なリーダーシップが良かったのかというのは、非常に難しいところです。ともあれ、リーダーシップとガバナンス、モニタリングのバランスの問題は、古来、組織論について回る本質的な問題なのです。

二番目は、独立性と有効性のバランスです。今、コーポレート・ガバナンスにおいては、インディペンデント、独立性が、特に社外取締役との関連で大変注目・重視されています。私は七月から、株式会社りそなホールディングスという会社の社外取締役になりました。また、豊田合成株式会社の常勤監査役でもありますが、社外常勤監査役という「社外」が付いています。トヨタ自動車では、社内取締役・社内常勤監査役を務めていました。

監査が社内の人間であれば、身内で十分な監査ができるかという独立性の問題があります。社外の人間であれば、社内事情・業界事情に疎い人間に有効な判断ができるかという問題になります。社外というインディペンデント性と、実際に企業内において働きが保てるかという、いわゆる独立性と有効性の問題が、二番目の大きなバランス論です。

独立性が強くなればなるほど、あるいは社外性が強くなればなるほど、情報に対して疎くなりますし、会社のこともわかりません。二つの社外取締役・監査役をやっていますが、今、悩んでいます。本当のことを言うと会社の中はわからないまま、取締役や監査役をやっているわけですから。とにかく誰かが話してくれないことには、会社の実態がわからない。けれども、こっちに信用がなければ話してもくれない。さらに、話してくれる人が本当に真面目な人なのかだます人なのかもわからないという不安を抱きながら、日々を暮らしています。けれども、独立であることは間違いない。この独立性と有効性のバランスというのは、コーポレート・ガバナンスの二つ目のキーだと思っています。

三番目のキーは、コーポレートの戦略決定と業務の執行、監督と執行を分けるべきかどうかという問題です。国際的には、監督と執行を分けるべきだというのが通説ですが、実際の経営形態を見ると、非常に難しい。

この問題では、よく英米法が取り上げられます。イギリスが最もピュアです。具体的に言えば、ボードのチェアマンとCEOの兼務をイギリスは原則的に否定しています。そういう意味ではドイツの監査役制度とオフィサー制度も、監督と執行は完全に分離されている。フランスでは分離を原則禁止していました。二〇〇〇何年に初めて選択制としてボードのチェアマンとCEOを分離してもいいという選択制が入りましたが、私がフランスの専門家たちと懇談した際に、フランス法は二層制を取り入れた場合でも、一人でする方が好ましいと言われました。「これはやはり、フランスはナポレオンの国である」と、フランス人がおっしゃいました。アメリカではボードとオフィサーは分離していますが、必ずしもボード・チェアマンとCEOは分離されておらず、CEOがボードを支配しているケースもままあります（皮肉なことにエクセレント・カンパニーに見られるということも事実です）。したがって、監督と執行の分離をどうすべきかは、経営の場では大変重要な問題です。特に、業務執行を分離するといった場合、業務執行の方針決定、あるいは戦略決定と、方針の執行を分離することが可能であるかどうかは、大変難しい問題です（日本の委員会制度の取締役会の法文の中には「業務の決定」というフレーズがありますが、これが何をどの程度含むかということは、経営の実際の場合難しい問題です）。ボード・チェアマンとCEOはどういう関係にあるべきかというバランス論が、コーポレート・ガバナンスの第三番目のキーです。

四番目のキーは、コーポレート・ガバナンスにおいて最も重要なのは何か、人間の資質なのか、システムなのかということです。

去年、日本能率協会の講演で来日したアメリカの取締役協会（NACD）の会長と会食した際、このことが話題となりました。私は、「日本の今までのコーポレート・ガバナンスは、かなり人間の資質に頼ってきた。だから、人が代わるとコーポレート・ガバナンスが変わるというのが日本の経営の弱点ではないか、これからはもっとシスティマティックなコーポレート・ガバナンスをやらなければいけないのじゃないか」と申しました。すると相手は、「違う。コーポレート・ガバナンスは、まさに人間の問題であって、システムの問題ではない」ということを言いました。これはまったく逆のことを言っているように聞こえますが、本当は同じところを考えているのです。

アメリカは、システムに頼り過ぎて人間の資質を軽視したために、エンロン事件が発生した。エンロンはどう見ても、一流のアウトサイド・ディレクターを並べ、システムもでき上がっていたのですが、機能しなかったのです。

日本は従来、非常に人間に依存し、システムを軽視してきた。だから、私とNACDの会長はお互いの立脚点が違うことを話したので、本当は、真ん中のところのバランス論を言っていると理解しています。

最近ではアメリカはエンロン等の事件以来、ディレクターの資質や教育だけでは信用できないという雰囲気になっているので、CEOとCFOのサインを要求する。日本は非常に気楽にサインしていますが、アメリカでサインする、宣誓するというのは重大です。法廷で聖書を前に手をあげて宣誓するのは、まさに神に誓うということです。

アメリカのコーポレート・ガバナンスの中核にあるのはCEOです。だからこそSECは、CEOとCFOにサインを求めたわけで、ボード・チェアマンとオーディット・コミッティーの委員長にサインを求めたことはありません。だから彼らは、ボード・ディレクターがどういうものであるか、オーディット・コミッティーとはどういうものであるかを、十分知っているのです。経営の中核において責任を負い行使するのがCEOとCFOであるということは、このサインの事実を見てもわかると思います。

以上の四つのバランス論が、コーポレート・ガバナンスの非常に大きなことだと思います。繰り返しますと、まず第一はリーダーシップとモニタリングのバランス問題。二番目は、独立した人がモニタリングをするということ、有効な経営ができるということの、独立性と有効性のバランス。三番目は、監督と業務執行のバランス。そして四番目は、人間の資質とシステムのバランスです。

4　組織と人材――トヨタの経営改革

企業の組織を決める時に、最も考えなければならないことは何でしょうか。私は、大切なのは各々の会社が持っている人材を考えることだと思います。詰め将棋だったら、ここで飛車を打てば詰むとなっても、実際の将棋盤の上に銀と金、あるいは歩しかなかったら、歩を金に成らして相手を詰まさなければいけません。飛車がないのに、飛車が必要な経営組織をつくってもしょうがないのです。だから、持っている人材を考えるのが、実際の企業の経営組織、あるいはモニタリング制度を考える場合に重要です。

独立性という問題についても、一つ触れておきます。私は、ニューヨークに行った時に、コーポレート・ガバナンスで有名なM氏に率直に聞きました。「アウトサイド・ディレクターというのは形式要件だから、よくわかる。インディペンデント・ディレクターというのは非常にソフィスティケートされた哲学的要件だが、どうやって決めるのだ、独立かどうかということは何によって決めるのだ」と。すると、彼は非常に簡単に言いました。「日本人は非常にそういう哲学的議論が好きだ。アメリカ人は形式的要件で考える」。確かに、独立取締役の条件は何と、形式要件を書いたものがあります。「この形式要件で十分なのか」と彼に聞きました。すると、答えて曰く、「これでいいかどうかというのは、投資家が決めることだ。投資家がこの要件ならばインディペンデントだと思うものが、独立取締役である。哲学的にその人が独立であるかどうかということは、アメリカではあまり議論しない」と言うのです。これは彼の考え方かもしれません。それで、さらに皮肉に言われました。「井上は社内常勤監査役だ」と（注／当時、私はトヨタの社内常勤監査役でした）。「長年おまえと付き合っているから、おまえが考え方としてはインディペンデントな監査役であることは十分わかっている。しかし、おまえの経歴を見た限り、機関投資家は決してインディペンデントだとは思わない。おまえはやっぱりインサイド・コーポレート・オーディターだ。機関投資家がおまえはインサイドだと思う限り、おまえがどんなにインディペンデントでやっていようと、コーポレート・ガバナンスの上で言えば、おまえはインディペンデントではない」と言われました。

さて、トヨタの経営組織も変わりました。一番大きなことは、取締役会で、取締役が六〇名近くおりましたのが、今回、この取締役会と常務役員制に割りました。この狙いは三つあります。一つは、変化の激しい世の中のグローバル経営で、意思決定のスピードを上げるということ。奥田会長の言葉で、「何か変化しないことが一番悪いことだ」というのがあります。そういう時代になってきましたから、変化して、いけなかったら、また変える。これが、今の経営だといいます。とにかく意思決定のスピードを上げなければいけない。要するに、意思決定の重要な事項は二十何名の取締役で構成し、主として業務執行をやる部門は常務役員、という格好になりました。皮肉なことに、トータルの役員数は増えています。特徴は、業務執行の上位役員として専務がボードの中に入っているということです。この形は、いわゆる学者の方には大変気に入らない形かもしれません。ところが、こういうものはトヨタ自動車だけではありません。某電機会社が取った委員会制でも、形を変えて入っています。重要な子会社の会長が全部、取締役の中に入っています。いわゆる重要な決定をする時に、経営戦略の決定と業務執行をどうつなぐかということを考えれば、これは当たり前のことです。

常務役員制を取った理由はもう一つ、グローバル化への対応という目的があります。常務役員の中に初めて、海外の子会社の現地人の社長・副社長が三人入ってきました（従来の取締役制度では、海外の子会社の社長は本社の役員には入れなかったのです）。取締役と常務役員を外したことによって、実際にはアメリカの販売部門の副社社の役員として入り、日本へ来て、会議にもかなり参加しています。

長（アメリカ人のトップ）と製造部門の製造総括会社の副社長、イギリスの社長（イギリス人）、この三名が、本

私の考えるトヨタ自動車の現在の悩みは、高齢化です。私自身が高齢化しており、今頃辞めているというのは非常に恥ずかしい話です。日本の企業は、日本の高齢化というものをそのまま背負い込んでいるということです。常務役員にすることによって、わずかながら若返りました。最年少役員はこの前までは五二歳だったのですが、具体的に言うと四九歳の常務役員が現れました。ただこれは、トヨタ自動車としては、誠に不安なことです（この席に元日産役員の楠美さんがおられて大変恐縮ですが、日産さんの方は遙かに若返りました。トヨタ自動車は割合順調に来たために、残念ながら、若返りのチャンスを失っているのですね。この経営の高齢化というものは、長期的にやはりマーケットとの乖離を生ずる恐れがあるという意味で、大変大きな問題です。おそらくこの制度を推進して、もっと若返る方向へトヨタ自動車は向かっていくと思います）。

もう一つは、SECから言うと、これではインディペンデント性が足らないということになると思います。そこで、私どもが三年前から話してきたのは、監査役（会）を基本的にインディペンデントにもっていこうということです。監査役制度がインターナル・オーディットなのか、エクスターナル・オーディットなのかということは、かつてICGNの大会に私がパネラーで出た際、最初に話題になりました。イギリスの人は大体、日本の監査役制度はインターナル・オーディットである、インターナル・コントローラーであると言っていました。それは、日本の監査役が、社内監査役中心主義だったからです。そういう観点から見ると、イギリス法におけるいわゆる内部統制役員と、あまり変わらない、形が違うだけだということになります。「イギリスの内部統制協会は、これからは監査役協会と密接に連携を取りたい」と言って、イギリスの内部統制協会の会長から握手を求められましたが、監査役協会の会長をやっていた私は、あまり密接な関係を取ると、また監査役

制度のあり方が問題になると思い、複雑な心境でした。

その頃から、監査役制度を社外中心にするという法制上の動きが強まってきました。私どももいち早く、監査役制度に独立性を持つという方向にいたしました。インディペンデント制を持たせることによって、国際的に負けない独立的なチェック機構を持っている、ということを言えるだけの体制にもっていこうと。

三年前、それまで五名だった監査役（社内の常勤監査役が三名、社外の非常勤が二名という構成）の定員を、七名に増員しました。これにはだいぶ議論があり、取締役の数を減らす時に、監査役の数を増やすなどと株主総会に提案できるかと言われました。しかし、三名の社内常勤監査役がいないと、もう情報が入ってこない。これだけ大きくなった企業の情報を集めるのは、三名でも大変なのです。私は、定員五名のままで社内が二名になってしまったら、社内の情報が集められず、もう監査役制度は機能しない、有効性の問題が機能しない、と頑張り、結局、定員七名、（今年の段階では）社外四名、社内三名という格好にしました。

監査役会自体は社外中心に独立性が高く権威のある方で固め、監査役（会）としてのインディペンデント性を確保するという方向です。社外監査役には、社長、会長が一目置く錚々たるメンバーがずらりと並んでいます。この方々がちょっと疑義を申し立てると、取締役会はすぐには決定しないような雰囲気があります。社内常勤監査役は、どちらかというと常務役員と活発に交流できて情報の取りやすい年齢にしてシナジーがあるようにもっていき、情報の流通・有効性を保とうということで、ぐっと若返り（私が引退したこともありますが）、それまで六四歳だった平均年齢が、五七歳になりました。

監査役制度については、様々なことを行いました。会議の形態も、取締役会の前に監査役会を開き、主として適法性の観点から取締役会議題をあらかじめ監査役会で議論した上でないと取締役会に出ないように変えました。あれこれ一気にやると社内的な抵抗が強いので、皆が気付かないよう、三年の間で徐々にいろいろな

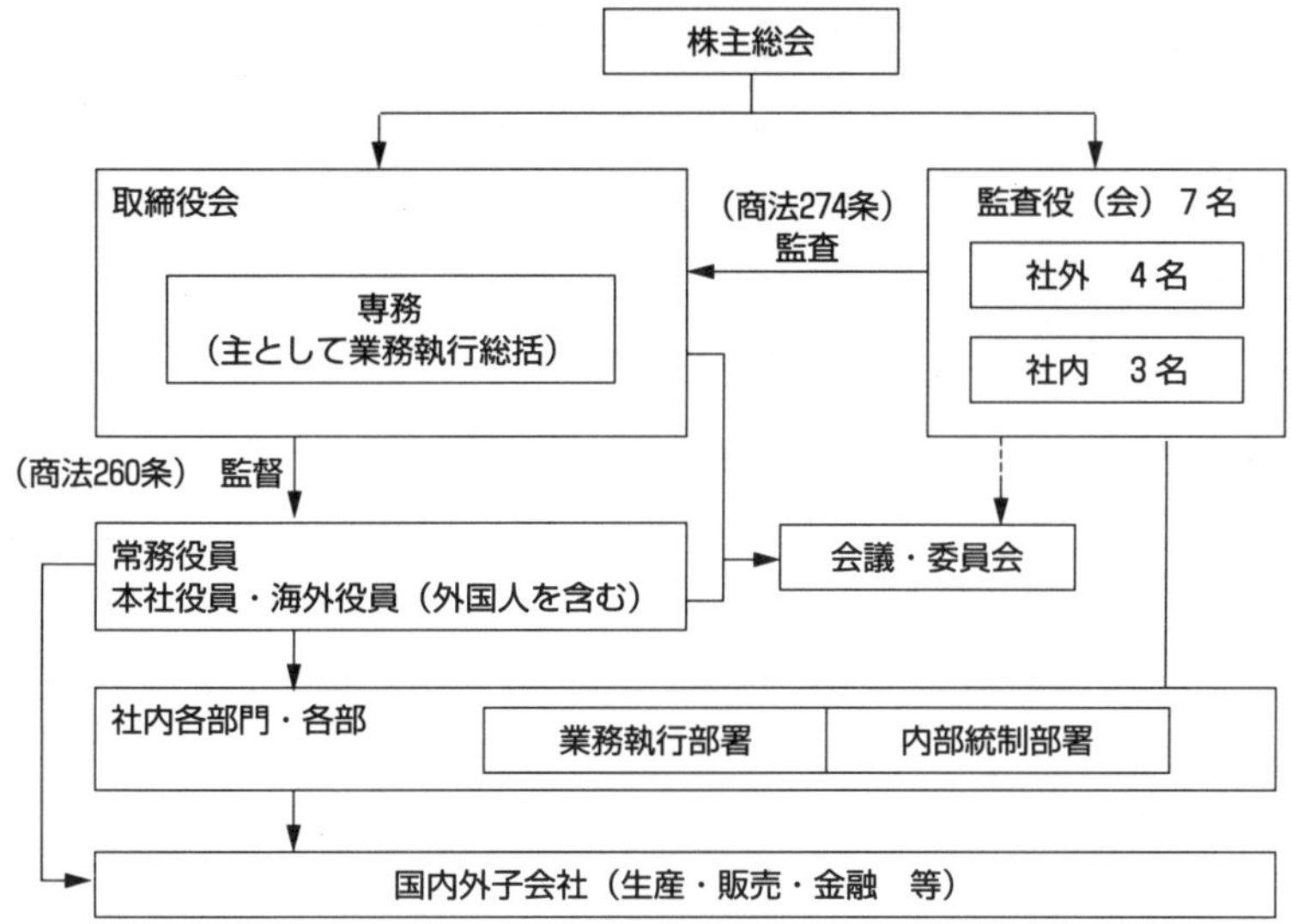

ルールをつくりました（トップとはよく話し合ってやったのですが、途中は、ぽつぽつと継続的に変更してきました）。

5　アメリカのBODの実態について

ここで「アメリカのBODの実態について」の説明をしておきます。

まず、一九八〇年代以降のコーポレート・ガバナンスは、証券市場における年金基金や個人投資家の増加の中で、機関投資家の発言力増大を背景に確立された概念であり、証券取引のルールである。その意味では、アメリカのコーポレート・ガバナンス論というのは、非常に論理的に一貫しているということです。

二番目は、国の成り立ちを背景にした現実的な制度（司法も含めて）が極めて弾力的に運営されているということです。特に強調したいのは、エンロン事件の後、市場の信用・投資家の信用を回復するという唯一の目的のために、立法府も大統領も、あらゆるものがこの市場の信頼というテーマに向かった際の早さとダイナミックさです。ちょっと行き過ぎの面もありますが、そのダイナミズムはアメリカならではのものです。私は別に親米派でも反米派でもありませんが、これは日本にはない。日本は法律を変えるのに二年も三年もこんにゃく問答を繰り返さないと決まりませんし、問答を繰り返しているうちに事態は変わっているというのが実感ですが、アメリカは非常に現実的で早い。とにかくやってみるというフロンティア精神が、こういう世界でも生きている。

インディペンデント（ほぼアウトサイドに似ていますが）は、ほとんど他社のBODかCEOの現職または経験者が多く、データを見ていただくとわかるように、CEO・CFOに比べると高齢で在任日数が長く、バリエーションもものすごい。これは非常に重大な問題です。アメリカのCEOの平均年齢は五五～五七歳ぐらいと、日本より一〇歳ぐらい若い。そして、若いうちにCEOをやって成功した人が、BOD候補の人材のプールになっています。日本のように六十幾つまで社長をやってからインディペンデント・ディレクターをやると、ちょっとぼけてくるという問題が生ずる恐れがあります。日本でBOD制度を導入するためには、CEOの若返りが今後非常に求められると思います。それがないと人材がないという議論を繰り返さざるを得ないと思います。

どちらかといえばBODは在任日数が長いということが重要です。私も社外取締役や社外監査役をやっているのでよくわかるのですが、アウトサイドの有効性を活用しようと思ったら、在任日数が長くないといけない。就任していきなり自動車業界のことがわかるわけがありませんが、長くやっていれば、アウトサイド・ディレクターでも、社内事情や業界のことがわかるようになります。ですから、ボードはCEOに比べて在任日数が長いということはわかるのです。BODの職務は、CEOとトップオフィサーの監督と利益処分、増減資と株主の利益に重大な影響を及ぼすことです。アメリカのBODが株主のエージェントだと言われる本質です。業務執行に関しては、原則として方針を含めて関与しないのが実態です。ただ、アメリカの場合、ＢＯＤの中にＣＥＯが入っていることがありますので、トップオフィサーとしてのＣＥＯが入っているということは注意しなければいけませんが、普通のインディペンデント・ディレクターは、業務決定には関与しないということです。したがって非常に妙なことですが、アメリカでは、代表訴訟の対象になるのはオフィサーで、ＢＯＤはほとんどなりません。それは、業務の執行の方針決定も、執行もしないからです。したがって、ＢＯＤに要求される知識は、経済、業界、金融等を含めて、企業経営に関する一般的知識であり、必ずしも当該会社の生産、販売等、具体的専門知識は重視されないわけです。ただ、驚いたのですが、情報収集には努力していて、一般的にオフィサーからの報告には、かなりの時間（一回の報告に大体五、六時間）と精力を割いているようです。ただ、回数は極めてまれで、三カ月に一回ぐらい開かれるのが普通です。まあ、不祥事が起こった場合は、アメリカでも、何回も開かれましたが。

コミッティーの中では、オーディット・コミッティーが非常に注目されております。これは最近一層注目されて、責任が重くなりました。『シアトル・タイムズ』か何かの記事によると、なりたいという人が不足しているために人材不足で、報酬が徐々に上がるという現象が起きています。ただ、日本の監査委員会とは違い、財務諸表に関するオーディットがオーディット・コミッティーの主たる任務であり、経営判断や妥当性監査は、財務諸表の信頼性に関連しない限り含まれません。一昨年、監査役協会の調査団で訪米した際、「あなたはオーディット・コミッティーの委員を続けるのか」と聞くと、辞めたいという専門家はたくさんいました。エンロン事件でオーディット・コミッティー、特に委員長の責任が重くなってから、辞めたいという人やはりが増え、特に有名人ほど辞めたがることが多くなったようです。

ここまで申し上げれば、いかに日本の取締役と違うかということがわかっていただけるかと思います。

6 日本の委員会制度について

平成一二年の商法改正で委員会制度というものを発足しました。私は、一言で言うと「割ってはならないゆで玉子だ。割ると半熟の中身が飛び出てくる。割らないで見ていると、ゆで玉子としてきれいだ」と申し上げています。先ほどあげた四つのバランス論が、崩れていると言うと語弊がありますが、熟成されていないと私は思います。こう言うと推進してきた先生には怒られるかもしれませんが、アメリカ的でも、日本的でもない。アメリカの真似をしたくせにアメリカ的ではないというのも変ですが、委員会制度がアメリカの制度と違うということは、商法学者の間では通説になっています。これは日本の取締役制度とアメリカのボードをつき混ぜたような制度だと。つき混ぜるというのは、大変簡単なようですが、全然違うものを混ぜたのです。そのうちベスト・プラクティスを発見して、将来の商法改正に結び付けたいと言う先生は多いのですが、私は「いいかげんにしてくれ」と反論しています。経営者というのは実験台でもモルモットでもないのですから。特に、独立性と有効性の問題では非常にわかりません。私はある会社の社外取締役を務めていますが、社外取締役間の、経験もスタンスもまったく違う人間が集まって会議をやるのがいかに大変かということを思い知りました。NHKの経済討論会のようになってしまうのです。これはもう苦情を言ってもしょうがないので、それぞれの企業が努力して、日本の委員会制度のいいところを探していくしかないでしょう。経営とはそういうもので、理屈を言っても経営はできませんから。悲観はしていませんが、現在は殻を割ってはいけない半熟玉子の前に立たされたような感じがしています。

片や監査役制度は、ゆで過ぎたゆで玉子（冗談ですが）というふうに思います。特に問題なのは、任期を四年にしたということです。四年にすると、八年やらなればいけないということは大変なことで、なかなか再任できない。自分が自発的に辞任しない限り、八年も居座るということは、経営者にとっても株主にとっても大変なことです。これについていろいろ危惧しています。何か、割ってはいけないゆで玉子と、ゆで過ぎて食べにくいゆで玉子と、両方できてしまったと思います。

7　トヨタの企業理念について

最後に、トヨタの企業理念についてお話ししたいと思います。企業文化、企業理念というものを考えなければいけないということです。これらを抽象的にお話しすると、非常にわかりにくくなりますので、ここでは歴代社長の話したトヨタの格言集をあげてみます。後で読んでいただくと、トヨタの企業文化がわかるのではないかと思います。

トヨタという企業を一番支えているのは、豊田佐吉が息子喜一郎に言った、「障子を開けてみろ、世界は広いぞ」という言葉です。実は先日ケンブリッジ大学の教授と議論した時に、この言葉だけで議論が一時間半に及び、理解に大変苦しまれた。ご承知のように、障子というのは外が見えません。まったく外と蔽遮した社会の中で自分を見つめる経営者の像と、時として窓を開け放って外を見る経営者、この二つが重なっているということが、トヨタの根本的な企業理念です。トヨタは合理化やコスト低減で有名ですが、中にいて考えるのは、トヨタが顧客の視点で技術開発に専念する企業だということです。逆説的に言うと、技術開発費のために合理化、効率化して稼いでいる。そのために時として経理の大番頭が出てきて大活躍するという企業体質ですが、やはり「開発、挑戦」が企業理念であるからこそ、効率化・合理化が要求されるのだという方に理解していただきたい。

1997年4月1日

トヨタ基本理念

（1）内外の法およびその精神を遵守し、オープンでフェアな企業活動を通じて、国際社会から信頼される企業市民をめざす
（2）各国、各地域の文化・習慣を尊重し、地域に根ざした企業活動を通じて、経済・社会の発展に貢献する
（3）クリーンで安全な商品の提供を使命とし、あらゆる企業活動を通じて、住みよい地球と豊かな社会づくりに取り組む
（4）様々な分野での最先端技術の研究と開発に努め、世界中のお客様のご要望にお応えする魅力あふれる商品・サービスを提供する
（5）労使相互信頼・責任を基本に、個人の想像力とチームワークの強みを最大限に高める企業風土をつくる
（6）グローバルで革新的な経営により、社会との調和ある成長をめざす
（7）開かれた取引関係を基本に、互いに研究と創造に努め、長期安定的な成長と共存共栄を実現する

企業文化で一番大事なことは、創業の理念を大事にするとともに、時代の変化に対応して変えていくという姿勢です。これを経営者が行わねばならない。古い企業理念にこだわっていると、必ず世の中に遅れることになります。要するに、企業の常識と社会の常識がずれた時に、大変なリスクが起こるわけです。リスクマネジメント、特にゴーイング・コンサーンに関するリスクマネジメントには三つあると思っています。一つは違法行為。極端な違法行為をしてはいけないというのは基本的なことです。二番目は「旬」のリスクと言っています。例えば今だったら、「安全」とか「サービス残業」に社会的に注目が集まっているという背景があります。これが「旬」のリスクです。もう一つ、産業に固有なリスクがあります。食品会社にとって、「安全」は命です。自動車会社にとって、「品質」は命です。各々の企業ないし産業の本質的なリスクに触った場合は、ゴーイング・コンサーンに関連するようなリスクです。実は今、監査にとって一番大きなテーマは、ゴーイング・コンサーンに直面するような大きなリスクに、どれだけ勇気をもって予防監査と有事監査に当たるかということです。これが監査の命であって、ささいな

活動は趣味のうちに属すると、私は思っています。

「コーポレート・ガバナンスは終章のないシンフォニーである」これが私の基本的考え方です。これを説明するとまた二〜三時間かかりますので今日はご紹介に留めておきます。

（二〇〇三年一〇月一六日）

＊この講演は二〇〇三年秋のものです。企業を取り巻く経営環境は日々変化しています。トヨタの姿も今日、明日と変化し進化していくでしょう。

第3章

情報アクセス権と二一世紀型のニューディール政策

ユビキタス社会の実現に向けて

孫　正義

ソフトバンク株式会社代表取締役社長

「情報アクセス権と二一世紀のニューディール政策」という、大上段に構えたようなテーマになっていますが、これは、滅多にこのような形で話をしませんので、久しぶりに、少し大ボラを吹いてみようかということです。

本来、会社の経営革新も、国の経営革新も、似たようなものではないかと思っています。今日の日本において経済成長が停滞しているということは、大きな問題ではないかと世界中の人々が思っていると思います。「失われた一〇年」と言われていますが、その一〇年が一一年、一二年、一三年と、トンネルの向こうがなかなか見えそうにないという状況になっていることも、大変に憂うべきことではないかと思っています。そこで、それに対してどのような具体的な提案があり得るのかということで、私なりに少し考えてみました。

日本のGDPは、おおまかに五〇〇兆円ぐらいだろうと思います。日本の経済成長を再び活性化させるための提案というのは、その五〇〇兆円のGDPを、どのようにしたら成長路線に再度乗せることができるのか、ということです。さらに言えば、例えば二〇年間で一、〇〇〇兆円ぐらいの経済波及効果を出せるような起爆剤はないものかということです。あまりにも規模の大きい話ですので、具体的過ぎますと、「ほんまか」とまゆつばな話になります。しかし、一、〇〇〇兆円ぐらいという表現であれば、その規模についてはあまり真剣に考えないで、まあホラの一環だという程度に、軽く受け流していただけるのではないかと思います。

つまり、あまり具体的で細かな「てにをは」ということではなくて、非常に大ざっぱに、大胆に発想を切り替えてみてはどうかという意味でお話をしていきたいと思います。

1　人類の社会変革

人類が生まれて約二〇万年が経ちました。この二〇万年の中でどういうステージを人間は経てきたのでしょうか。大きく三つに分けますと、農耕社会、次に工業社会、そして今まさに高度情報化社会に入ろうとしています。農耕社会から工業社会に、人間が住んでいる社会の枠組が大きくパラダイム・シフトする時に、基本的人権やその価値観、社会正義への考え方が大きく変わりました。

農耕社会においては、土地本位制のような経済システムの中で、特権階級が、いかに安く、大量の手作業の人々を調達するかということが問題でした。つまり、いわゆる貴族階級、もしくは武士の頂点にいるような人が、多くの土地を持っていて、その土地で大量に安く、手作業の労働者を集めるわけです。またそれを正当化するために、あらゆる国々において、階級というものを人間社会においてつくり上げました。日本では歴史的に長い期間、士農工商のような階級が存在していました。同じように、アメリカを見ても、ヨーロッパを見ても、人間は生まれながらにして階級が定められていました。そして、それが社会の秩序となって認められていたわけです。

この秩序や基本的人権への考え方は、工業社会にシフトするに従い、根底から変わりました。このパラダイム・シフトは、世界的に同じような時期に起きています。日本では一八六七年に明治維新がありましたが、同時期にアメリカでは南北戦争が起きています。この南北戦争は、英語では“civil war”と言います。いずれも農業社会から工業社会、人々が市民権を得る近代化された社会に移ろうとする時のパラダイム・シフトということで、明治維新も南北戦争もまったく同じ概念の転換であると言えます。つまり、農業社会から工業社会に切り替わる際の人々のきしみであり、あらゆる人権、法律、税の流れ、教育など、すべてが転換されたわけです。これが基本的な転換点であり、ヨーロッパでも似たような革命や戦争がたくさんありました。

現在、工業社会からもう一度、人々の社会生活が根底から変わろうとしています。これが情報化社会に対する切り替わり点です。基本的人権については、世界各国で、この一〇〇年間ぐらいずっと語り尽くされたように思いますが、もう一度、その概念の変化があると思います。それは工業社会において人々がそれほど重要だと思っていなかった、情報アクセス権という概念です。情報アクセス権が新たな基本的人権として加わるべきだという議論が、これから巻き起こっていくと思います。情報化社会においては、誰でも分け隔てなく、安価に、素早く、どこでも、いつでも、同じように情報にアクセスすることのできる権利が必要になります。これが新たに憲法の中に認められていくような、重要な基本的人権として加わるのではないかと思っています。

先日、私は招かれて八丈島に行ってきました。八丈島には、ブロードバンドは一切つながっていません。ですから八丈島の人々は、本土の人々の一、〇〇〇分の一のスピードで情報にアクセスしています。私たちは、世界中の情報にインターネットでアクセスできますが、八丈島では、八丈島に住んでいることで、本土の人の一、〇〇〇分の一でしか情報にアクセスできないのです。

電気が入る前の国と入った後の国では、その国のライフスタイルが変わるように、ブロードバンドがつながる前とつながった後では、大きな差が生じます。それは決定的な競争力の差を生んでしまうのではないかと思います。そこで、情報化社会においては、いつでも、どこでも、誰でも、あらゆる情報にアクセスできる権利というものが必要になると思います。

同時に、光の部分があれば影の部分があります。プロテクトしなければならない個人情報やプライバシーなどへの対応も必要です。これは、自動車社会が生まれて、自動車で便利になる。同時に、スピード違反をしてはいけませんとか、酔っ払い運転をしてはいけませんとか、あるいは事故に対する対策ということも必要になるということと同じです。

つまり、ありとあらゆる電気製品がユビキタスになり、いつでも、どこでも、誰とでも、あらゆる機器がつながるという時代が、これからやってくるわけです。

2 新たな提言

日本の全世帯数は、約四、八〇〇万です。この約四、八〇〇万世帯すべての家庭を全部光ファイバーでつないでみてはどうかという提案をしたいと思います。日本中には約三、二〇〇万本の電柱があり、電話はすべてこの電柱を経由してつながっていますが、この三、二〇〇万本の電柱すべてに、光ファイバーを通してみるということをやってはどうかということです。

また、今の電話線は銅線でつながっています。つまりメタル回線なのですが、例えばこれを二〇一五年には法律で全廃する、禁止するということをやってみてはどうかと思います。これも大胆な提案だと思います。

二〇一一年にアナログのテレビ放送が法律で禁止されます。デジタル放送をテレビ放送でやりたい。しかしアナログ放送も継続したい。普通であれば、中庸を取れば、両方やりましょうということになるのですが、両方やると、実は両方とも立ち上がりません。また、二重にメンテナンス・コストがかかります。それではいつまでも新しい技術は立ち上がらないということになります。そこで政策として、テレビ放送は、アナログ放送を法律で禁止して、すべての家庭がデジタル放送に切り替わるということを、二〇一一年に行うということが決まりました。これは、大変重要な法律です。

アナログ放送を禁止しないと、テレビ局はアナログとデジタルの両方の設備を持って、両方を放送しなければならず、社会のインフラはいつまでたっても進化しないということになります。これと同じ論法で、アナログの電話回線をやめて、デジタルの電話回線、デジタルのブロードバンドにしてはどうか、光回線に変えてはどうかということです。

ソフトバンクは「ヤフーＢＢ」を、メタル回線を使って、ＡＤＳＬというブロードバンドを提供しています。つまり、この提言は、わがソフトバンクの事業においては、大変命取りになる提言です。現在、ソフトバンクは、ほとんど光ファイバーでサービスしておらず、メタル回線を使ってサービスしています。そのメタル回線を使ってサービスしている私たちが、メタル回線を法律で禁止しろと言うわけですから、これは一歩間違えれば自殺行為になります。しかし、私は、そのような小さな志や一ソフトバンクのことだけではなく、もっと日本のため、人類のため、ということで、大胆な発想で提言したいと思います。もちろん法律が変われば、変わったインフラに対して、もう一度私たち自身も全力で技術革新をし、もう一度チャレンジするということが強いられるわけですが、それでいいじゃないかということです。

3 二一世紀型のニューディール政策

私の提言は、国家としての二重投資を回避するということです。そして一気に国家のインフラを引いてしまうということです。

産業革命を経て、工業化社会になる時に、アメリカでは、たくさんの鉄道が敷かれました。各事業者が競争して、例えばカリフォルニアからワシントン、ニューヨークまで、二重、三重、四重に、鉄道が敷かれました。

そして大陸横断鉄道のような形でできましたが、複数の線が敷かれると、お互いに二重投資、三重投資で全部が赤字になって、全部が儲からないということになりました。そこで、道路も鉄道も同じですが、重複投資するよりも、インフラであれば、国が全部行ったらどうかということです。

私たちは自動車を毎日使っていますが、ここはトヨタ道路、こちらはホンダ道路、こちらは日産道路ということではなくて、道路は国民の共通のインフラとして、全員が分け隔てなく使っています。その共通の道路というインフラの上で、車はそれぞれが競争しあって、毎日毎日新しい技術革新を行っていきます。しかし、道路は毎日技術革新を行いません。

同じように、インフラとしての光ファイバーなわけです。皆さんは、光ファイバーは高価なものだと勘違いしているかもしれませんが、一メートルの光ファイバーは、実は一メートルのおソバより安いのです。たった五円なのです。光ファイバーはガラスでできていますが、三、〇〇〇年前のピラミッドの中にあるガラスも、今のガラスも、ガラスはガラスなのです。つまり、ほとんどガラスには技術革新がない。つまり、光ファイバーはデジタル情報が流れていく道路に相当するわけです。このガラスのファイバーというのは、そんなに技術革新がないよと。それならば、共通の道路として、全部の電柱に通したらどうだということです。重要なのは、そのガラスの両端に付ける機器です。これは毎年、とても素晴らしい技術革新があります。光ファイバーの両端に付けるネットワーク機器は高いので、そこを民間企業がお互いに競争しあえばいいのではないかということです。

ただ、光ファイバーを日本中の電柱に引こうとした時に、この材料費よりも、遙かに高いものがあります。それは人件費であり、工事費です。

さらに、今はこの光ファイバーをＮＴＴと電力会社が事実上独占しています。なぜ彼らに事実上の独占が可能かというと、光ファイバーが電柱の上に乗っているからです。電柱を、彼らが三、二〇〇万本持っている。これが独占の根源です。その独占によって、光ファイバーを他の事業者には事実上引かせないという、手続きコストが、実は競争事業者にとっては一番高いものになっています。書類牛歩作戦ということで、事実上、NTTと電力会社以外は、一切光ファイバーを引けないというからくりになっているのです。しかし、彼らにとっては、自分で持っている電柱なので、自由に光ファイバーを引けるわけです。

そもそもこの電柱はどこに敷設されているのかということを考えると、国民の共通の資産である道路の上であるわけです。この道路というものは、電力会社とか電話会社が持っているわけではなく、国民の共有資産であるはずだと思います。そこで、電柱の開放やどこの持ち物だとかと言わずに、いっそのことすべての電柱にまとめて光ファイバーを通してしまってはどうかと思います。

一本のチューブの中に二〇〇芯とか一、〇〇〇芯の光ファイバーが入っています。一本の芯は、髪の毛ぐらいの太さです。二〇〇芯引くのも、一、〇〇〇芯引くのも、実はほとんどコストは変わりません。それならば、二〇〇芯の光ファイバーを引くよりも、一、〇〇〇芯の光ファイバーをすべての電柱に通してはどうか。そしてそれを共通で引けばいいのではないかと思います。トヨタ道路、ホンダ道路という代わりに、共通の道路として、まとめて光ファイバーを引いてみてはどうかということです。

どのくらいの費用がかかるのかといえば、おおまかに約二〇兆円ぐらいだと思います。二〇兆円というのは大変な金額だと思うかもしれませんが、インフラとしては、実はたかが知れたコストです。しかも計画配置して、大量に光ファイバーを一気に何十万、何百万キロメートル分調達して、工事も計画的に一気にやってしまえば、大幅にコストを削減することができます。つまり、少なくとも二〇兆円あれば、私に任せてもらえれば全部引いてみせますし、これよりもコスト削減して引いてみせるという程度の金額です。

4　誰がやるのか

次に誰が引くのかということですが、電柱や道路は誰のものなのかということを考えますと、誰のものだとか言わずに、新しい会社をつくったら良いのではないかと思います。

ＮＴＴは、民間企業になりました。民間企業といっても、いまだに国が四八％の大株主、筆頭株主ですから、半官半民みたいなものです。ＮＴＴの社長は何を言っているかというと、「私はもう民間企業だ」と。「したがって、儲からないところには光ファイバーを引きたくない」と。八丈島なんかは儲からないから、光ファイバーを引きたくない。山の中にも引きたくない。民間企業だから、競争事業者には貸したくないということを言っています。そもそもは、ＮＴＴは国の会社として、ユニバーサルサービスのため、日本国民の文明文化発展のためにつくられたわけですが、現在は民間企業だということになっていますので、儲からないところには引きたくない、順番にゆったりゆったり引いていきましょうということになっています。

そこで、本当の意味でＮＴＴから人事権や資本も分割された、光ファイバーのインフラカンパニーをつくったらどうかと思います。名前は「日本通信基盤株式会社」ということで、光ファイバーを、儲かろうが儲かるまいが関係なしに、三、二〇〇万本の電柱すべてに有無を言わさず引いてしまう会社です。こういうものを分離分割してつくったらどうだと。略称もＮＴＴではなくて、ＮＴＩと。ニッポン・テレコミュニケーション・インフラストラクチャー・カンパニーということではどうでしょうか。

今は通信が一種と二種というふうに定められています。一種というのが、通信サービスをやる会社、インフラを持っている会社です。そしてその上に二種。これは、ＮＴＴとかＫＤＤＩの一種の回線をリセールすると、そこに付加価値を付ける会社ということになっているわけです。実はアメリカには、〇種という会社があります。〇種というのは、本当の意味でのインフラをつくって、ユニバーサルサービスでつくって、その〇種の会社が、電話のオペレーターである一種の会社にインフラを貸すという概念があります。そこで日本でも、〇種というのをつくったらどうでしょうか。つまり、ここでいうNTI、日本通信基盤株式会社というのは〇種として、すべての電柱に、色のついていない光ファイバーを単純に引いて回る会社にする。このようなものをつくったらどうかということです。この〇種のNTIは一切の分け隔てなしに、NTT東西にも、KDDIにも、平成電電にも、そしてわれわれにも、同じ手続き、同じコスト、同じスケジュールで、平等に貸す。そして、競争しあいなさいと。そこで電話事業も、そしてデータの通信事業も、同じ条件で競争しあってサービス提供したらどうですかということです。

今はそうなっていません。今は、一種のNTTさんが独占的に持っているものを、貸してくださいと言ってお願いする形です。NTT東西の人はお願いしなくて良いので、自分で当然使えるわけです。ですから常に、また料金が差別的になっているとか、手続きの早い遅いのという議論があるのです。そういう細かい話は、この際もういいじゃないか、全部平等にすれば何ら問題ないじゃないかと思うのです。

つまり、ビルのオーナーは、自分で一階にパン屋さんを経営するのではなくて、ビルのオーナーはあくまでもビルのオーナーであれば良いと思います。六本木ヒルズ、森ビルはビルのオーナーであり、一階にスターバックスもあればドトールコーヒーもあるという形で、いろいろなものが競争しあってコーヒーショップをやればいいじゃないかということです。同じ賃料、同じ手続き、そして同じ競争をすれば良いのではないか。そうすれば、平等な形での競争原理が始まるのではないかと思うのです。

つまり、現在のNTTを、人事権もバランスシートまでも完全分離分割してしまう。ですから、NTTの持株会社を通じて、ＮＴＩが下にぶら下がるのではなくて、国が直接、ＮＴＴと同じように四八％株主になればいいのではないかと思います。残りの部分は、現在、大きな開かれた資本市場があるわけですので、株式公開して、様々な機関投資家、あるいは私たちも、ＮＴＴ東西も、そこに資本参加すればいいと思います。同じ株価で、同じ単価で、同じリスクマネーとして参加すればいいのではないかということです。

5　どのように資金を集めるのか

二〇兆円は大変なお金だと思うかもしれませんが、実は資本金もあまり要らないのです。私なら、資本金一兆円でつくれます。資本金一、〇〇〇万円でもつくれます。なぜならば、二〇兆円のお金は、資本金で集める必要がないのです。二〇年の長期債を発行すれば良いのです。例えば利回り一・八％と。今の国債が約一％です。一〇年ものの国債が、確か〇・八％とか一％ぐらいだったと思います。これを二〇年ものの長期国債的に一・八％払いましょうということです。そして、これを政府保証債にしてしまうということです。

私はこのアイデアをある大金持ちに話してみました。「どうですか?」と。「二〇兆円ぐらい、一・八％政府保証があったらどうですか?」と言ったら、「私に三分の一引き受けさせてくれ」と言っていました。これは半分冗談で言っておられると思いますけれども、生保や銀行などは、みんな乗ってくると思います。政府保証があるということは、国がつぶれない限りお金は返ってきますので、国債と一緒です。それなら、お金の出し手は世界中から集まります。お金は二〇兆円ぐらいすぐ集まります、私に任せてくれれば瞬く間に集めてみせます、というホラを一応吹いておきます。

ちなみに、この政府保証債というのは本当にタブーでしょうか。そもそも、国債の歴史とは何か。日本の最初の国債は、明治三年の鉄道国債です。鉄道を敷くということに特定した国債を、明治政府が出しました。利回りは九%ということです。今、国債というと、すぐに「そんなものはやめておけ」という議論が、国中で沸き上がります。なぜかというと、国債というのは、イコール赤字国債だというイメージが国民の間に定着しているからです。国債の使用目的を特定しないで、どんぶり勘定で調達しようとするから、リターンの少ない、赤字になってしまう道路とかダムに延々と投入する。儲からないところにお金を投入してしまうわけです。

会社の経営も一緒です。大きな借金をして、「何に使うかわからんけれども、とりあえず金を貸してくれ」と言っても、貸してくれない。銀行がお金を貸す時には、「目的をしっかりと特定しなさい」と。社債を発行する時だって、「使用目的を特定しなさい」と。使用目的をちゃんと特定すれば、どんぶり勘定でみすみす赤字になるようなところには投入しないわけです。

当時の明治政府は、世界的に見ても、信用力は非常に低かった。だから九%も利回りを払わなければいけなかったのです。それでも明治政府が発行した国債は、一〇〇%元本が返っています。つまり、目的を明確に特定して、政府の人々も当時の事業家も、本当に国を思い、腹の底から天下国家を考えて、まさに人生を捧げていたと、私は思います。そういう意味でも、使用目的をもう一度ここでしっかりと特定して、かつての鉄道国債、水道国債のような形で行って良いのではないかと思います。

ちなみにNTTはどのように、あのメタル回線を国中に引いたのでしょうか。これは一九五三年に電電債を発行したのです。この電電債というのは国債ではありませんでした。しかし、日本国政府の政府保証が付いていました。メタル回線を日本中に一回引こうという時に、政府保証債を一回出したならば、第二回目として、メタルの次は光ファイバーだということも可能ではないかと思います。天下国家を考えて、政府保証債第二回目を出して、日本中に光ファイバーを引いてしまったら良いのではないかと思います。まさにユニバーサルサービスです。どんな山の中であろうが、どんな離れ小島であろうが、日本国籍を持っている日本国民が日本の領土内に住んでいるならば、そこにはたった一人のためにでも光ファイバーを引いてしまおうではないかということです。つまり、基本的人権としての情報アクセス権です。

教育というものは、明治政府が定めて義務教育になりました。日本国民であれば、誰でも等しく教育を受ける権利があり、これは憲法で定められていることです。同じように、情報アクセス権というものが考えられます。これからの時代、光ファイバーがなければ、その村のその人は、その学生は、等しく教育を受けられないのです。

国民の税金は一円も要らないのです。道路には国民の税金が湯水のごとく投入されているので、国民は怒っています。しかも赤字のところに投入するから、国民は怒るわけです。光ファイバーは利回りがあって儲かる投資、儲かるインフラ投資なのです。だから国民の税金には一円も頼らない。世界中の投資家が、儲かると思って投資してくれる。元本も一〇〇％返る、利回りもきっちり戻すと。だから、無理やり金を集めるのではなくて、世界中の資本家が競って金を入れると。これこそ本当の資本主義ではないか、ということなのです。ですから一円も国民の税金に頼らず、国債も一円も出さずに、堂々とした、資本主義の原点に帰った形で発行できるわけです。では、なぜ国は保証するべきなのかということですが、それは基本的人権のためだからです。

法律で「二〇一五年にメタル回線を禁止してください」ということになればどうなるか、考えてみてください。全世帯が電話を使う必要があるわけですから、全世帯がこの光ファイバーを使うようになるのです。また、メタル回線の保守料よりも、光ファイバーの保守料の方が安いのです。銅線は一、〇〇〇年持ちませんが、ガラスは一、〇〇〇年持ちます。つまり、メタル回線よりも光回線の方が、メンテナンス・コストも材料費も安いのです。長期的に見れば、実はこのように変えた方が、インフラとしては安いということになるのです。

法律でメタル回線を禁止するということを二〇一五年にやれば、需要予測は簡単で、全世帯になります。まさに計画経済です。需要予測はシンプルに、四、八〇〇万本ということになります。普通、経済学者はすぐ外すのですが、これは間違いなく当たります。法律で禁止すれば全部入るのです。つまり、必ず儲かる投資ということなのです。

6 国際競争力における歴史的考察

人類の競争力、経済力の歴史的比較を見てみたいと思います。

まず、第一次産業革命ですが、これは石炭がエネルギー源として使われて、ワット、フルトン、スティーブンソンなどが蒸気船、蒸気機関車などを発明しました。この第一次産業革命というのは、イギリスがそのテクノロジーの根源でした。ですから、イギリスがあれだけの国力を持ったというのは偶然ではありません。その時代における最もハイテクの技術革新を行ったのがイギリスであり、そのエネルギー源は石炭であったと。その結果、イギリスの国力は、国際間の競争力としてがぜん強くなった、大変な繁栄があったということです。

第二次産業革命の時は、電気でした。エジソンによって、アメリカで技術革新が行われた。ですから、アメリカが世界一の国力を持つに至ったわけです。これも偶然ではありません。まさに発明が、技術革新が、国際競争力の根源になったということです。ですから、経済力というのは、長い目で見れば、決定的で革命的な技術革新がどの国で生まれたのか。それが国際競争力になり、それがその国の経済の繁栄を呼び込むということではないかと思います。

それをもっとさかのぼってみますと、交通機関として、ローマ帝国があります。「すべての道はローマに通ず」と言われていた時代がありました。まさに、ローマが世界の文明・文化の中心であった時代でした。それが船になって、オランダやスペインが台頭してきます。そしてこの交通機関が、リヤカーや荷馬車のようなものから船になって、その船から蒸気機関に、そして自動車にと変わっていきました。あるいは蒸気から電気へというようにエネルギー源が変わっていったわけですが、その変遷とともに、主役の国も変遷していきました。

同じように、この電子革命でいろいろなことが起きてくると思います。これには政治というものも大変大きく関連しています。振り返ってみますと、ラジオが生まれて、そのラジオを使って演説をし、最初にそれを最も有効活用して大統領に選ばれたのが、Ｆ・Ｄ・ルーズベルト大統領でした。これはアメリカで最初のラジオが生まれたというのと決して偶然ではないということですが、テレビもアメリカで最初に放送が始まりました。このテレビを最大限に活用して、大統領選挙の演説をして選ばれたのがＪ・Ｆ・ケネディでした。当時、ニクソンはテレビの有益性を十分に使いこなせませんでした。

ブロードバンドが生まれて、世界で最初に誕生した大統領は、アメリカの大統領ではなく、韓国の盧武鉉大統領です。私は、盧武鉉大統領が大統領に選ばれた直後に韓国でお会いしてきましたが、大統領自らが強くこれを認識していました。大統領選挙の当日の朝、その選挙の締め切りの六時間前に、若者たちの間で、インターネットで、あと何票だと、何票差だと、一発逆転しなければいけないという感じで、一気に最後の逆転劇が起きたのです。大統領選挙の一年前までは地盤も看板も何も持っていなかった一弁護士が、突然大統領になった。これはブロードバンドが源泉だったわけです。彼自らが電子メールを送って、インターネットの上に自分のホームページをつくって、若者の間に勝手に草の根的な運動が起きたということです。ブロードバンドが、現在、世界で最も高い普及率があるのは韓国です。だから、そこで世界初のブロードバンド大統領が生まれたというのは、決して歴史的偶然ではないということです。

7 国家の経営・企業の経営

明治時代を振り返ってみますと、殖産興業ということで様々な政策が取られました。伊藤博文、松方正義、黒田清隆、大久保利通、大隈重信などの当時の政治家、国のリーダーたちが、天下国家の大計を論じ、国家のあるべき姿を設計して、政治と経済が完全に複合した形で国の殖産興業をすることが、国そのものを強くすることであり、文明開化をすることであると、そこに強い関心を持って、まさに国を切り開いていったわけです。

私はこの何年かの日本の不幸というのは、国の政治家、国の政治の大将の経済に対する関心が、もしかしたら少し希薄なのではないかというところにあると憂いています。天下国家の設計をする政治家、国のリーダーが、国のあるべき国際競争力や経済力を考えているのでしょうか。国民が何を一番望んでいるかと言えば、平和で豊かな生活なのです。国の経済を国の政治家が真剣に考えなくなってしまったら、その国は滅ぶということではないかと、私は思うわけです。

明治時代は当初からインフラ建設に力を注いでいました。鉄道、鉄鋼業、海運、その他ということです。当時は事業家もまさに男の中の男ということで、三菱グループをつくった岩崎弥太郎さんや渋沢栄一さん、あるいはその他のいろいろな人々がおられましたが、経済人も天下国家を本当に自らが背負うぐらいの気概でやっていたのではないかと思います。

敗戦直後もそうでした。この焼け野原になった日本を、誰がどう復興するのかと。まさに国中がハングリー精神で真剣に考えて復興を行いました。

明治政府は何をやったかというと、だいぶ傾斜して行いました。今はここが命だといって、例えば、鉄道だと。今はここが命だといって、例えば、水道だと。お金を重点配分して、急所のところに大幅に投じた。敗戦直後も重点配分を行いました。

現在はどうかということです。対前年比一％アップするのかしないのか。省庁ごとに調整していますが、実は国家予算の配分というのは、過去三〇年を見ても、それぞれの分野ごとの配分は、海でいえばほとんど平なぎの状態です。そこには何の嵐もなく、波が鏡のように収まって、対前年比、それぞれの分野ごとに、〇・〇何％の違いでしかないということです。鉄砲で撃たれてもいいから、刺されてもいいから、議論を巻き起こして重点配分する。そして天下国家を論じて、国際競争力を持つ。そうしないと国際的競争に負けてしまいます。

そこで私は、もう少し本当の意味で骨太の経済論議をしたらどうかと思います。ここ何年かの骨太の経済政策、論議というのは、骨太にバッサリ切るということだけをやっています。わかりやすく言えば、破壊的骨太政策です。何かをつくるということなしには、天下国家はつくれないわけです。もちろん、腐ったところを削るというのはその通りです。何らそれを私は批判しているわけではない。腐った道路に投入する、腐ったダムに投入する、それは削らなければいけません。これは当たり前のことです。でもその当たり前のことだけで、本当に国際競争力を持てるのかということです。それだと全部が縮小均衡に入ってしまいます。全部が縮小均衡に入りますと、不良資産を削りましょう、何々を削りましょうと、削る議論ばかりになります。削る議論だけで栄えた国家はありません。

会社を考えてください。削る議論だけで、会社の売上が伸びますか。赤字になった時は削らなければいけないのは当たり前です。しかし、削るだけで、その社員は豊かになるのでしょうか。つくらなければ豊かになれないのです。でも間違ったところに材料費を投入すると、ますます赤字がひどくなるわけです。

そうではなくて、一番需要がある、儲かる、これからますます伸びる事業部に、人・もの・金・設備投資を配置する。一番儲かるところに投入するのは当たり前ではないかということなのです。その場合、社内規定はどうするべきか、人事異動はどうするべきかと。全員が平等主義といって、三つの事業部があったとして、去年も今年も来年も、常に同じだけ人間を配置する、ボーナスも常に同じだけ、設備投資も全部平等、そんな会社はすぐつぶれます。ものはシンプルに考えるべきだと思います。

大事なことは、農耕社会から工業社会になったということ。これはもう一〇〇年も前に決まったことです。一〇〇年も前に決まったことなのに、いまだに農業に金を補てんしましょうと。その議論は一〇〇年前に終わったのではないかということです。南北戦争はそのためにあったのではないか、明治維新はそのためにあったのではないかと。人類はもはや、農業に一生懸命資本を投入したってリターンは少ない。それよりも工業に投入しましょうということで、この一〇〇年間来たわけですが、その工業ですら利回りが悪くなっているということなのです。

むしろそれよりも、これからは情報社会がやってくるというならば、情報社会の道路、つまり光ファイバーですよ、と。そこに重点配分したら良いのではないのかということなのです。それを誰かの懐に入れようというのではなくて、本当に平等に。だから政府保証で、だから中立の会社をつくったらどうなのか、法律で定めたらどうなのかと。それは誰が得する損するではなくて、まさに日本国そのものが国際競争力を持つということなのです。

8 経済波及効果

次に経済波及効果を考えてみたいと思います。公共投資、これは社会資本整備ですが、ストック効果とフロー効果の両方があります。バランスシートと資産。そしてフロー効果、毎年の利益。この二つの効果があるわけですが、これには様々なＧＤＰの押し上げ効果等があります。

ちなみに、インフラ投資はどうかというと、先ほど二〇兆円と言いました。「二〇兆円ってなんぼのものや」ということですが、従来のインフラ投資規模は、治水工事が七カ年計画で二四兆円。下水道が七カ年計画で二三・七兆円。道路が五カ年計画で七八兆円です。道路はずっと造り続けられています。例えば、もうこれ以上牛一頭しか通らないような農道を何で舗装しなければいけないのかということですが、五年で七八兆円ずつ、変わらずに垂れ流しで投入しています。だから国民は怒っているということなのです。空港で三・六兆円。土地の改良うんぬんで四一兆円。その他に湾岸や鉄道にも予算が配分されています。

つまり、インフラで見れば、二〇兆三〇兆は誤差のうちなのです。これまで平々凡々と、それぐらい投入されているのです。もう一〇〇年間投入し続けているのです。それでどのくらいのリターンがあるのかということです。それよりも、二〇兆円思い切って投入したらどうだと、重点配分してみたらどうだと思うわけです。ワンタイム・コストです。ガラスは一〇〇年持ちますから。ワンタイム・コスト。ワンタイム投資。たった二〇兆で済むよということなのです。それがどのくらいの市場への波及効果があるかと問いたい。

今日現在で言いますと、日本の市場で、約五〇兆円がこの情報関連産業です。通信だけで一七兆円あるのです。実は自動車産業が一七兆円です。家電産業が四兆円。広告宣伝が、テレビで四兆円。新聞・ラジオ・雑誌で約一兆円。このようにいろいろ足していくと、ハード、ソフト、サービス含めて、全部で約五〇兆円です。これがどのくらい伸びるのか、二〇年間で試算しますと、一、三七四兆円になります。これだけ経済波及効果があるということです。これは日本総合研究所が出した計算結果です。二〇年間で一、三七四兆円。二〇年で割ってみてください。大体、年間五〇兆円から六〇兆円くらいになります。

今現在、日本のＧＤＰが約五〇〇兆円ですから、一割に相当します。現在、年間一〇％経済成長できるということは、中国で九％ですので、中国くらいの経済成長率が持てるということになります。かつて日本が高度成長期と言われていた時に何％伸びていたかということですが、一〇％近く日本で伸びられるとしたら、これはもうまさに「孫マジック」と言ってもいいぐらいのことではないかと思います。私が大統領だったら、もう迷わず決断します。

ちなみに四年前、韓国がＩＭＦ危機で経済がボロボロになって、もう国中が悲観し、自殺者が大量に出たという時期がありました。ちょうどその時に私は金大中大統領に呼ばれ、ビル・ゲイツを連れて韓国に行きました。「何か知恵はないか」と大統領に聞かれた私は、三つの方法があると言い、即座に「一つ目、ブロードバンド」と。当然ですね、私が言うのですから。「二つ目、ブロードバンド」、「三つ目、ブロードバンド」。三つともブロードバンド、これ以外ないということを言いました。するとビル・ゲイツが隣で「そうだそうだ」と合いの手を入れました。大統領は「何だ、それ？」と。大きいベルトか何か、という程度でした。生まれて初めて聞いた言葉ということでしたので、私は一言二言で説明いたしました。そうしたら、「何のことか、詳しくはようわからん」、「わしゃ技術のことはようわからん」と。「だけれども、ビル・ゲイツと孫正義と、おまえら二人が言うのだから、大事だということだけはようわかった」と。「わしゃ経済のことはようわからんけれども、とにかくそれをやりさえすれば、世界一の大金持ちのビル・ゲイツが、韓国も儲かる、経済復興すると言うから、わかった」、「ようわからんけれども決断する」ということを言いました。

そして翌月、大統領命令が出ました。すべての学校にブロードバンドを引けというものです。すべての政府の規制緩和を行って、ブロードバンド普及のため、競争政策のため、あらゆる政策を打ち出せということでした。結果はどうなったかと言いますと、日本のブロードバンド普及率は今二五％で、アメリカが一五％ですが、韓国では七〇％となっています。ダントツの世界一です。日本は二年半前までは〇・〇一％で、先進国で世界一遅れていたのです。世界一遅れていた日本が、なぜ今、世界でアメリカを抜く普及率になったかというと、ヤフーＢＢの登場により、世界一安くなって、世界一のスピードになって、世界一の機能を持ったから。今伸び盛りの国は日本なのです。われわれソフトバンクは一〇〇年後に評価されるかもしれません。

とにかく、いろいろ試算してみますと、二〇年間で一、三〇〇兆円。今どきなかなか景気のいい話ではないかということなのです。これは、なんぼか計算違いしていたとしても、話半分としても六〇〇兆円です。悪くないではないですか。年間三〇兆円、それでも七％ぐらいの成長率になります。さらにそこから半分削っても、今どきこんな儲け話がどこにあるでしょうか。しかも国民の税金は一円も使わなくていいのです。必要な資金の二〇兆円も瞬く間に集まるということなのです。

9　終わりに

それでは何が必要かということです。ただ一つ、総理大臣が政府保証しようと決断すればいいだけです。まさに韓国の大統領が、大統領命令で「ブロードバンド、いけ」、「何かようわからんけれどもいっとけ」と決断したように、政治家に必要なのは、細かな論議ではなくて決断力だということなのです。政治家が技術論をする必要はありません。それは役人に任せておけばいいのです。政治家に必要なのは蛮勇です。刺されてもいいという覚悟で、蛮勇を振るって決断すること。わが国の首相にも、一回だけ孫正義の話を聞いていただきたいということなのです。二時間だけ真剣に話を聞いてみてください、と。隣の国の大統領が、話を真剣に聞いて決断したということなのです。

決断して政府保証をしたら、日本は世界一の国際競争力を持てるようになります。二一世紀の、一〇〇年の天下国家の大計ができ上がるということなのです。雇用は二〇年間で一億二、〇〇〇万人。年間に直して約六〇〇万人です。年間六〇〇万人の雇用を創出できるウルトラCのアイデアがほかにあったら、持ってきてみてください、勝負してみてくださいということなのです。細かく小さく考えてはいけない。大きく考えて、大胆に大なたを振るってはいかがですか、ということなのです。本提言はまさに「二一世紀のニューディール政策」そのものではないでしょうか。

そのための規制緩和は、アメリカでもいろいろありました。細かな話、技術論はもういいとして、要はNTTの、本当の意味での分割です。これは何らタブーではないだろうと思います。アメリカだってAT&Tを、本当の意味での分割をしっかりとやったではないか。真似するのが好きな日本国。大事なことを真似したらどうか、ということです。

現在は、民間の会社が国の方向性を、民民規制をして、電柱にほかの事業者には光ファイバーを引かせないなどと、本末転倒しているわけです。

ということで、最初の原点は、何のためにやるのかということです。単に経済波及効果のためだけではありません。情報アクセス権、これこそが二一世紀における新しい基本的人権です。一〇年、二〇年の議論ではなくて、一〇〇年、二〇〇年の天下国家の大計の議論なのです。福沢諭吉さんは『学問のすゝめ』を著して一万円札になりましたが、将来私を一〇〇万円札にしてくれと、こういうことですね。大概のホラでございました。

（二〇〇三年一〇月二三日）

第4章 コマツにおけるコーポレート・ガバナンス改革

萩原敏孝

株式会社小松製作所（コマツ）代表取締役会長

当社におけるコーポレート・ガバナンスの現状と今に至る経緯について、あるがままに話をさせていただきたいと考えています。

1 コマツの概要

まず、コマツの概要について申し上げておきます。一九二一年（大正一〇年）、石川県の小松に会社を創立いたしました。小松に誕生したモノづくり会社ですので、小松製作所、あるいはコマツということになっています。主な事業としては、建設機械、鉱山機械、林業機械、あるいはフォークリフトや産業機械、エレクトロニクス事業関連――シリコン・ウエファーとか、その材料などを造り、世界で販売しています。二〇〇三年三月末で資本金は七〇〇億強、連結の売上高が約一兆一、〇〇〇億円。私どもは今、短期三年の中期計画を立てており、売上一兆四、〇〇〇億円、その時の営業利益を一、〇〇〇億を超える水準までもっていきたいと考えています。連結子会社は一二五社です。この二年間で相当のリストラを行い、売却、清算、併合という形で縮小はしてきましたが、まだ相当数になります。それ以外に持分法の適用会社が四九社、従業員が世界中で三万人強、外人の社員が三分の一。こんなところが会社の概要です。

製造しているものは、第一のグループが建設機械で、二〇〇三年三月期では全体の売上の七〇・五%、年間約七、六〇〇億ほど売っています。その次のグループがフォークリフトやプレス機械、工作機械、板金機械などの産業機械分野で、一、三〇〇億円強の売上高です。それ以外にエレクトロニクス分野で八五〇億円強と、合わせて一兆円強の連結売上という会社です。*

*二〇〇五年三月期で売上一兆四、〇〇〇億円達成見込。

コマツの概要（2003年３月末現在）

設　立：1921年（大正10年）５月13日

石川県小松市にて設立

代表者：代表取締役会長　萩原敏孝

代表取締役社長兼 CEO　坂根正弘

主な事業：建設・鉱山・林業機械事業、

産業機械、エレクトロニクス事業他）

資本金：701億円

連結売上高：

１兆898億円（2002年）→１兆4,000億円（2005年計画）

連結子会社数　：125社（当社を含む）

持分法適用会社：49社

社員数：連結　30,666人（うち外国人社員数：約１／３）

建設・鉱山用の事業、主にグローバルな生産体制ということで、建設機械の本体や部品をつくっている工場は、海外だけで合わせて三二カ所あります。本社は日本ですが、アメリカ、ヨーロッパ、アジア、中国に統括会社を置き、地域統括的な会社の機能を持たせ、広がりのあるビジネスを展開しているということです。

コーポレート・ガバナンスを議論する際には、その会社の歴史やカルチャー、事業実態などに密接に関係していますので、前提として、コマツがどんな推移で事業を展開してきたかをお話ししたいと思います。私どもは、この三〇年ぐらいにわたって、粛々と連結の売上高を伸ばしてきているわけです。これは年々歳々、海外で生産したものを現地で売るということでグローバル化を進めてきた結果でもあります。最近では、国内の需要が極めて停滞している中で、全体の売上における海外売上率は六〇％を超える水準です。

コマツの事業推移全体をご覧いただきますと、日本と、日本を拠点にして輸出をしているという量が、この一〇年間、毎年毎年、減ってきているという状況で

建設・鉱山機械事業：グローバルな生産体制（5極）

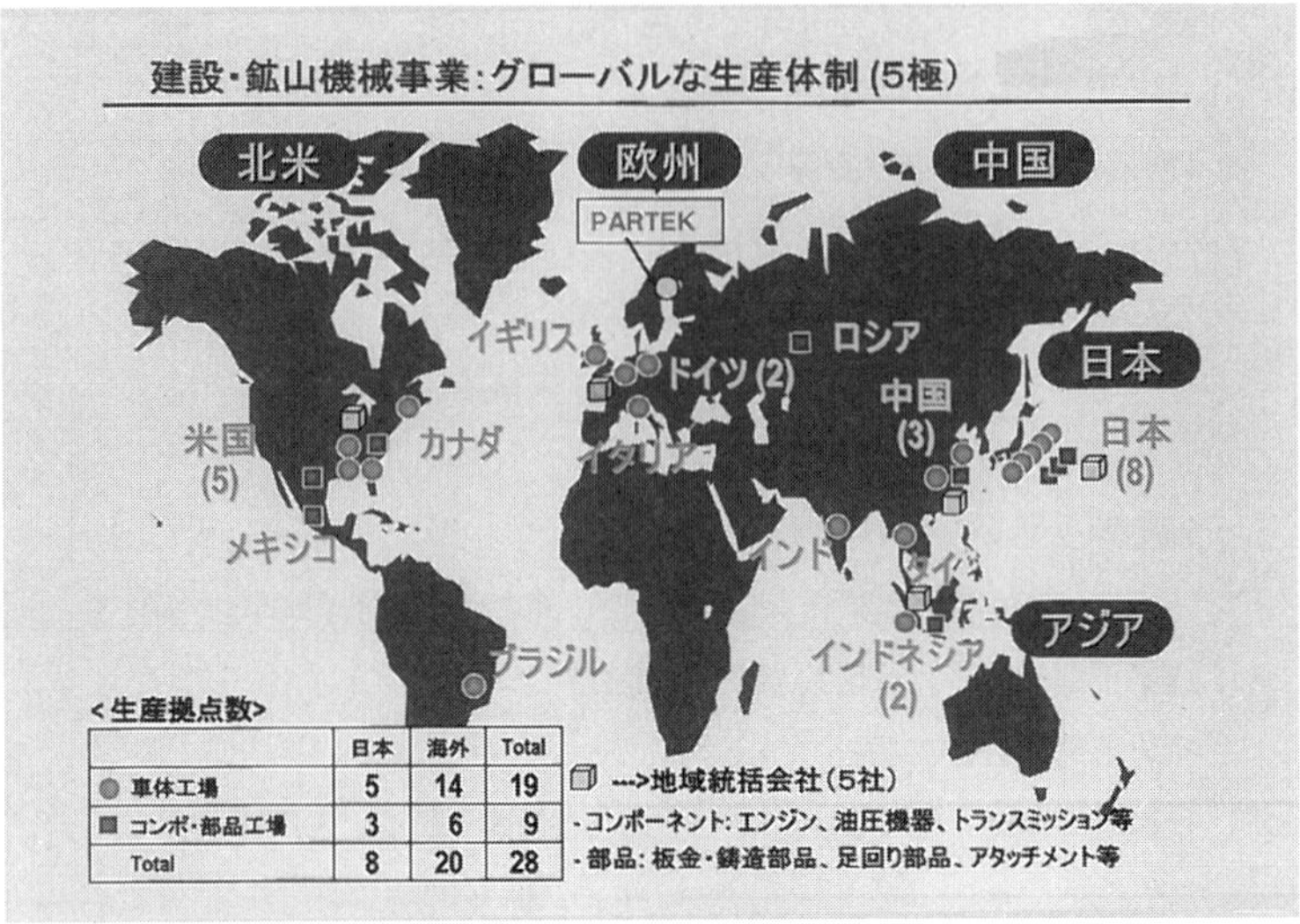
建設・鉱山機械事業：グローバルな生産体制 (5極)
北米
欧州
中国
日本
アジア
PARTEK
イギリス
ドイツ (2)
ロシア
中国 (3)
日本 (8)
米国 (5)
カナダ
イタリア
メキシコ
インド
タイ
インドネシア (2)
ブラジル
<生産拠点数>

	日本	海外	Total
● 車体工場	5	14	19
■ コンポ・部品工場	3	6	9
Total	8	20	28

--->地域統括会社（5社）
-コンポーネント：エンジン、油圧機器、トランスミッション等
-部品：板金・鋳造部品、足回り部品、アタッチメント等

コマツの事業推移

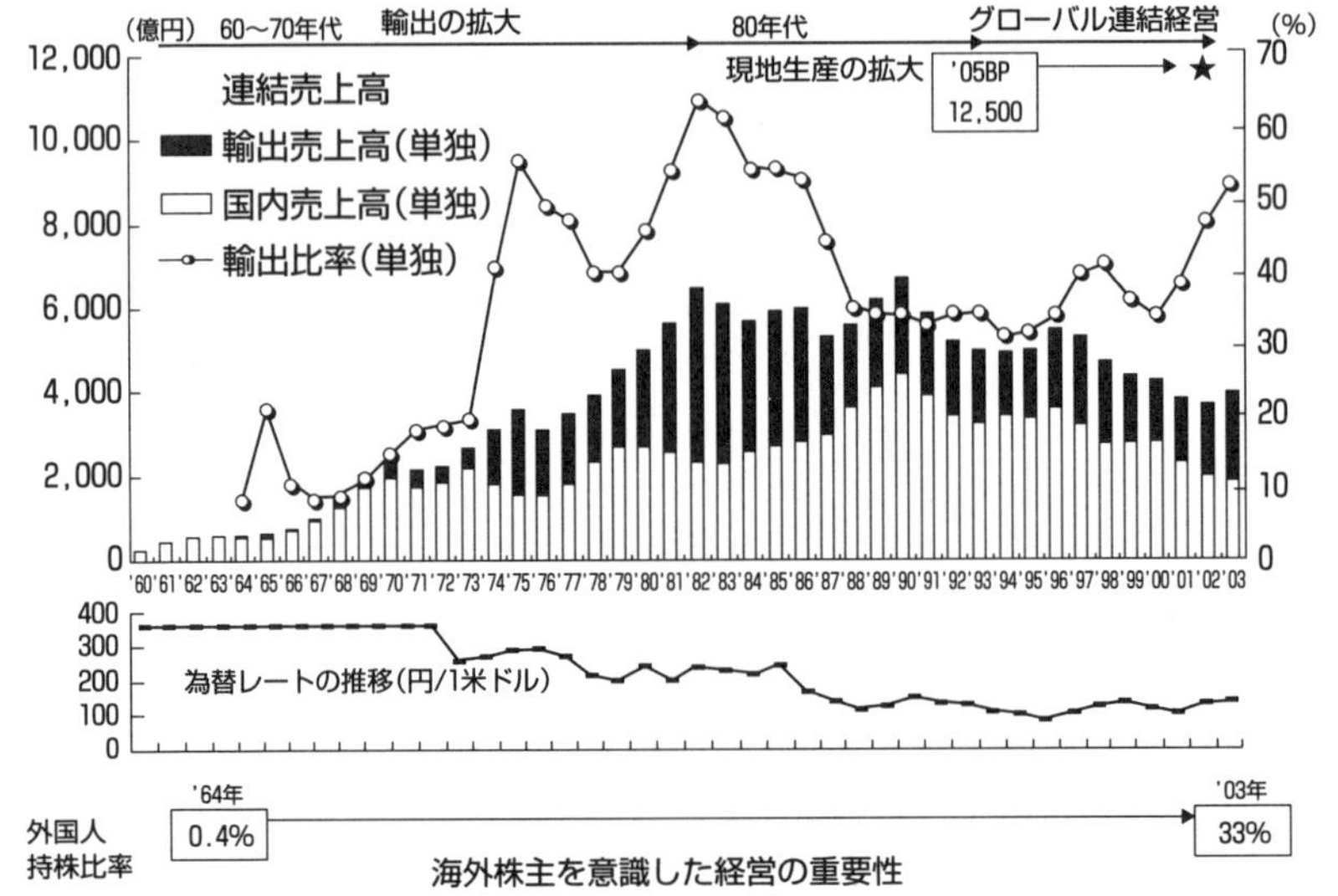
(億円)
60～70年代
輸出の拡大
80年代
現地生産の拡大
グローバル連結経営
'05BP
12,500
(%)
連結売上高
輸出売上高(単独)
国内売上高(単独)
輸出比率(単独)
為替レートの推移(円/1米ドル)
'64年
'03年
外国人
持株比率
0.4%
33%
海外株主を意識した経営の重要性

す。コマツの事業推移を見れば為替（これは円とドルだけの推移ですが）が三百数十円から一〇〇円前後のところまで、どうやって動いてきたかということもおわかりいただけると思います。

一九六〇年代、私どもは一生懸命、輸出に力を入れて頑張ってきました。その次の時代が現地生産の時代といえます。この一〇年間は、グローバル経営をしていくということになっているわけです。一九六〇年代は外国人の持株比率がわずか一％に満たなかったのですが、最近では三三％と、約三分の一が外国勢によって株を持たれている状況です。

2　コーポレート・ガバナンスとは何か

(1)

こういう会社の中で、コーポレート・ガバナンスは、どういう意味を持ち、どんな推移をしてきたかということですが、それより少し前に、まず、われわれにとってコーポレート・ガバナンスとは一体何だということが課題になります。私自身は、誰のために、何を目指して、どのように企業をコントロールするのかということが、コーポレート・ガバナンスのテーマであろうと捉えています。この、誰のためにというところで、少し考え方が分かれるだろうと思います。株主のためにということを強調すると、株主価値の最大化、企業は株主のものだというような主張の根拠になるでしょうし、株主を含むステークホルダー全体のためにということになるなら、企業価値の最大化を図っていく、企業は社会的な存在だというようなことになろうかと思います。

ここで少し脇道にそれるかもしれませんが、現在、東京証券取引所の上場会社のコーポレート・ガバナンス委員会というのがあり、この中で今、いろんな議論がなされています。金融庁から東京証券取引所に対して、証券市場から見て証券市場のために上場会社に期待されているコーポレート・ガバナンスというのは、あるのか、ないのか。あるとすれば、それは一体どういうものなのか、そのために東京証券取引所は自ら何か役割を演ずるべきなのか。演ずるとすれば、それはどういう形で演ずるべきかというようなことについて諮問があり、この委員会の中で議論がなされているわけです。

その議論は、「そもそも論」から始まっています。この「そもそも論」のところで、「会社は株主のものに決まっているじゃないか」という強い主張がなされています。「したがって株主価値の最大化を図っていくことが、そもそもコーポレート・ガバナンスの最大の使命だ」という意見です。しかしこれには、私もそうですが、「必ずしもそういい切れないのではないか」という意見もあります。もともと、株主の利益を考えていくというのは当たり前の話です。しかし株主だけでなく、例えばお客様とか取引先、従業員、あるいは地域社会というような、関係者全体の利害を調整していながら企業の価値を最大限高めていくということが、本来のコーポレート・ガバナンスではなかろうかと思うわけです。

この二つの議論は、先ほどの東証がどういう役割を演じるべきかということと、非常に大きい関係があります。またわれわれが、自分たちの会社のあるべきコーポレート・ガバナンスを考える上でも大事なことだと思います。

しかし、この二つは実質的にはあまり大きな差異はないようにも思われます。「会社は株主のものだ」と言っている人たちも（アメリカの人たちなどは、多くはそう言っていますが）、ほかのステークホルダーのことを無視していいとは、言っていません。ただ、「株主のために」ということばかりを強調すると、他のステークホルダーの利益が軽視されることにならないか、と思うわけです。われわれが、株主を含めてステークホルダー全員のためだといっても、決して株主のことを軽く考えているわけではなく、もともと、企業がある意味でいえば株主のものなのは当たり前で、われわれ取締役も株主から付託を受けて会社を管理・運営しているということです。われわれは株主から信任的な義務を負い、その中でいろんなことをやっていくという意味では、まさに株主との関係は重要なわけですが、それだけを強調していたら会社はうまく機能するのかというところで、ずいぶんと考え方が違うわけです。要するに、どちらの考え方に基軸を置いて、自分たちの会社のコーポレート・ガバナンスのあり方を考えるべきか、ということが大事だと思います。

少し東証の話を追加的にさせていただくと、私は、ことコーポレート・ガバナンスに関連して、証券取引所が先駆的に果たす役割はあまりないのではないかと考えています。委員会の議論の中では、ニューヨークでもロンドンでも、他国の取引所はしかるべき、きちんとした原則やガイドライン、あるいはリコメンドリストを、みんな持っている。それに対して、東京証券取引所にはそういうものがない。したがって、東証も世界に開かれた取引所としてコーポレート・ガバナンスについての原則を持つべきである、という主張があります。

しかし、東証が仮に「原則」を作るにしても、その内容が問題です。

会社法や証取法などその規則数まで含めると、日本ほど詳しい法制を持っている国は珍しいと思います。証券取引所が日本の法制を超えて、日本のコーポレート・ガバナンスに関して先駆的にリードしていく、あるいは解釈していくということにするなら、それは問題だということになります。取引所が、「コーポレート・ガバナンスはこういう仕組をとった方がいいんだ」とか、「優れたコーポレート・ガバナンスというのはこういう構造なんだ」とか、「コーポレート・ガバナンスに関するディスクロージャーはこういう内容でやれ」というようなことを詳細にわたってルールを化していく必要はあるのか、と思うのです。

現在の法律、規則（含、取引所の諸規則・規準）の大枠の中で、どういうコーポレート・ガバナンスの仕組を採用し、どんなディスクロージャーをし、具体的にどう運用しているかというようなことは、株主の方から知ろうと思えばいろんな場面でわかります。そのことを市場はよくウォッチして、会社の評価をすればいいのではないかと思います。屋上屋となるようなルール化は、企業の自主性を損なうのではないかと言っているわけです。

われわれ日本のコーポレート・ガバナンスは端緒についたばかりです。その構造そのものにしても、具体的な内容にしても、各企業は相当苦心しているわけです。その中でステークホルダーにとって最適な、自分の会社にふさわしいものは一体何か、探そうとしているさなかに、あたかも「そっちよりこっちの方がいいんではないか」と誘導するようなルール化はしないでほしいと願っています。

しかし、これは委員会内のいろいろな立場からのフランクな議論ですから、最終的には、仮に「東証コーポレート・ガバナンス原則」のようなものが作られるとしても、その内容は、証券市場にとっても、個々の上場企業にとっても、納得性のあるものに収斂してゆく、と考えています。

(2)

以上、何を言いたかったかというと、コーポレート・ガバナンスには「これだ」という解がないということなのです。

コーポレート・ガバナンスが誰のためにあるのか。株主のためか、ステークホルダー全員のためか、という問題については、何を目指すのかということをまず考えるべきだと思います。これにはいろんな議論がありますが、やはり一つは、最終的に企業は収益をきちっと確保していく必要があります。そのための意思決定も迅速でなければなりません。効率も上げなければなりません。この効率性や機動性をどうやって向上させていく

そもそもコーポレート・ガバナンスとは何か。

◎　コーポレート・ガバナンスとは、
誰のために*、何を目指して**、どのように***企業をコントロールするのか。

*「誰のために」

株主 ──→ 株主価値の最大化（企業は株主のもの）

株主を含むステークホルダー ──→ 企業価値最大化（企業は社会的存在）

**「何を目指して」

- ◎　効率性・機動性の向上
- ◎　健全性の維持（牽制、監視、監査機能）
- ◎　透明性の確保（説明責任、開示責任）
- ◎　コンプライアンス

***「どのように」

- 統治機構（組織、型）
- 運用（具体的アクション）

すぐれたコーポレート・ガバナンスに単一のモデルはない。

コマツはコーポレート・ガバナンスをどうとらえているか。

コーポレート・ガバナンスは、ステークホルダー（株主、顧客、従業員、取引先等）の利益を調整しつつ、企業を継続的に拡大、発展させ、企業価値を高めるための手段、方法のかということを、まず考えなければならない。

いま一つの問題は、健全性をどうやって維持していくのかということです。この健全性というのが非常に難しく、牽制機能や内部統制、監視や監査機能などをどれだけ強化していけるのか、またそれをどう活かしていけるかということになります。

次に透明性の確保――説明責任、開示責任などと言われている部分をどうやって確保していくかという問題があります。また、コンプライアンスの問題も考えていくことになると思います。

それから、「どのように」というのが問題になるわけです。どのようにこれを具体的に進めてゆくのかということの一つに、統治機構の問題があろうかと私は考えています。組織や形の問題です。しかしながら、OECDの「コーポレート・ガバナンスの原則」序文の中に何遍も出てくるのですが、優れたコーポレート・ガバナンスに単一のモデルはないということです。これは、国情やら文化やら歴史やら会社の置かれている状況やらで、様々な形があるのだろうということです。

もう一つ大事なのは、コーポレート・ガバナンスについては、運用といいますか、実質をどうやって高めていくかという、具体的なアクションの問題があると考えています。そういう一般的なコーポレート・ガバナンスの上に、コマツはコーポレート・ガバナンスはステークホルダー(――株主、顧客、従業員、取引先等々)の利益を基本にして利害を調整しつつ、企業を継続的に拡大発展させ、企業価値を高めるための手段・手法であろうと考えています。私は、企業価値はそれぞれのステークホルダーの会社に対する信頼の総和だ、と考えています。また、こういう考え方に基づいていろいろな変革を行ってきているということです。

3　コマツのコーポレート・ガバナンス改革

コーポレート・ガバナンスには皆がびっくりするような革新的な回答などあるわけがなく、地道で継続的な活動が必要です。これには統治機構の改革の部分と運用の改革の部分があります。私どもコマツ製作所は取締役会の改組・改革を行い、今まで二六名いた取締役を八名に削りました。それから社外取締役を八名の中に導入しました。これらのほとんどの改革を九九年からやっています。

また、監査役会を設置し、社内二名、社外二名の監査役に基づいて毎月一回公式の会議を開いています。さらに報酬委員会を同じく設定しました。社内一名（私が出ています）、社外四名（取締役だけでなく、外部の専門家等）によって構成し、取締役ならびに執行役員の報酬のレベルとかあり方についての様々な議論を、取締役会に意見として報告しています。インターナショナル・アドバイザリー・ボードを設置したり、コンプランス委員会をつくったりと、構造部分について、今のような変革を、あるいは新しく機関を設定するというようなことをやって参りました。

運用の改革では、私どもは取締役会の議案について、必要な付議事項やその内容を含め、監査役も入れて事前検討会を開催しています。取締役会の付議基準については、内部統制ルールとして、これをより厳格化・明確化しようということで毎年見直しています。

重要議題の資料は取締役会メンバーに事前に配布する。要するに社外の取締役に対しても、その場でいろんなものの提案はせず、あらかじめ数日前に行って説明し、意見も聴いてくる。あるいは、さほど重要でないことについても資料は事前に配布し、議題の理解度をきちんと持っていただくということをしています。

コマツのコーポレート・ガバナンス改革

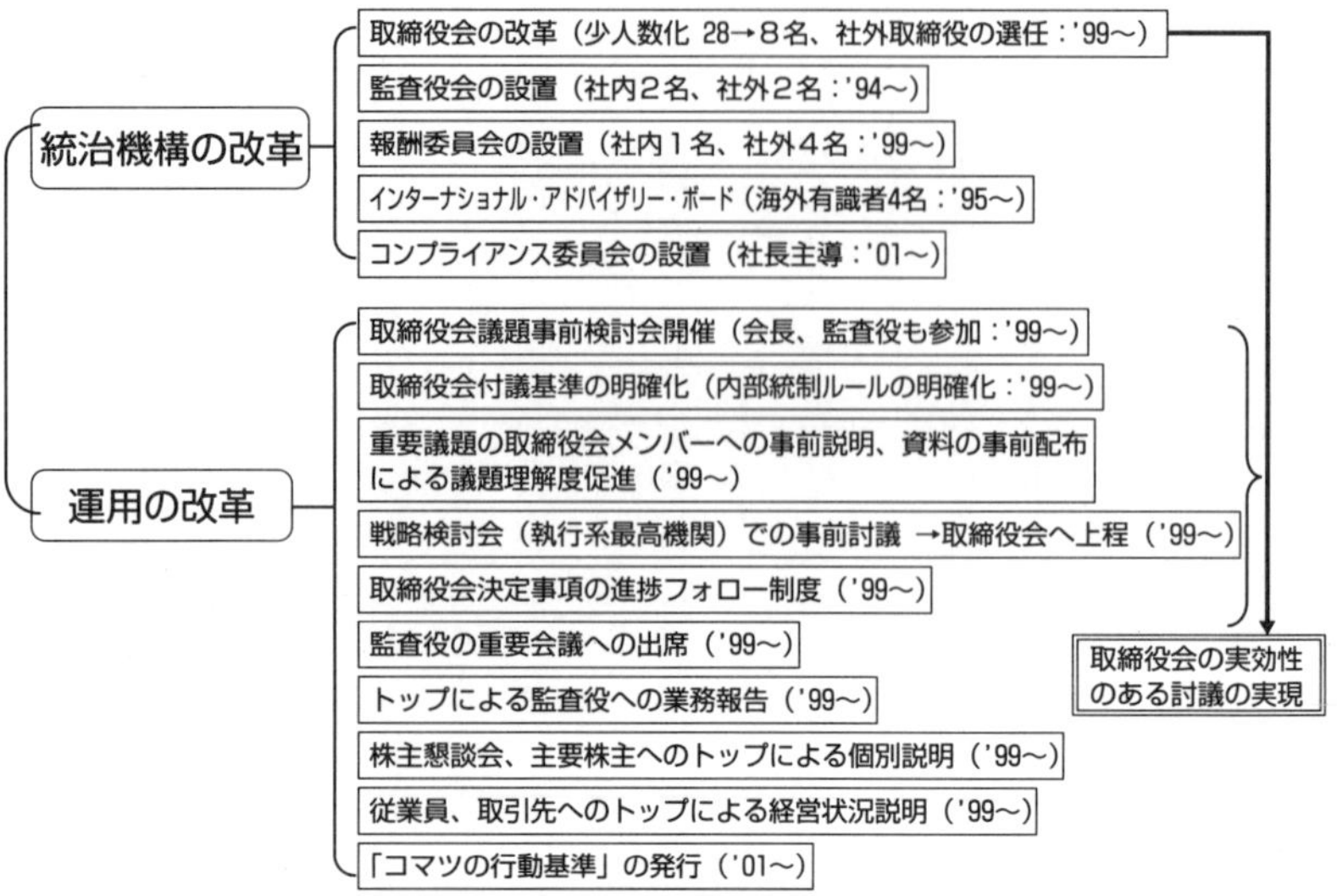
統治機構の改革
取締役会の改革（少人数化 28→8名、社外取締役の選任：'99〜）
監査役会の設置（社内2名、社外2名：'94〜）
報酬委員会の設置（社内1名、社外4名：'99〜）
インターナショナル・アドバイザリー・ボード（海外有識者4名：'95〜）
コンプライアンス委員会の設置（社長主導：'01〜）
運用の改革
取締役会議題事前検討会開催（会長、監査役も参加：'99〜）
取締役会付議基準の明確化（内部統制ルールの明確化：'99〜）
重要議題の取締役会メンバーへの事前説明、資料の事前配布による議題理解度促進（'99〜）
戦略検討会（執行系最高機関）での事前討議 →取締役会へ上程（'99〜）
取締役会決定事項の進捗フォロー制度（'99〜）
監査役の重要会議への出席（'99〜）
トップによる監査役への業務報告（'99〜）
株主懇談会、主要株主へのトップによる個別説明（'99〜）
従業員、取引先へのトップによる経営状況説明（'99〜）
「コマツの行動基準」の発行（'01〜）
取締役会の実効性のある討議の実現

先ほど、われわれは取締役会の改革をしたと申し上げましたが、取締役の一部、あるいは新しい人たちを、執行役員という形でグループファイしています。そして、社長を主催者として、執行役員を中心に監査役も出て、毎月少なくとも一回、場合によれば二回、三回と戦略検討会を開き、いろいろなテーマを検討、議論しています。その検討会の判断によっては、取締役会に上程される場合もあります。

取締役会決定事項の進捗フォロー。これは取締役会で決まる様々な事項が実を結ぶよう、きちんとフォローするための制度です。

私もそうですが、社長も含めて毎月一回、トップから直接監査役へいろんな業務報告をさせてもらっています。監査役は当然ながら重要会議に出席し、必要なら意見を言うことになっていて、各工場・各事業部の重要会議にも出席します。したがって当社では監査役は大変忙しい役職です。

株主懇談会は株主総会以外に、私どもは年に二回、地域を分けて株主との懇談の機会を設けています。さらに主要株主へのトップによる個別説明、いわゆるＩＲは、今かなり頻繁に行っています。三三％の株主が外国人だということもあって、日本のみならずアメリカ、ヨーロッパ、アジアも、主要株主には個別に説明に上がっています。

もちろん、従業員や取引先へのトップによる経営状況説明は半期ごとにやっています。また、コマツの行動基準を発行し、世界中の社員に配っています。別に珍しいことではありませんが、こういうことを粛々とやり遂げてきたというのが、コマツの今の実態です。

取締役会の改組や、それに付随する運用の強化といった面では、取締役会の実効性のある討議の実現があげられます。実は二六人でやっていた時期は、取締役会というと五つ、六つの議題で大体一時間から一時間半。二六人で何が議論できるかというと、ほとんどできない。「この資料、わからないけれども、どういう意味だ」とか、あまり本質に影響のないような議論ばかりで済んでいました。しかし今は、一〇時半ぐらいに始まって途中昼食を含めて二時、三時まで、議題によっては一議題で一時間とか一時間半、あるいはその中で持ち越し、次回もう一回討議するというようなことも含めて、かなり実質のある議論ができているというのが実態です。

4　インターナショナル・アドバイザリー・ボード

先ほど触れたインターナショナル・アドバイザリー・ボードについて、お話ししたいと思います。

実は取締役会を改組する前に、コマツのビジネスが国際的に広がりを持っているということから、私どもは、独りよがりでない戦略をきちんとつくっていこうという意図で海外の政財界の有識者をアドバイザーとして迎

インターナショナル・アドバイザリー・ボード（ＩＡＢ）の設置

海外の政財界有識者をアドバイザーとして迎え、'95より年２回開催（合計17回）

第１期（'95～'97）	第２期（'98～'00）	第３期（'01～'03）	第４期（'04～）
・ドレッサー社前会長(米) ・アプライド･マテリアル社会長(米) ・元国務省次官(米) ・ローランド･ベルガー社会長（欧）	・前メルセデスベンツ会長(欧) ・ミシガン州立大学学長(米) ・野村総研チーフエコノミスト(アジア) ・カミンズ･エンジン前会長(米)	・元テネコ社会長兼ＣＥＯ(米) ・前ドイツ産業連盟会長(欧) ・元バンクオブアメリカ副会長兼ＣＦＯ(米) ・元駐蘭米国大使(米)	・元駐スイス大使（米） ・コンチネンタル会長（独） ・東亜銀行主席（香港） ・元インターナショナルペーパ副社長（米）

ＩＡＢでのアドバイス
－株主重視の経営
－コーポレート・ガバナンスの重要性
－コミュニケーションは大切なトップの仕事
－国際的な事業展開のあり方
－経営資源の配分（選択と集中）
－カントリーリスク対応
－日米欧のマネジメント比較
－利益重視、経営体質強化の重要性
－アライアンスの重要性

⇒ コマツの経営に反映

え、九五年から毎年二回、合計一七回、インターナショナル・アドバイザリー・ボードを開催させてもらいました。皆さんには一期から三年ずつやっていただいていて、今は第三期です。メンバーとしては、例えば元駐オランダ米国大使で今のイラクで行政官をしておられるブレマーさんが途中までやっていました。「急にワシントンから言われたので、ちょっと申し訳ないが」ということでこの夏で去りましたが、そんな人たちも入れて開催しています。来年で四期目の人たちになるわけです。

この選択はどうやってやるかというと、はじめの頃は米欧が多かったのですが、現在はメーカーサイドの人たちを中心に意見を聴いていこうということになっています。もう一つは、世界中でいろんなことをやっていると世界中の政治的な動向が極めて重要になってきますので、ワシントン筋の人たちを入れようということで、一期、二期は大体そんな形で進んで参りました。来年以降は、アジアがこれだけ大きくなってきている、あるいは問題をたくさん抱えているということもあり、先ごろ香港へ行って東亜銀行の主席に来年以降のアドバイザーになってもらうことになりました。

このＩＡＢではいくつかのテーマを決めて朝から夕方までいろんな議論をするのですが、結構自由に意見を言っていただけます。例えば、より株主重視の経営が大事だ、コーポレート・ガバナンスの改革がまだ弱い、経営資源の配分についてまだ十分ではない、もう少し選択と集中をやるべきだとか、コマツはカントリーリスクの対応が遅い、マネジメントについて、日本中心ではなく、より世界的視野でものを見るべきだというような批判を受けたり、意見を聴いたりしているわけです。利益重視、経営体質強化の重要性、他社とのアライアンス、何でもかんでもすべて自分でやるというのは、もうやめたらどうだというような様々な意見が、従来も出されています。これらの意見の一部については、これを取り入れて経営に反映しています。

5　コンプライアンスの全社的展開

コンプライアンスについては全社的といいますか、全連結ベースで展開しているわけで、これをコマツは企業経営の基本であり、経営者および社員一人ひとりが事業展開や業務遂行する上で最も重要、かつ基本的な順守事項であると考えています。単なる各国の、世界中の法令だけではなく、ビジネス社会のルール、あるいは社内規則をきちんと守っていくことがコマツの根本だということで、形だけでなく実も含めてずいぶんとわれわれは活動しています。

九八年にコマツの行動基準をつくりました。二〇〇一年にはコンプライアンス室をつくり、これを少し改組して企業行動統括室にして、本社で全部、グローバル・ベースで管理しています。今、二〇〇三年になりますが、毎年見直していますので、行動基準第五版が出ていまして、一部英文化したり他の外国語に直しているも

コンプライアンスを全社的に展開

■「コンプライアンス（＊)」は、企業経営の基本であり、経営者及び社員一人ひとりが、事業展開・業務遂行をする上で、最も重要かつ基本的な遵守事項である。

（＊)・各種法令
・ビジネス社会のルール（商道徳、企業倫理）等の遵守
・社内規則（就業規則、行動基準）

【これまでの取組】

コンプライアンス委員会の設置　2001年7月〜

経営トップとユニオンで構成 → 決定事項徹底を図る

区分	役職・所属
委員等	代表取締役社長（兼）CEO
副委員長	専務執行役員　コンプライアンス、特機、環境・安全管掌
委員	取締役専務執行役員、経営企画室長、渉外担当 常務執行役員、経営企画室副室長、構造改革、人事管掌 常務執行役員、総務、広報 IR 管掌 コマツユニオン　中央執行委員長
オブザーバ	常勤監査役 監査役
事務局	企業行動統括室（コンプライアンス担当部門）

（2回／年開催）

1998年：「コマツの行動基準」制定

2001年：「コンプライアンス室」設置

2002年：「企業行動統括室」に改組

＊コマツの行動基準の周知徹底
法令順守機能の統括
企業行動に関わる社員相談窓口

2003年：「コマツの行動基準」第５版発行

のも、現在使っています。しかしコンプライアンスについて最も大事なことは、トップ自らがきちんとした倫理観を持ち、単なるかけ声に終わらせることなく、日常的にトップ自ら先頭に立って、会社の隅々にまで意識を高める活動を実施していくことかと思います。

6　委員会等設置会社の採用

次に委員会の設置会社についてお話しします。これは商法が改正になった時に取締役会で相当議論しました。従来の監査役型構造でいいのか、思い切って委員会等設置会社を採用すべきかということを議論したのですが、その時の結論では、コマツは当面、直ちに委員会設置会社に移行することはしない、従来型の枠組の中で改革を具体的に進めていこうということになりました。

この理由についてはいろいろあります。いくつか代表的なものを述べれば、まず、独立性があって、かつグローバルな見識を持つ社外取締役は、今の日本の現

状では確保が非常に難しいということです。いい人がいると忙し過ぎて、とても他の面倒までは見てもらえません。社外取締役に欧米の人、あるいは中国の人とか東南アジアの人を入れたらどうかという意見もあったのですが、毎月一回、場合によれば月二回、三回になる取締役会に都合をつけて出てきてもらうのは、現状では非常に難しいということです。日本の中でもこれはと思う人は大体いろんなものを兼務していたり、自分の会社が忙しかったりで、なかなか確保が難しい。

二つ目としては、業界や社内業務等に精通していない社外取締役が過半を占めるような体制の中で、本当に取締役会として妥当な判断ができるのか。あるいは各種委員会をつくっても過半が社外取締役ということで、報酬委員会も指名委員会も、あるいは監査委員会も、そこで妥当な判断が本当にできるのかというようなことなどを考慮して、われわれとしては現状ではなかなか難しかろうという懸念があったわけです。

もう一つ、委員会等設置会社への移行については、形だけつくるのは大変簡単ですが、委員会会社をつくったら、現在の監査役会社をベースにその質的な向上を図る以上に、効率性や健全性や透明性が確保できるということについて、その時点では確信が持てませんでした。したがって、私どもはこの春先、当面はこの委員会会社に移行しないということに決めたわけです。

7　ベストプラクティスの追求

しかしながら、皆さんご承知のように、コーポレート・ガバナンスは恒久的なものではありませんから、だんだん進化する、改革する、先に進めていくということが必要です。ベストプラクティスは何かということを、皆で追求していかなければならないという性格のものですので、私どもは今後も、機構改革や運用面の改革を進めていこうと考えています。八名のうち二名が社外取締役ですが、この社外取締役の増員については検討していこうとしています。また、現在の監査役会社を前提にしながらも、指名委員会、あるいは重要財産委員会みたいなものを設置する必要性はないか、ということも検討していこうと思います。先ほど、私どもは委員会会社に直ちに移行しないと言いましたが、環境条件整備を見極めながら、委員会等設置会社への移行の是非もあわせて、粛々と検討しています。

運用面での改革の方向性については、監査役の独立性確保、監査機能をもっと強化する必要があるということで、今、監査役のスタッフ強化、あるいは社内監査部門との連携を図っています。それから外部の監査法人の積極的活用。また、監査役がいろんなことでいろんな指摘をしてくれるわけですが、これを取締役会できちんとフォローアップしていくつもりです。

企業情報開示の一層の促進ということでは、トップ自らのＩＲのきめ細かい実施を今まで以上にやっていこうと思います。役員報酬やコーポレート・ガバナンスの実施状況の開示も、将来できる限り詳細にわたってやっていこうと考えています。

（二〇〇二年一一月一三日）

第5章

帝人におけるコーポレート・ガバナンス効果

安居祥策

帝人株式会社取締役会長

1 今なぜコーポレート・ガバナンスなのか

(1) 企業とコーポレート・ガバナンス

私ども帝人がここ数年行ってきたコーポレート・ガバナンスの内容と、私自身の考え方について、お話ししたいと思います。

まず最初に、なぜコーポレート・ガバナンスなのかということですが、私は、企業というのはやはり人であると思います。企業そのものも、法人といわれるように社会の一員という意味での人です。また、会社の中も人によって構成されており、内外ともに人の責任です。したがって、社会の中で人が「ルールや規範を守る」ことが求められていると思います。ただ、企業は自然人と違いまして、持ち主がいます。これが株主ということで、株主価値の継続的な向上ということが求められるわけです。また、内部では複数の自然人から構成される組織体であることから、組織の中でのルールづくり、およびそれに基づいた人の行動が重要であり、必要になるわけです。コーポレート・ガバナンスは、これらの必要性を満たす制度・システムであり、企業活動に当たってのベースです。

(2) 新しいコーポレート・ガバナンスを必要とする環境変化

戦後日本の場合は、どちらかと言えば従業員中心の経営と言われてきました。しかしここにきて、私はやはり、持ち主という意味で、株主がまずトップに、二番目に従業員というように順番を変える必要が出て、それなりにステークホルダーという形が重要だと思います。そういうルールや制度、そのニーズを満たせるシステムをきちっとつくることが、実はコーポレート・ガバナンスの主旨です。このような意味で、コーポレート・ガバナンスというのは企業活動における必要条件であり、ベースになっているように思います。

日本企業を振り返ってみますと、例えば戦前には、いろいろな企業に家訓あるいはモットーというものがありました。戦後は逆に、例えば銀行などがそういう意味でのコーポレート・ガバナンスのお守り役的な時期もあったわけですが、ここへきて条件も変わってきています。まず、「コーポレート・ガバナンス」がどのような位置付けなのかということが重要だと思っています。次にコーポレート・ガバナンスを、そういう新しい考え方で見ること、そして、コーポレート・ガバナンスを必要とするということはどういうことなのかを考えてみることが重要ではないかと思います。

新しいコーポレート・ガバナンスを必要とする環境変化を見ると、次の通りです。

１　株主の変化

まず、株主が変わってきました。個人株主が増え、外国人株主がほとんどの会社で増加しました。また、日本の株主も機関投資家という形で、ものを言う株主に変化し始めてきました。

２　世界経済の単一化とルールの共通化

今、世界は非常に狭くなり、いろいろな意味での単一化、ルールの共通化という動きがあります。

３　事業の国際化と外国での株式上場

多くの国で事業をする場合には、それぞれの国の軒先を借りるわけで、その国のルールを守るのは当然です。同時に、インターナショナルに通用することが求められます。これが事業の国際化の問題です。特に、ニューヨークやロンドンで上場するようになると、そこでのルールを守るということが求められます。

このようなことから、日本の企業は新しいコーポレート・ガバナンスのルール、システムを必要とするようになってきたのではないかと思います。

（3）ステークホルダー（利害関係者）

ステークホルダーというと、アメリカは特に「株主だけ」という言い方をしますが、私どもが現にお付き合いをしているアメリカの会社の人たちは、決して株主だけではありません。企業の持ち主という点ではファースト・プライオリティーは株主になりますが、従業員、顧客、地域社会というようなステークホルダーの皆さんとの関係についても、一定の配慮をしながら事業するのは当然だと思います。

企業運営に当たっては、コーポレート・ガバナンスの必要条件を満たした上で、個々のいろいろな事業戦略をつくり、健全かつ効果的な経営をしていくことです。これが十分条件になってくると思います。そういう意味で、例えばハンペル・リポートなどは、「コーポレート・ガバナンスは事業の繁栄に寄与しなければならない」ということを言っていると思います。

2　コーポレート・ガバナンスの基本

（1）コーポレート・ガバナンスの基本項目

それでは、私の考えるコーポレート・ガバナンスの基本について、お話ししたいと思います。実は私自身、コーポレート・ガバナンスの話をしていた一九九八年頃は、透明性、公正性、迅速性ということで、四つの項目の中から独立性を除いていました。現時点で考える経営におけるコーポレート・ガバナンスの基本は、透明性と公正性、それに最近では独立性を加えた三つです。そして、経営についての株主をはじめとするステークホルダーに対する説明責任が重要です。日本ではこれに加え、迅速性が必要です。

第一の透明性は、経営上の大きなデシジョン・メーキング（意思決定）のプロセスが、透明であるということが非常に重要だと思います。

第二の公正性はフェアということです。事業展開、あるいは個人のふるまいでも、欧米の人たちは、「あなたのしたことはアンフェアだ」と言われたら顔色が変わるぐらい、「フェア」は大変重要だということです。やはり、コーポレート・ガバナンスにとってはプリンシプルだと思います。

第三の独立性という問題は、どちらかというと最近になって議論されるようになりましたが、この考え方そのものは昔からあります。特に社外の取締役や社外の監査役たちにとっては、いわゆる仲良しクラブではもう意味がないわけで、いかに経営陣に対してきちっと自分の意見を言い、実行して行くかということが必要だと思います。社外取締役や社外監査役の選任に際しては、CEO以下の執行役員や会社からの独立性を強く要請されるようになってきています。アメリカの場合はエンロンやその他の問題から、最近オフィシャルに言われるようになりました。今年、私はたまたま日米官民会議に出席し、コーポレート・ガバナンスが担当の野村証券社長とご一緒しましたが、やはりアメリカでも独立性ということが非常に強く出て、SECのルールにも、それが入ってくるということです。当然日本でも、考え方としては、独立性ということが強く要求されることになってきました。

第四の迅速性については（透明性と公正性の二つがベーシックなプリンシプルですが）、実は日本の企業にとっては非常に重要だということで付け加えています。日本企業はデシジョンメーキングそのものが遅く、決まってからもアクションが遅い。この二つが、実は日本企業が外から見られ、外から言われているマイナス点であり、私が社長になってからは、とにかくスピードアップしようと考えたわけです。競争力を高めるためには、決定とアクションのスピードを上げる必要があります。

(2) アカウンタビリティー(説明責任)

企業の決定や行動、状況については、監査役あるいは監査委員会というような第三者の目で、特に透明性や公正性、独立性を維持することからチェックする必要があります。透明性や公正性の維持を担保するために置かれた監査役や監査委員会は、会計監査人との契約などにより、第三者からの数字のチェックを行った上で、その状況を株主やその他のステークホルダーに対して説明する責任を持っているわけです。それがアカウンタビリティーだと理解しています。

3 経営の仕組とコーポレート・ガバナンス

(1) 委員会等設置会社方式と監査役設置方式の選択

このようなコーポレート・ガバナンスの考え方をベースに、アメリカの場合はどちらかというと法律で締めつけてどんどん厳しい方向に行っていますが、日本の場合は逆に(おそらく初めてのケースだと思いますが)、選択制ができるようになりました。選択制とは、委員会等設置会社のやり方と、従来の監査役が持てる設置方式の二つの方法からの選択です。本年(二〇〇三年)四月に商法が改正されてから今までで、すでに一部上場会社の三〇数社が委員会等設置会社に変わっています。今後は、そういう選択をしながら進めていくということです。ただ、この前たまたま東京証券取引所が、やはりコーポレート・ガバナンスについて検討するということで参画しました。東証の人たちによると、一部に上場をしている半数以上の会社が、実はまだ本当の意味でコーポレート・ガバナンスが必要である、あるいは実施しようとは思っていないのではないかというのが、事務局の話でありました。それが本当なら、まず各企業がコーポレート・ガバナンスの必要性を認め、本気で取り組む決心をすることが、最初に必要ではないかと思います。その上で、いわゆる監査役の設置方式、あるいは委員会等設置会社の方式の選択になるのではないかと思います。コーポレート・ガバナンスは形だけ取り入れてもあまり意味がないわけで、本当のコーポレート・ガバナンスということをきちんと会社の中に入れ込んでマネージしていくということが、非常に重要だと思います。

(2) 両方式選択以前の問題

両方式選択以前の問題として、私が感じているのは次の三つです。

第一は、取締役、取締役会の権限と責任、第二は、CEOの決意、第三は、コーポレート・ガバナンスの基本の認識です。

先ほどお話ししたように、やはり本当の意味でコーポレート・ガバナンスが必要なのだということをマネジメントが決意して行うということが必要なのだろうと思いますが、中でも、第二にあげた「CEOの決意」が非常に重要だと思います。オーナー会社の場合については私はよくわかりませんが、普通、会社は公器だと思います。いわゆる私物化により、マネジメントで自分の利益を考えるということは、あってはなりません。そういう意味でCEOは会社の公器であり、私意を持ち込まない決意が必要であり、CEOになった時はその決意をきちっとすることが重要です。これが評価や人事、あるいは自分の後継者の責任、選任ということで影響が出てくると思います。

第一にあげた、両方式から選択する場合の問題点、あるいは要素として、取締役、取締役会の権限と責任をどこまで会社で持つのかということがあります。従来の日本型では、取締役会そのものが形骸化しており、例えば経営会議や常務会で実際には決まってしまっているからです。そのような形で決めたものに「取締役が責任を持てるのか」ということで問題になるわけです。そういう意味から、取締役会がきちっと機能するという面が非常に重要だと思います。その権限に基づいて、逆に責任が生じてくるということだろうと思います。

委員会等設置会社というのは、アメリカと日本とでは、ＣＥＯの持っている権限が大きく違っています。アメリカ式のマネジメントでは、ＣＥＯが非常に大きな権限を持っています。例えば、私どものポリエステルのフィルム事業である帝人のフィルム事業と、アメリカのデュポン社のフィルム事業を一緒にして、世界第一位のマーケットシェアを持つ合弁会社をつくろうじゃないかということで、約一年以上かけて交渉したことがあります。その間、デュポン社の場合はおそらく一番最初と一番最後だけ取締役会にかけられたのではないかと思います。帝人の場合は、おそらく十数回の取締役会にかけていると思います。それぐらいの違いがあるというわけです。その意味で、ＣＥＯの権限と取締役会、あるいは取締役の権限をどこまでどうするのだという議論をきちっとしなければいけないと思うわけです。コーポレート・ガバナンスの位置付けというのは、やはり必要条件であっても十分条件ではなく、コーポレート・ガバナンスがいくら良くなっても、それだけでは会社は儲からないということです。したがって、コーポレート・ガバナンスと事業戦略とは事業の両輪であり、二つの条件が満足して初めて、素晴らしい会社になるのではないかと思います。今はまだ、委員会等設置会社と監査役の設置会社のどちらがいいかという議論をするには少し早すぎるだろうと思います。

4　委員会等設置会社方式

アメリカでは、取締役会の基本的な役割はいわゆる執行部隊の監視・監督です。特にＣＥＯの監督は一番大きな役割で、指名権や評価、それに基づく報酬というようなことは取締役会が握っています。これらの決定には、社外役員をメジャーとしたメンバーで決めていくことになります。透明性、あるいは公正性を担保するためのチェックは、非常に大きな仕事であると思います。

このような観点から言えば従来の日本の取締役会とはだいぶ中身が違うわけで、その辺をよく整理しておかないといけないのではないかと思います。ただ、以下の三点は、委員会等設置会社にした方が楽になっているというか、いいのかなと思います。

第一点は、委員会等設置会社の方式を採っているということを、例えば海外に行って、ＩＲで「うちはアメリカ式のコーポレート・ガバナンスだ」と言えば一度でわかるわけで、そういう意味で評価される可能性が高いと思います。

第二点は、本当に委員会等設置会社方式でやるなら、決定権をどうするのかということを決めてやらないといけないと思います。私の知る範囲ですが、例えばある会社で委員会等設置会社方式を取り入れて、社外重役を入れたり、その他いろいろなことをやりましたが、結局うまく行きませんでした。今度はその下に、常任の取締役だけの会をつくるとかして、結局は二重組織なってしまうわけで、その辺をきちっと決める必要があります。

それから第三点は、日本の監査役と監査委員会は、基本的に役割が違うということです。監査委員会には、もともと社外取締役がメインでいるわけですが、その人たちの基本的な仕事は、会計監査人をどのように決めるかということ、およびその監視です。第二点目の委員会等設置会社方式ではCEOが内部監査をやるわけですが、その仕組と、それを実際にきちっと行われているかどうかをチェックする、という二つの役割です。特に、この第二点目の役割については、今、イギリスなどで強く主張されていることですが、日本の場合は片方で、今までは適法性監査というのが監査役の基本的な仕事でした。ところが最近は、逆に妥当性監査までやるべきだということになっており、そうなると第三点とは、だいぶ違うということだと思います。

5 従来型＝監査役設置方式──帝人のコーポレート・ガバナンス改革

昨年改正された商法では、委員会等設置会社に実はインセンティブ的な項目があります。例えば、委員会等設置会社の監査委員会のメンバーは、いわゆる無過失責任については問われないということです。ところが、監査役の方は無過失責任についても問われることになっています。今度検討されている改正案ではこの点を改め、両方式ともに同じ扱いにする方向が検討されており、今までの問題はなくなるというように考えていいと思います。

このようなことを含め、いわゆる監査役そのものの今までの動きについていろいろ考えると、「従来型だからコーポレート・ガバナンスの面で劣る」というような話とは、どうも違うのではないかと思います。問題はむしろ、方式ではなく中身ということで、従来のやり方だけでは、必要とされるコーポレート・ガバナンスが満足されないということではないでしょうか。そういう意味で、今までのわれわれのやり方がすべて「ジャスティファイ」されるということはなく、それを改善することが必要であり、いかに改善するのかが問題だと思います。

(1) 帝人の経営改革の狙い(一九九九年)

私は、一九九七年に社長になりました。最初の一年間は取締役といろいろなディスカッションをしたり、自分なりに考えて、九八年頃からいろいろ動き出しました。先ほどお話しした三つの原則的なものとか、機能を三つに分けて考えることなどを表面に出して実行し始めたのが九九年です。

改革の基本は、①世界に通用する企業になるために、株主・顧客・従業員の期待に応えるために、「透明」で「公正」なコーポレート・ガバナンスと意思決定のスピードアップが不可欠であること。②このため、〔意思決定〕〔監視機能〕〔業務執行〕の三機能の分離・強化目的とした経営改革を行うことを実施することにいたしました。

それと同時に、日本にはまだその時は現在の委員会等設置会社が商法におけるシステムになかったので、従来型の法律の中で、CEOの独走をいかに排除するかということを考えていました。また、アメリカでの監査委員会、あるいは報酬委員会、指名委員会の機能を、現行の法制の下でいかに具体化するかということが重要だと思い、検討しました。さらには、ステークホルダーに対するアカウンタビリティーをどうするか、ということです。

(2) 一九九九年の経営改革の主要項目

主要項目については、後ほど一つひとつお話ししますが、主に、①取締役会を改革し、同時に執行役員制度を導入、②「アドバイザリー・ボード」の設置、③監査役と監査役会のシステムを変える、④役員の報酬制度の導入、⑤役員の指名制度の導入、これらを取り入れ、経営のやり方を全面的に変えました。

(3) 帝人のコーポレート・ガバナンス体制(二〇〇三年現在)

帝人のコーポレート・ガバナンスについては、当時からいろいろ考えたことが、実は今年、一応全部達成できました。まず取締役会ですが、全部で九名で構成され、そのうち六名が社内、三名が社外になったということです。「アドバイザリー・ボード」は海外では欧米から一人ずつ、また日本国内で三名、それに会長の私と長島社長の二人、合計七名ということです。監査役は全部で五人のうちの三人は社外の方をお願いしています。その中の一人は公認会計士出身、もう一人は大学の先生も務めておられる女性の弁護士、もう一人は前大蔵省に勤めておられたお役人です。チェックしていただくためには、そういうバックグラウンドの方の方がありがたいと考え、選んでいます。海外の方については、アメリカのデュポン社前会長と、ICIの前会長にお願いしています。海外の場合は比較的、お辞めになるとその会社と切れるんですね。もし現役ならば同業者となるわけですが、そこは日本と違うと思います。日本の場合は逆に、役員を辞めてもなかなか切れず、いろいろな形でつながっているケースが多いわけです。そういう意味では、国内の社外取締役三人については、独立社外取締役という概念です。

1 取締役会改革と執行役員制度

実は今年から、アドバイザリー・ボードの国内の三名の方を、社外取締役ということで帝人のボードに入っていただきました。それによってアドバイザリー・ボードの力がさらに強くなり、監査役の方も、社外の方がメインとなる形をつくっているわけです。

株主総会で決めることは当然法律で決まっているわけですが、取締役会で決めることと社長権限とは、きちっと分けています。例えば設備投資ですが、一〇〇億円以下については社長が決め、それ以上の投資金額については取締役会で決定するということです。ＣＥＯは、例えば一〇〇億円以下の投資なら自分で決めますが、その時もデシジョン・メーキングの透明性の問題が出てくるので、ＣＥＯのもとにＣＥＯ決定審議会というものをつくり、そこで議論して最終的にＣＥＯが決めるという形にしています。ＣＥＯ決定審議会か取締役会のどちらかで議論を行い、「根回し」なしということで進めています。したがって、取締役会で否決されたり、ペンディングになったりすることは結構出ています。

ＣＥＯの下にそれぞれの事業グループがあり、今度は分社化してそれぞれの人たちがグループの責任者と中核会社の社長を兼務するという形で運営しています。

まず最初に取締役会ですが、取締役の数を二〇〇三年に二四名から九名にしました。定款上は一〇名以下にしてありますので、九名になったり一〇名になったりしますが、できれば奇数の方がいいのではないかと思っています。取締役会の監視・監督機能の強化ということで社外取締役を入れることですが、前のハンペル委員会（ハンペル・リポート）の考え方では、大体三分の一ぐらいは社外取締役がいいのではないかということで、私どももそういう考え方を採っています。イギリスもだんだん変わり、最近は過半数という話が出ていますが、先ほどからお話ししているように、取締役の権限責任をどうするかということによって、この辺は変わってくると思います。

現在、私自身ＵＦＪの社外取締役をやっていますが、取締役会に出てみてつくづく思うことがあります。当然、自分なりの知識や考え方はあるわけで、それは必ずきちっとお話ししなければいけない、それが社外取締役の義務だと思っています。ただ、具体的な案件で、例えば九人のうち八人あるいは七人が賛成され、自分がもし反対だとした時に、それを本当に貫けるかどうかというのは、ちょっと自信がありません。これはやはり社外取締役の一つの限界であり、知識上の限界もあるということで、反対するというのは結構難しいことだと思いました。ただし、意見はきちんと発言すること、賛成すると自分自身の生き方に関わるというような話になりますと、別の問題です。そのような時ははっきり反対して議事録に載せていただくことが必要だと思いますが、それは日本では結構難しい現状にあると、私は認識しています。

帝人の場合は今、取締役会の議長は会長がやることにしています。従来はCEOが議長を務めていましたが、分けています。その代わり、従来会長は代表権を持っていましたが、これをやめて、代表権のない会長が議長を務めるという形です。当然、CEOはそういうことで執行についての責任を持つということです。

私が社長に就任して取締役会で実質的なディスカッションを行うものですから、月一回の会議では間に合わなくなり、月二回開くようになりました。そこでいろいろ決めて行きましたが、先ほどお話しした設備投資なども大幅にCEOに権限を委譲し、その結果、非常に重要な案件だけを取締役会で審議するということで、月一回にしました。大体それで何とかうまく行くようになりました。

執行役員制度については、私ども帝人グループ全体に適応しています。今、大体二〇〇社ほどある関係会社各々を九事業グループ（これからは八事業グループになりますが）に分け、それぞれ全部の会社に格付けしました。その格付けに基づいて、重要な会社のトップ、あるいは（往々にして会社によってはナンバー2もいますが）事業グループの執行役員という形にしました。そういうことで、グループ全体として執行役員がきちっと責任を持ってマネージしていくという体制をつくったわけです。

もう一つ、リスクマネジメントは、会社やグループ全体の問題として非常に大きいので、トータル・リスクマネジメント委員会を取締役会の中につくりました。この委員会の委員長は社長です。

２　アドバイザリー・ボードの充実

アドバイザリー・ボードは、「経営の透明性」の向上を目的に九九年にスタートしましたが、商法上の権限はありません。ただ、今も非常にメンバーにこだわっているのは、指名委員会、あるいは評価については、日本人だけでは駄目だということです。これは考え方の違いだと思いますが、キリスト教の人といいますか、欧米の人は、いかに真面目にその評価をするかということが本当の「コントリビューション」だという考え方が強く焼きついており、例えば私一人の評価のために一時間以上かけてディスカッションするということになるのです。日本人だけだと、やはり仏教の世界かもしれませんが、まあこの辺でということになります。ただし、欧米の人が入ってディスカッションを始めると、日本人の方もその中で一緒になって議論します。

私が社長の時には一時間以上外で待たされ、会議が終わったら呼び入れられて聞いたわけです。そういう意味では、欧米の人たちが入った形で運営するというのは非常に重要だと思います。実はそのようなこともあって、頑張ってアドバイザリー・ボードを続けているわけです。*

帝人の経営に対する助言・提言についても結構厳しく、宿題が出されれば、次回のアドバイザリー・ボードまでに返事をするか、あるいは説明するというようなことになります。これは九九年からもう一〇回やっていますが、そういう意味ではうまく機能してきていると思って喜んでいます。

*アドバイザリー・ボードの現メンバー（七名で構成―二〇〇三年四月現在）
（米国）前ＤＵＰＯＮＴ社会長ＫＲＯＬ氏　（欧州）前ＩＣＩ社会長ＨＡＭＰＥＬ氏
（日本）国廣元中国大使、茂木キッコーマン社長、佐々木ＮＥＣ会長、帝人／安居会長、長島ＣＥＯ

アドバイザリー・ボードの開催は大体、春は四月から五月に一回、秋は一一月に一回ということで、年に二回あります。一回は日本、一回は海外ということで、海外はヨーロッパとアメリカを一年置きに交互に実施する形にしています。春は大体三月までの実績報告と、四月以降の経営計画の報告が行われます。ＣＥＯの前年度の実績についての自己評価も行われ、それに関して、実際それを評価して賞与等の額が固まってくるという討議が行われます。新年度のＣＥＯの目標について、良いのか悪いのか、あるいはこれでは不足である、というような議論もあります。それから、特定のプロジェクトについての報告があり、議論をする中で、次回以降に、こういう問題について報告してほしいという注文が出てきます。

秋は大体、上期の実績報告と後継者プランを説明します。後継者に関する詳しいプランや内容について、毎年説明をしているわけです。後継者プランをつくることと同時に、そういう人たちのキャンディデートをアドバイザリー・ボードの人たちに知っていただくことは、大変重要なことです。その意味で、パーティーに出席させたり、ボードに毎回二人ずつ出席して陪席するということや、場合によっては、先ほどのプロジェクトで報告をさせることで、何回もボード・メンバーに会うチャンスをつくっています。先ほどのプロジェクトについては二件ということです。

3　監査役と監査役会

監査役と監査役会ですが、私はやはり、米国式の監査委員会方式よりも常勤監査役を基本とする日本の制度の方が、実質的な監査という意味では効果があるのではないかと思っています。今、日本では、実際的には三つの監査の部隊が監査を行っているわけです。一つは公認会計士の監査、それからもう一つは監査役の監査、さらに三つ目は社長直属のいわゆる業務監査室の監査の三つです。そういう意味では、日本の会社というのは相当きちっとした監査をやってきているわけです。もっとも、監査役の選び方という問題がありまして、これはよくチェックする必要があると思います。

それともう一つ、私ども帝人は、親会社としての帝人だけの監査では、グループ全体としては問題があります。今度、特に持株会社にするというようなこともありまして、グループ監査役会をつくりました。そのグループ監査役会をつくる前に、大会社・中会社・小会社というような区分けをしまして、大きな会社については専任の監査役、それから中規模の会社については、大きな会社の監査役が兼務しています。また、小さい会社については、従来から、それぞれの事業部の人たちが兼務していましたが、これを全部やめまして、例えば、経理担当の人とか、人事担当の人とかという第三者の人を充てるということにしました。そのように人事替えをした上で、グループ企業全部の監査役を一まとめにして、グループ監査役ということにいたしました。

このような経緯もあって、帝人ではグループ全体の監査役体制を強化するために、グループ監査役会をつくったわけです。グループ監査役会は、大体二カ月に一回集まって、グループ全体の監査体制の強化であるとか、監査内容の向上とか、同時に監査役の教育などを行っています。

それから話が前後いたしましたが、当然のことですが、監査役はいろいろな重要な会議には、必ず出席することになっています。

4　CEOの指名、評価システム

①CEOの指名

CEOの指名問題は先ほどもお話しいたしましたが、毎年、CEOが辞める時期を幾つか仮定し、それぞれに応じて候補者リストをつくります。例えば、もし私が社長として、一年以内に何かあった時には誰を後継者にするのか、三年後ぐらいだったら誰に、あるいは五年後ぐらいだったら誰に（三年、五年の場合は複数になるわけですが）、というプランをつくります。それについて、私なりに後継者のキャンディデートの能力、経験、それから不足していることなどを書き込みます。アメリカの前デュポン社クロール会長とか、前ＩＣＩ社ハンペル会長に、第一回のアドバイザリー・ボードで言われたのですが、後継者の計画はどうなっているのかということを話しましたら、計画だけでは駄目で、教育計画が大変重要であるというわけです。言われてみれば当然のことで、それから変えたのですが、この教育計画は非常に重要であるとともに、大変なことです。現に、例えば、スタッフ業務ばかりやってきた人たちには、ラインの仕事を経験させることです。あるいは日本だけしか経験していない人は海外に出すとか、いろいろなことを相当短期間でやらざるを得ないということです。

次に、ビジネスとしての英語の問題があります。私が社長になってからですが、欧米にあるビジネス・スクールへ、取締役以下、執行役員など片っ端から、大体一カ月から長いところで二カ月ぐらい勉強に出して教育をしています。毎年十何人かを出していますが、最近になりやっと、年齢もだいぶ若くなってきています。そんなことで、これからの時代には必要である英語を、頑張ってやらせるようなことも行ってきています。

アドバイザリー・ボードとキャンディデートの人たちのコンタクトを積極的につくっていくことは、大変重要です。

ちょっと余談になりますが、私は九七年から社長になりましたので、もともと五年間ぐらいで、二〇〇二年には辞めようと思っており、五年間の計画をいろいろ立てて、そういう話をしてきました。しかし、二〇〇一年に舌の腫瘍が見つかり、手術ということになったものですから、医者に一カ月ほど余裕をもらい、その間に社長を辞めたわけです。その時も、アドバイザリー・ボードでディスカッションして決めていただきました。それまでに計画をつくり、ボードでディスカッションがなければ、おそらく大変だったと思います。やはり、社長が突然に辞める時というのは、関係する皆さんも動揺するわけですし、それから何となく社長が、「私の後任者は彼だ」という話だけでは、取締役会としては納得しないと思います。それを毎年積み重ねて、アドバイザリー・ボードで承認されて出てきた結果ということでしたから、もうすぐその場で決まったわけでして、私はそういう意味では「よかった」と思っています。

②CEOの業績評価

ＣＥＯの業績評価については、先ほどちょっと触れましたが、まず四月に年間目標、あるいはプロジェクトを含めた計画、アクションプランをアドバイザリー・ボードに提出いたします。

業績評価は一年後に、それを自分でまず評価をして、その評価をアドバイザリー・ボードに提出し、簡単に説明をした後ＣＥＯは退場して、項目別に評価に対する議論が行われるわけです。審査の結果はＣＥＯにフィードバックされます。審査項目は、大体四項目ぐらいに分かれていますが、相当細かくボード・メンバーによって議論されて、大体一時間から一時間半ぐらい議論された後で結論が出されます。結論が出された段階でＣＥＯが呼ばれまして、「あなたはこの項目についてはこういう評価で、このような点がつきました」という説明をしてくれるわけです。評価の決定は、業績評価をアドバイザリー・ボード議長が取締役会に報告し、最終的には取締役会が決定いたします。

報酬の方は、全体が、グループの経常利益・ＲＯＡによって変動するということになっています。いわゆる、月次の報酬が大体九〇％から一一二％ぐらいで、これがＲＯＡの変動によって変わっていくということです。ボーナス（賞与）の算出方法は、ゼロから二五〇％までがＲＯＡによって変わります。例えば、ＲＯＡが一％を割るとゼロになるというような仕組で、それを掛けると評価が掛け算で出てきます。

5　CEO以外の取締役の指名、評価

①取締役の指名

ＣＥＯ以外の取締役ですが、これについては、基本的にはＣＥＯがイニシアティブをとります。社内については、それぞれの取締役や幹部社員の人たちに、毎年、自分の後継者の推薦についての候補者を出させます。提出された案を見ながら、専務以上で人事委員会をつくりディスカッションをして、推薦案をつくり、ＣＥＯ

である社長の提案によって、取締役会で決定します。なお、代表取締役については、アドバイザリー・ボードで事前に議論をして、取締役会で決定することにしています。

②取締役の評価システム

取締役の評価のシステムも、ＣＥＯの場合とほとんど同じです。ただ、評価する相手がＣＥＯになるということと、もう一つは、専務以上の人事委員会で議論をして決めるということにしています。このように結果が出てきた評価について、各人の賞与の金額、各人の月次報酬を一覧表にして、取締役会で発表します。取締役会でそれを見た結果、特段の異議がなければ、取締役会で決定をしたということになります。

6 その他の課題について

(1) ＩＲ活動

以上お話ししたこと以外の問題としては、ＩＲ活動というのが非常に重要だと思っています。

まず、開かれた株主総会ということです。これは今株主総会が集中している集中日から外すということです。今年（二〇〇二年）は初めての試みとして、六月二一日の土曜日に開催いたしました。株主にとって土曜日がいいかどうかはわかりませんし、来年はどうするかということもわかりませんが、いずれにしても株主総会集中日は外していくというのが、開かれた株主総会のベースだと思っています。それから、当然ＩＲは社長が先頭に立って行くということと、あとは、企業のいろいろな個々の細かい説明を継続して行い、投資家訪問にはＣＦＯが積極的に行うことなどが大切です。

また、それぞれの事業部門の責任者が、個別事業説明会をやるというようなことも行っています。機関投資家や、アナリストによる工場見学――これは、ほとんどの会社が皆おやりになっていると思いますが、そのようなこともずっと続けています。

それから、インターネットにより、英文も含め即時に情報を開示することも実施しています。これは当然のことですが、特に最近気を付けていますのは、アナリストの方に話をする中身と、新聞記者などに話をする中身を合わせるということです。そういう意味では、インターネットというのは非常に重要で、アナリストに説明するものを、インターネットで同時に開示していくということが重要だと思っています。特に社長によるＩＲ説明会は、日本、アメリカ、欧州で年一回開催し、ＩＲだけでなく広報についても、社長が陣頭に立って強化を進めているところです。

(2) 委員会等設置会社方式についての当社の考え

私どもは当面、委員会等設置会社には移行しないでおこうと思っています。それはすでにいろいろお話ししたように、一応、アドバイザリー・ボード・ミーティングが実態的に所期の機能を果たし、定着してきているということ、監査役会が有効に機能していることによります。帝人の問題として、監査役の役割をどうするか、取締役会の権限をどうするか、アドバイザリー・ボードとの関係というようなこともあって、委員会等設置会社制には直ちに入りにくいという現状もあります。

二〇〇三年四月から持株会社制に移行したばかりでもあり、当面はこれを定着させるということも含め、従来方式でいきたいと思っています。もちろん法律も、考え方も、あるいは環境もどんどん変わっていますので、何も今のシステムに固執する必要はさらさらありません。必要に応じてどんどん変えていくというのは当然のことで、今はそのように進めていこうと思っています。

（二〇〇三年一二月一一日）

第6章

新生雪印乳業再建への取組

脇田　眞

雪印乳業株式会社常務取締役

現在、私は、お客様コミュニケーション室と、広報セクションのパブリック・コミュニケーション室、企業倫理室（現在はコンプライアンス部）の三つを担当しています。大変多くの皆様にご迷惑をおかけした食中毒事件から三年四カ月がたちました。雪印食品の牛肉偽装事件から一年一〇カ月、大きく業態を変えながらも何とか、多くの皆様からのご支援の下で存在させていただいている状況です。本日は、その意味するところを真剣に考え、さらなる経営改革に取り組んでいる状況を報告させていただきます。

私どもは今、コンプライアンスをベースにした経営を目指しています。この取組の経過として、食中毒事件、牛肉偽装事件、それから現在の取組、さらに将来に向けてお話しさせていただきます。

1　雪印乳業大阪工場食中毒事件

当社の取組をお話しするには、この事件を抜きには申し上げることはできません。

私は平成一二年四月一日付で、経営企画セクションから、当時の広報部のＩＲ担当に着任しました。当時の株価は五〇〇円程度で、この株価を一、〇〇〇円まで上げるということがミッションでした。そして、わずか三カ月後の六月二七日に食中毒事件が起きたのです。

当社の株主総会は毎年札幌で行っており、この年は六月二八日の開催でした。食中毒事件の最初の苦情お申し出があったのは六月二七日。しかしそれは、札幌にいる経営陣には一切知らされていない状態でした。私も札幌におり、当日株主総会も順調に終わり、夕方にはそれぞれ会食、流れ解散という状況でした。広報担当の私が記者の皆さんと懇談していた一八時頃、携帯電話に連絡が入ってきました。これが私にとって最初の、雪印大阪工場食中毒事件との接点です。この日に私の受けた第一報からは、雪印乳業をまさか現状のような姿にするとは、誰も想像しなかったでしょうし、私自身も六月二八日以降、毎日、自分自身で夢を見ているような感じでした。二八日の最終便に間に合い東京へ戻ったところから、一連の報道、まだ皆様もご記憶にあろうかと思いますが、大混乱の中に入っていくことになったのです。

大阪市より発表された本事件の「診定患者数」は、一万三、四二〇名でした。実際には約三万二、〇〇〇名の皆様から、いろいろな苦情を頂戴しました。当社としては北海道から九州にいる社員のほとんど、延べ一万一、〇〇〇名を関西の地に派遣して、お客様苦情対応に当たりました。

食中毒事件の原因については、大阪工場の不衛生な製造ラインが原因だったのではなく、実は大阪工場の低脂肪乳をつくる原料となった脱脂粉乳が原因だったということが判明したのが、八月一八日でした。関西から一気に、今度はニュースとして北海道へ飛びました。これはある面では、世間の皆様から見れば、非常に意外性のある事件であり、さらにここからマスコミの報道が大きくなっていきました。

2　食中毒事件後の施策

この事件後、様々な施策を行って参りました。社長直轄の商品安全監査室の設置、品質検査体制の充実強化、お客様センターの設立、食品衛生研究所の設立などです。お客様センターの設立は大きな施策の一つです。事件の大いなる反省に基づいて立ち上げた組織です。従来弊社は全国を六つのブロックに分け、それぞれのブロックで完結型のお客様苦情対応をしていたという分散的な仕組でした。このため、大阪工場食中毒事件では社内の苦情情報が混乱しました。このような反省の中で、集中化と専門化とシステム化を目指した「ＣＴＩシステム」を平成一二年一二月末に導入しました。

大阪工場食中毒事件の時は、お客様から当社への苦情が六月二七日に一件。翌日から増えてきたのですが、しかし二八日の時点でも、せいぜい一桁レベルでした。何が起こったかといいますと、あるお客様の苦情は関西のお客様センターに連絡が入りました。ある苦情は保健所を通じて大阪工場に伝えられました。それぞれ苦情を受けたセクションが横のつながりには気付かない状況でした。これが事実関係の対応の遅れにつながっていくわけです。

そこで現在は、お客様の声を一元的に受けるお客様センターをつくり、三六五日九時から一九時まで、窓口対応をしています。苦情件数は平成一二年が約一七万件とピークでした。平成一三年度は一五万件、雪食事件の平成一四年度は一三万件でした。現在は雪印乳業のみで上期約二万件です。やっと、お客様の苦情等が減ってきたというのが実感です。

このような「ＣＴＩシステム」の導入による集中化は、品質事故の予兆を早期に発見できる機能を持っています。現在、同一ロットの苦情が二件出ると、画面にアラームが出ます。このアラームが出ますと、直ちに緊急品質委員会が開かれ、品質事故の対応を即座に行います。

食品衛生研究所の設立は、社会の皆様に大変ご迷惑をおかけしたことから、社会に何とかお役に立ちたい、還元させていただきたいという思いを込めて設立しました。もちろん、社員の衛生教育もここで行います。また現在は、厚生労働省の下でのプロジェクトとして、脱脂粉乳のＨＡＣＣＰの仕組づくりにも参画させていただいています。

品質以外にも風土改革への取組として、経営諮問委員会の設立、行動憲章の制定などを行ってきました。経営諮問委員会は平成一三年三月に設置し、外部の皆様のご意見をいろいろ頂戴しました。内容は、ＣＳや広報について、コーポレート・ガバナンスのあり方、ＩＲ、企業風土刷新などです。

また、お客様第一主義、商品の安全確保等、当時考えられ得るすべての項目を念頭に置いて、企業行動憲章を制定しました。二五項目に及ぶ、非常に網羅的な憲章・行動指針です。しかし、実際にこの取組が経営の仕組として十分機能していたかというと、私は疑問です。後ほどご説明しますが、現在活動していただいている企業倫理委員会の委員の方からも、この行動憲章や行動指針について、社員一人ひとり、役員一人ひとりが腑に落ちた内容でなければ実効性がないというご指摘をいただきました。

3　牛肉偽装事件

このように、食中毒事件以降、私どもは信頼回復に向けて様々な取組を行ってきました。これらの取組の最中、子会社の雪印食品で牛肉偽装事件が発覚したのです。これは詐欺事件です。食中毒事件は品質問題。品質問題を起こした企業は、何とか品質で償える、その可能性を私たちは信じていました。しかし牛肉偽装事件は違います。子会社といえども、歴代の社長が雪印乳業から出ている会社の詐欺事件です。食中毒事件の時は、ずいぶんとサポートしてくださった方がいらっしゃいました。しかし、牛肉偽装事件の時は皆無でした。私は会社がつぶれると思いました。グループとして二度不祥事を起こして生き残っている企業を私は歴史的に見たことがありません。ガラガラと組織が崩れていく姿を、見てきました。

この事件は、ご承知のＢＳＥに端を発した事件でした。しかし、私は雪印乳業の食中毒事件も背景にあると考えています。当時、雪印乳業を頂点にして、子会社のほとんどが「雪印」と名前の付く企業でした。つまり、雪印乳業というブランドを付けた方がビジネスしやすいのです。卸会社や運輸、乳酸菌飲料会社に飼料の会社もあります。そして雪印食品、グループの中で食肉、ハム、ソーセージを専門に製造販売していた会社です。雪印乳業食中毒事件の影響で、「雪印」と名の付く会社が総じて経営不振に陥ったのは、平成一二年の夏以降でした。このような中で、雪印食品牛肉偽装事件が起こってしまったのです。

一月二三日、事件の日の朝を今でも覚えています。私は朝早く自宅にかかってきた電話で飛び起きました。そのまま雪印食品の本社に行き、一カ月近くそこにいることになったわけです。ここでも大混乱でした。そして、早くも一カ月後には、解散の記者会見をして、もうすでにこの会社はありません。清算会社として約一〇名、最後の清算に当たっている状態です。事件を起こした会社の縮図をここに、私は見ています。

4 何が問題だったのか

なぜこのような事件が起きたのかということを、考えてみたいと思います。

今になって思いますと、雪印乳業が親会社としてグループ企業に、本当にコンプライアンスを徹底することができたかというと、疑問が残ります。親会社が食中毒事件のような不祥事を起こしたことの後ろめたさ、申し訳なさがあり、一歩踏み込んで、グループ企業にまで徹底しきれなかったと思います。当時の経営者も私ども含めた社員も、なぜ、こんな事件が起きたんだろうと、朝となく夕となく、ディスカッションをしました。本当にこの会社は終わってしまうと。その中から、経営者にも一般職にも、いわゆるマネージャーにも、共通の認識が出てきました。

その一つは、歴史と規模に安住していた会社だった、ブランドにあぐらをかいた会社だったということです。

今にして思えば、雪印は本当に素晴らしい会社だったと思います。「雪印」のブランドを付ければ売れるのです。本当に売れたのです。黙っていても皆様から選んでいただけるブランドでした。そのような環境ではマーケット・インの発想というのはなかなか起きてこないのです。社内の論理、社内の都合によって、経営活動がなされていたということが大きな反省点です。

二点目は、戦略性、あるいは経営目標の曖昧な会社であったという反省です。雪印乳業は、ちょうど再来年で八〇年になります。八〇年前、バターから出発した会社でした。その後チーズ、マーガリン、市乳、牛乳類、あるいはアイスクリーム、冷凍食品と乳関連事業を拡大してきました。このあたりまでは良かったのです。その後、医薬品、外食事業、ベンダー事業そして花卉事業にまで、新規事業を次から次へと立ち上げていきました。しかし、新規事業を評価する仕組を持っていなかった。すなわちスクラップ・アンド・ビルドの仕組が不十分であった。自分自身、当事者の一人として大いに反省しているところです。

新規事業への投資と損失は既存事業で支えなければならず、その結果、既存事業における様々な問題、当然コスト管理なども含めた問題の延長上に、この事件は起きたと私は考えています。

さらにはリスクマネジメントへの対応がまったくできていなかった。「事実の確認」と「社内での情報共有化」、「報道対応」等、様々な組織・機能の問題が露呈した事件でもありました。

5　再生に向けて

そこで、雪印食品の牛肉偽装事件以後、再び再生に向けてもがき出すわけです。「企業体質の変革」と「企業倫理の徹底」、この二つの改革を断行しなければ当社の存在はないというコンセンサスの中で、様々な取組をしています。

一点目は、再びお客様から信頼される会社に生まれ変わる、透明性のある経営を目指し、人を信頼し、人を育てる会社をつくり上げるということです。

企業体質の変革では、徹底的に外部の視点を経営に取り入れる取組です。社外の視点ということで、酪農家、生産者との対話、工場開放、お客様モニター等、いろいろ検討しました。

昨年からお客様モニター制度を導入し、多くのご意見を頂戴しています。第二期の今年は、つい一〇月初旬に終わりました。第一期は、経営に対する様々な提言、厳しいご意見をいただきました。「安全、安心に向き合う雪印になってください」、「お客様に向き合う雪印になってください」、「食の責任を認識する雪印になってください」、この三つの提言と具体的な施策を頂戴し、今、それを経営の中に取り込んでいます。第二期の今年は商品に対するご意見を頂戴しました。新商品提案、商品改良・改善などの多くのご意見です。来年は、当社のセールス・プロモーションですとか、売場における提言を頂戴したいと思っています。

酪農生産者の方々との対話も進めています。私たちは、「食品メーカーは生命産業である」という大切なことを忘れてしまっていました。生産者の方々の思いを肌で感じなければ、この経営改革はできないという視点に立ったわけです。実際に、酪農家だけでなく、果樹、園芸農家の方々、あるいは野菜をつくられている方々もいらっしゃいます。私も何度か参加しました。物をつくるということはどういうことか、ということを肌で感じ、大切につくられた生乳や農畜産物を大事に加工して、大事に運ぶという気持ちを、一人でも多くの社員にわかってもらいたいという取組です。

工場開放デーという取組も続けています。それまで、ほとんど工場を見せない会社でした。工場をオープンにして、多くの皆様に来ていただいています。延べ三万人はお越しいただいた状況です。そこで、いろいろなコミュニケーションを図る、実際に品質管理の実態をご理解していただく、ご意見やご指摘も頂戴する、という取組をしているところです。

6　企業倫理の徹底に向けて

企業倫理を徹底するために、社外取締役の招へい、企業倫理委員会の設置、企業倫理ホットラインの設置などを行っています。

社外の視点で経営を変えていかなければならないということで、社外取締役制度を導入して、日和佐信子氏に就任いただきました。日和佐さんは雪印食中毒事件の時に、最も当社を痛烈に批判した方の一人です。日和佐さんにお願いした時に、日和佐さんは三つ条件をお付けになりました。「すべての情報を開示してください」、「私の言動を一切、拘束しないでください」、「私は消費者としての立場を堅持させてもらいます」ということで、それを「わかりました」とお答えし、お受けいただきました。ですから今、ポジティブな情報やネガティブな情報のすべての情報を日和佐取締役には報告しています。同時に、企業倫理委員会を平成一四年の六月に立ち上げましたので、その委員長にもなっていただいています。

経営の具体的な提言をいただく委員会として、社外委員が五名、社内から副社長、専務、それに私を含め四名の社内委員、合わせて九名で運営しています。

平成一四年九月、企業倫理委員会から二つの提言をいただきました。一つは、新たな行動基準、行動憲章をつくるべき。もう一つは、商品表示を見直すべき、という提言でした。

行動憲章、行動指針は、平成一五年一月に、理念・ビジョンを発表した折に、「雪印乳業行動基準」として新しく策定しました。この行動基準は、社会にも公開しています。すでに二万一、〇〇〇部ほど配布しています。公開することによって、私たちは行動基準を守らなければならないという意識を強く持っています。この取組はまだ始まったばかりで徹底するには時間がかかりますが、この行動基準に基づいて、今、私たちは態度変容、行動変容、組織変容をしているところです。

もう一つ、商品表示については、いわゆる任意表示、曖昧表示、誤解を与えるような表示、それを徹底的に棚卸しして、見直していくという取組です。

平成一四年六月に企業倫理室という企業倫理を推進していく専門の部署を設置しました。

この企業倫理室の設置を機に、平成一三年四月から開設していましたホットラインを、社員に利用しやすい、活用促進されるホットラインとして、普及啓発に努めて参りました。多くの社員の声を経営に反映させる、その一つがこの企業倫理のホットラインです。また、この仕組は「不正な行為を事前に抑制する」効果もあります。現在、社員が企業倫理をはじめ、業務上の意見や提言を言いたい時には、このホットラインが利用できます。ホットラインへの通報件数は、平成一三年度に一一件でした。一四年度は三四件、今年は上期で一一件と、やや少なくはなってきていますが社員から活用されています。昨年の三四件を分析してみますと、その四割は職場の人間関係です。あとの二割は品質管理への提言、幸いにも現在のところ致命的な話はありません。ホットラインは企業倫理室が担当しており、社内で私を含めて三人しか内容を知ることはできません。プライバシーを確保するために、社長にも匿名でしか内容を伝えておりません。

社長へのダイレクトメールも開設しています。多い時は三〇件、現在でも日に数件は来ています。また、イントラネットには「意見の広場」を設置し、誰でも、いつでも、どこからでも書き込めることができます。

さらに、平成一五年一〇月に、グループ企業の社員全員が利用できるホットラインを社外にも設置しました。

雪印乳業の社員も利用でき、社内で言いづらいことは、この社外のホットラインを利用できます。現在、社内と社外の二つのホットラインを設置し対応しています。

7　企業理念・ビジョンの作成

透明性のある経営を実践するために、新たな企業理念・ビジョンをつくりました。それを実現するために行動基準もつくりました。理念・ビジョンというのは、そう頻繁につくり変えるべきものではありませんが、新たに作成した理由は、二度の不祥事を起こして、雪印乳業は「本当に社会に存在する価値があるのか」という点についてもう一度、役職員でその価値の共有化をしなければならない状況だったからです。

雪印乳業は、平成一一年度は年商五、五〇〇億で従業員が約六、〇〇〇名でしたが、現在は売上約一、四〇〇億円、従業員一、五〇〇名弱という規模です。雪印乳業は今年の一月に、名実ともにバター、チーズ、マーガリンだけの会社になりました。その他の部門については、多くの企業などからご支援をいただきながら、新しい会社として自立の道を歩んでいます。このように、様々な事業が雪印乳業から離れていったことで、事業領域が大きく変わり、企業理念・ビジョンを変えざるを得なかったことも理由の一つです。

先ほどご説明しましたように、食中毒事件以後の取組の中でも、行動憲章や行動指針をつくりました。しかしそれはトップダウンの内容でした。プロジェクトでつくったとはいえ、外部の力を借りてつくりました。「さあ、これを守ってください」、「こういう会社にしていきましょう」というトップダウンの作成プロセスでした。そして、結果的には定着しなかった。

今回の企業理念・ビジョン、あるいは行動基準はすべて、その反省の下にボトムアップ型で、徹底的に役職員の声を聞く、企業倫理委員会の委員の声を聞く、消費者団体の皆さんの声を聞くというような、パブリック・コメントもいただきながら、多くの皆様の意見を反映させてつくり上げていきました。そのために、大変な時間がかかりました。この理念・ビジョンの大きな特徴は、二つの事件を風化させない、ということです。「平成一二年の食中毒事件、平成一四年の牛肉偽装事件という二つの事件の反省を深く胸に刻み、もう一度お客様と社会のお役に立てる企業になるために、ここに新しい企業理念を定めます」ということを理念の中で謳っています。雪印乳業が存在する限り、二つの事件は風化させません。一月二三日と六月二七日は、全社的に事件を風化させない日と定めて、様々な活動を行っています。今年の六月二七日には、全員が行動基準の最後のページにある宣誓をいたしました。この行動基準を守りますという宣誓を、社長も含めて、すべての役職員がしました。一月二三日には、先ほどご説明した理念・ビジョン、行動基準を発表したわけです。

8 企業理念・ビジョンの内容

企業理念・ビジョンについて、簡単にご説明したいと思います。

企業目標は、「私たち雪印乳業は、『お客様のおいしい笑顔』のある暮らしに貢献します」です。最終的な提供価値は「笑顔」であるという極めてシンプルな言葉をつくるのに三カ月かかりました。単に、おいしいから笑顔がこぼれるということだけでなく、真に安心で、体によくて、心の満足がある暮らしの豊かさとしての笑顔に、笑顔づくりに、何とかもう一度、お役に立ちたいという思いです。

事業領域も、乳製品に特化した事業領域にいたしました。

ビジョンは「こんな会社になります」という社会への宣言です。「私たちは、お客様に『安心』『健康』『おいしさ』と『笑顔』をお届けする、『おいしい笑顔のカンパニー』を目指します」ということです。コーポレート・メッセージは「おいしい顔」です。ネオソフトのコマーシャルを覚えておられる方もいらっしゃると思いますが、「おいしい顔ってどんな顔」、これが、やはり私たちの原点だということで、その原点に戻ったコーポレート・メッセージとしました。

9　行動基準の見直し

次は行動基準の作成についてです。一つは新しい企業理念・ビジョンを制定しました。さらには、企業倫理委員会からの提言がありました。もう一つはちょうどこの頃、内閣府の国民生活審議会、消費者生活部会の「自主行動基準策定」の指針が出ました。このような中で、行動憲章を見直すプロジェクトを、昨年一〇月に立ち上げました。社員ヒアリング、二千数百名に及ぶ全社員アンケート、これは臨時社員、パート社員さんも含めてですが、実施しました。また、消費者団体の皆様にもチェックしていただきました。もちろん、企業倫理委員会でも討議していただき、十数回の修正を経て「雪印乳業行動基準」が完成したのです。

一つだけポイントを申し上げます。それは、私たちがこの行動基準をつくるに当たって、すべてのステークホルダーを念頭に置いてつくり上げたということです。ですから、私たち雪印乳業を取り巻くステークホルダーのすべての皆様に対し言及しています。また、社内規程や一般的な法規を章ごとに織り込んでいます。したがって、平易な言葉の中にも、法令や社内ルールを学習してもらうような、いわゆるマニュアルとして利用してもらえるような行動基準でありたいと考えて作成しました。

10 どのように定着化させていくのか

現在の課題は、つくり上げたものをいかに定着化させるかということです。これから雪印が変わっていけるかどうか、それはこの定着化にかかっていると思います。社長の高野瀬は、私以上にこの行動基準を読んでいます。どこのページにこんな表現があったというのをそらんじるぐらい読んでいます。これを見ていて、行動基準やコンプライアンス経営というのは、トップの姿勢次第だとつくづく感じさせられます。ただ、現在、活動が少しマンネリ化してきているところも見受けられます。企業倫理委員会の委員の方から、「私たち社外の人間がこんなに燃えているのに、社員が燃えていないのはおかしい」と、ついこの間も叱られまして、大変恐縮したことがありました。まだまだ定着化は道半ばです。

私たちが常に行動基準を振り返るために、名刺大のカードを持っています。この裏には、ホットラインの連絡先と、「行動のチェックポイント」が記載されています。あなたのしようとしていることは、「企業理念に沿っていますか」、「法律に触れていませんか」、「社会の良識から外れていませんか」、「家族に見られて恥ずかしくはありませんか」、「自分自身で本当に正しいと思いますか」。私は、特にこの四番目の言葉を常に念頭に置いて仕事をしています。

モニタリングによって、定着の度合いを定点的に行っています。アンケートも年に二回程度実施する予定です。八月のアンケートでは、あなたの職場で守られてないことという項目を問いかけました。何と守っていない人が二、四〇〇名のうち四二四名もおりました。ささいなルール違反が大半でしたが、その数の多さに私はがく然といたしました。それを、各職場でフィードバックしたのがついこの間です。徹底的に議論してくださいい、その結果をあげてくださいというような取組をしています。これだけの事件を起こした会社なのにと思うと、まだまだ、私たちが取り組まなければならない課題がたくさんあると認識しています。

11　商品への反映

私たちは雪印乳業の企業姿勢を商品に反映していきたいと思っています。お客様との接点は、お客様が手にしていただく商品だと思っています。ですから、様々な取組を商品に反映させることが必要です。一つは、お客様の声を商品に反映させる。二つ目は安全・安心な商品を提供する。そして最後は、公正で公明な企業活動をしていくということです。この三つを念頭に、今、社会のお役に立てる企業というのはどんな会社なのかということを、常に自問自答しながら経営活動をしています。

私どものお客様センターには毎週六〇〇件から七〇〇件ほどご意見や提言、苦情などが寄せられます。このお客様の声や、あるいは先ほど説明いたしましたお客様モニター、もちろん企業倫理委員会の委員の方々などからいただいたお声を、企業活動、その象徴としての商品に結び付けていこうとしているわけです。

安全・安心な商品の提供は食品メーカーとして当然のことです。私どもは、ＳＱＳ――Snow Brand Quality Assurance System を構築し、実践しています。商品の安全を保証し、お客様に安心していただける雪印乳業独自の品質保証システムです。このシステムの特徴は三方向のチェックをしていることです。一つは企業倫理委員会が徹底的にチェックをします。また、現場の工場の品質担当マネージャーが徹底的にチェックします。そして、もう一つは本社商品安全保証室が徹底的に査察します。この三方向からのチェック体制で実効性を確認し、さらにレベルアップを図るための改善推進をしています。

もう一つは、高い企業倫理を確立し、公正で透明な企業活動を実践していく、企業倫理の視点からの取組です。その一つとして、商品表示の取組があります。企業倫理委員会の下部組織として、平成一五年九月に「表示部会」を立ち上げました。私がその部会長をしています。もちろん日和佐さんや、企業倫理委員会の委員の方も部員として参加し、社外の視点で商品表示をチェックしています。

特徴のある原料原産地表示はパッケージの目立つところに表示することや、誤解や優良誤認を与えない、誠実な商品表示に取り組んでいます。

12 まとめ

業績を振り返りますと、主力製品の販売シェアは平成一一年度にほぼ近いところまで回復してきました。再建計画はほぼ計画通り推移し、平成一五年四月に、三三カ月ぶりで単月黒字になりました。多くの皆様のご支援とご援助によって、何とか少し光明が見えてきたのではないかと感じています。

しかし、私は雪印商品を購入される方が増えること、あるいはシェアが回復することと、信頼回復とは次元が違うと思っています。あれだけ多くの皆様にご迷惑をおかけした「雪印」です。信頼回復というのは、そんなに生易しいものではありません。五年かかるか一〇年かかるか、もっとかかると思っています。

今、私どもは、生まれ変わって少しでも社会のお役に立てる会社になりたい。理念・ビジョンをつくる時に社員アンケートを行った際、自信を持って「雪印」と言える会社になりたい、このように答えた社員が多くいました。自信と誇りを持てる会社、多くの社員が、そういう会社にしたいと考えています。そういう会社を再生させることが、今の私の想いです。今、多くの社員が再建を目指して頑張っています。若い社員も本当に頑張っています。そういう彼らのためにも、この会社を何とか残す、そんな中継ぎとして、私はこの会社に骨をうずめたいと考えています。

今後も再建は続きます。毎日毎日、信頼回復に向けて、一つひとつの課題に取り組んでいるところです。

（二〇〇三年一一月二〇日）

第7章

中小企業の経営革新とコーポレート・ガバナンス

小脇一朗

中小企業総合事業団理事

私は通産省（現経済産業省）に長く、いろいろなポストを経験しましたが、中でも中小企業庁で四つのポストを経験いたしました。北海道の勤務もあり、地方の仕事の大部分は中小企業行政ということで、役人生活の中でも中小企業政策に大変長く携わって参りました。目下、中小企業総合事業団におりますが、総合という名前が付いていることからもおわかりのように、中小企業に関する何でも屋です。事業団は創業から、中小企業の経営革新、中小企業の共済、あるいは信用保険など、幅広い事業を実施しています。

中小企業のコーポレート・ガバナンスは、正直言って研究の緒についたばかりです。通常、コーポレート・ガバナンスについては、「所有と経営」の分離ということから株式公開企業を対象とした議論が多く、所有と経営が一致している中小企業にはあまり関係がないのではないか、という議論が行われてきました。今日は、昨年事業団で調査したもの、あるいは「中小企業白書」の中でコーポレート・ガバナンスを論じた部分を中心に取り上げようと思いますが、今日お話しする内容が、中小企業のコーポレート・ガバナンスに関する議論のすべてであると言っても過言ではありません。

ただ、コーポレート・ガバナンスのあり方は経営成果に大きく影響するということが、遅ればせながらだんだんわかってきました。今まで、中小企業の中でどういう企業が発展するのかを見た時に、高い技術力を持ったところ、マーケッティング力があるところなど、いろいろ論じられてきたわけですが、もう少し掘り下げて、企業の経営組織や統治構造、さらにはそうした下で決定される経営姿勢と企業の発展とはどういう関係にあるのかといった議論が出てきています。コーポレート・ガバナンスの内容如何によって、企業業績に大きなパフォーマンスの差が出るのではなかろうかという議論が出てきたわけです。このような中小企業経営の根幹に係る部分は、従来、ほとんど議論・研究がなされてこなかった分野です。中小企業の方々から見て、一言で技術力が重要だとか、販売力、マーケッティング力が重要だと言われても、それではどうすればいいのかということになるわけですが、企業の統治構造や経営のやり方については、身近で簡単に着手しやすい部分でもあります。今年の『中小企業白書』でも、この統治構造と企業のパフォーマンスの関係について焦点を当て、議論を展開しています。

本日は、「中小企業をめぐる構造変化と企業統治」というテーマに基づいてお話をさせていただきます。

1　新たな中小企業像と政策理念

(1)　中小企業像

中小企業と聞くと、いろんなイメージをお持ちになる方が多いと思います。戦後イメージが変わったものは多々ありますが、その中で中小企業ほど劇的にイメージが変わり、見方が変わったものはないのではなかろうかと思っています。かつて、高度成長期の中小企業像は、いわゆる二重構造論の下で、「画一的な弱者」との見方が中心でした。大企業が近代的で中小企業は非近代的だという考えの下、中小企業は規模を大きくして発展することが重要である、という議論が展開されてきたのです。昭和三八年に成立した中小企業基本法では、二重構造論をベースに大企業と中小企業との格差を是正することが、大きな政策目的であると提示しました。中小企業を大きくして大企業に成長させることを、政策目標として進めてきたわけです。

その後の世の中の変化で、大企業の方が必ずしも効率的ではないということがだんだんと明らかになってきました。そして、今から四年前、「中小企業基本法」は改正され、基本的な政策理念が一八〇度転換されたのです。

(2) 現下の具体的施策

今までは格差を是正することが一つの大きな政策目標・政策理念でしたが、新たな政策目標は、一つには出る杭を伸ばし、挑戦者を支援するということ、もう一つは、失敗に備えたセーフティーネットを整備すること、この大きく二つの要因を中心に、政策を構築をしたわけです。

現在の中小企業政策は、大きく分けると三つあります。一つは創業をどんどん増やすという創業支援と、既存の中小企業の経営革新を支援するという、創業・経営革新のジャンル。もう一つは、セーフティーネットの構築です。とりわけ、目下重要な点は金融面であり、金融セーフティーネットを構築することです。三つ目は、残念ながらあまり芳しくなくなった企業に対し、本業で十分やって行けるような企業の再生を支援することです。これら大きな三本柱で、今政策が実施されているのが現状です。

話が前後しましたが、中小企業というのは、この基本法で定義が決まっています。製造業の場合は、資本金三億円以下、従業者数三〇〇人以下というのが区分の仕切りです。現在、約四七〇万の中小企業があります。事業所ベースにするともう少し多いわけですが、企業全体の九九・七%が中小企業という位置付けであり、雇用面でも約三、〇〇〇万人、全体の七〇%が中小企業で働いているという状況です。まず申し上げたいことは、中小企業像は高度成長期とはまったく違った見方がされており、また政策的にも最近大転換したということです。

2　中小企業をめぐる構造変化

(1) 開廃業率の逆転

現在、四七〇万ある中小企業の中でも、大きな構造変化が起きています。まず一つは、開業率が低下し、廃業率が上昇しているということです。かつて開業が増加した時期は、年間で約三二万社の開業がありましたが、現在では約二三万社ということですから、年間で約一〇万社の開業が減少したということになります。他方、廃業の方は、年間で約一八万社あった廃業が、今では二六万社ということですから、年間で約八万社増加したことになります。かつては開業率の方が高かったわけですが、今では廃業率が逆転したわけです。かつて中小企業政策が二重構造論に立っていた時代は、中小企業は経営基盤を強める近代化の問題が議論の中心でした。言葉は悪いですが、企業数はむしろ減った方がいいんだというような考えに立っていました。しかし、新たに改正された中小企業基本法は、開業支援、新しく事業を起こすことへの支援を、新たな政策の柱に据えました。残念ながら、今は開業率が三・八%ぐらいで四%を割り、一方で廃業率は四・二%と、開業率を上回るような情勢にあります。ちなみにアメリカの開業率は一四%程度といわれ、アメリカ経済のパフォーマンスと日本経済のパフォーマンスが違う背景には、この開業率の差があるという指摘が多々あるわけです。

どうして開業が減ったのかについてはいろいろな議論がありますが、一つには開業するためのハードルが高くなったという見方があります。かつてに比べ開業には金もかかり、それなりの技術が必要であり、販路の開拓も重要になったということです。また、チャレンジ精神が衰えてきたのではないかという見方もあります。皆が安定を求め新しいことをするより、サラリーマンになった方がいいという考え方になってきたというわけです。

私どもは、昨年の「中小企業白書」で開業率が下がってきたことを、本音に迫って分析してみました。なぜ開業率が下がったのかを示す指標をいろいろ探した中に、重要な指標として「事業者対被雇用者収入比率」があり、その比率が低下してきている事実があります。平たく言えば、個人で事業を興した時の収入と、サラリーマン（雇用者）になった時の収入とを比較して、どちらが高いかという数字です。昭和四〇年代は事業者収入の方が格段に高く、昨年の『中小企業白書』では、事業者の収入と雇用者では一・三倍ぐらい差があったと分析しています。比較方法や対象についてはいろんな議論がありますが、少なくとも事業者の方が良かったということです。

私は子供の頃、東京の下町に住んでいました。私の父はサラリーマンでしたが、やはり事業者の家の方がずいぶん裕福だなという感じがしていました。その後はこの比率がどんどん低下し、昭和四〇年代の後半から五〇年ぐらいにかけて比率が逆転、最近では〇・六ということで、事業者の収入と雇用者の収入を比較すると、約半分近いところまで下がりました。開業率の低下の背景にはこうした本音の側面があると考えています。

開業率が減少したとはいえ、実際に開業したいという人も数多くいます。総務省の統計で「就業構造基本調査」という調査がありますが、それによると実に一二四万人の人が開業してみたいという希望を持っています。したがって、実際の開業は減少しましたが、いわゆる開業予備軍はたくさんいるということです。開業できない最大の障害を一言で言いますと、資金です。もちろん他にもいろいろな要因はありますが、最終的には資金になるわけです。私は地方で生活をしてきましたが、地方には結構お金があり、いい投資先があれば投資をしたいという動きも多くあります。アメリカには、一定の高額所得者がどんどんベンチャー企業に投資をするという「エンジェル層」がいますが、日本にも、結構多くの「エンジェル層」が潜在的にいるのではないかと思っています。

かつて私が北海道で勤務していた折のことです。当時、北海道には、納税額が一、〇〇〇万円以上の人（税務署から名簿が発表される）が二、〇〇〇人以上いました。所得ベースにすると約四、〇〇〇万円ぐらいになるのでしょうか。その人たちにアンケートを出し、ベンチャーへの投資について調べてみました。「そんな調査をしてどうするのだ」、「ほとんど回答などないんじゃないか」という議論が内部でありましたが、十数％と結構な回収率になりました。結論から言うと、いい会社で地元のためになるのであれば、お金（平均六〇〇万円ぐらい）を出したいという結果でした。お金を出したいという人がいて、開業を希望する人も多い。ところがなかなか開業できないという、その間のマッチングが非常に重要であると、私どもは思っています。

五～六年前になりますが、中小企業庁主導で、アメリカの「リミテッド・パートナーシップ」という制度に準じた「投資事業有限責任組合」という制度をつくりました。中小企業総合事業団でも、各地にできた投資組合に資金を供給するという仕事をしています。このような制度を通じて、日本の潜在的な「エンジェル層」から開業者に資金が回るような仕組を、よりスムーズにしていくことが必要であると考えています。

(2) 自営業者の減少

構造変化の二番目は、開業率低下と裏腹の話になりますが、自営業者がどんどん減少しているということです。一九八九年には約七〇〇万だった自営業者が、最近では五四一万と、実に一〇年間で約一五〇万減少したということになります。他方海外では、日本と逆に自営業者が増加しています。個人が組織を離れてどんどん独立していくという流れが、海外では大きくなっています。これを、産業革命で農場を離れて工場で働くようになって以来の画期的な出来事だという人もいますが、要するに、組織から離れて個人で事業を行うケースが多く出てきているのです。特にイギリスではサッチャー政権の時に、自営業者をどんどん支援しようということで、この点に政策的に相当な比重を置きました。海外においてはヨーロッパ、アメリカとも自営業者が増加しており、例外なのが日本とフランスです。根本的な原因は開業率の議論に突き当たるわけですが、わが国においても個人開業者を増やす、組織から個人へという大きな流れを加速する必要があるのではなかろうかと思っています。

皆さんもお読みになったかと思いますが、『会社はこれからどうなるのか』(岩井克人著、平凡社)という本があります。その中で、今までは大規模な機械制工場だったが、これからは自営業的な小規模生産に逆戻りしていくということが述べられています。今後は、個人が企業を容易に興すことができる時代になると予測し、古典的なオーナー企業の復活ということが強調されています。昔のように機械制工場を所有しなくても、「差違性」をつくり出せば利潤を生み出すことができるとも述べています。日本はまさに、それに逆行するような動きになっているということです。繰り返しになりますが、開業を支援して行くことが、最大の重要政策課題なのです。

(3) 経営者の高齢化・後継者問題

これからの中小企業をめぐる課題の中で大きいのは、経営者の高齢化です。六〇歳以上の経営者は一九八一年には一六%でしたが、今や三二%と、この二〇年で約二倍になっています。私どもの調査では、大田区や東大阪などの中小企業の集積地の経営者の実に三割は、自分の代で廃業すると考えています。今後一〇年間は、中小企業経営者の世代交代の大激動期になるのではないかと思います。

(4) 企業間関係の変容

構造変化の中で、企業間の関係も大きく変化しています。その一つに、下請比率が大きく減少してきていることがあげられます。製造業の下請企業比率のピークは一九八一年の六六％。中小企業全体の三分の二は下請企業でしたが、現在は五割を切る状況にあります。いわゆる垂直的なネットワーク、連携のネットワークが大きく変化しているということです。

下請企業については、なぜ下請取引を行っているのか、なぜ八〇年代から下請企業比率が減少しているのかという疑問が出てきます。これを調査すると、下請は仕事量の安定性に結び付くこと、営業活動の負担も少なく営業コストがかからないという点で安定性があり、いわば「保険」だという回答が多くありました。中小企業の方も、メリットがあるということで下請取引を行っているのです。したがって、下請取引はいわばその保険的要素が背景にあるわけですが、これもだんだん低下し、仕事の安定があまり図れなくなってきているという事情もあります。その一つの原因は、親会社・工場の海外進出で、海外が競争相手になっているということです。今までは日本の中にクローズなネットワーク・システムができていたわけですが、それが変容・崩壊する中で企業間関係も変化し、このような動きになってきているのです。

(5) 資金調達構造の変化

中小企業の資金調達構造もこのところ大きく変わっています。一言で言えば、中小企業には借金の山が溜まってきています。これは、中小企業が今持っている債務をどのぐらいの年数で返済できるかという数字を見るとわかります。一九八九年には一〇・六年という数字でしたが、二〇〇〇年には一五・五年と五割もアップしています。債務を返せる年数がどんどん上がってきているということです。今は低金利の時代ですから負担は少ないのですが、これから金利が上がってような状況で、果たして平気なのかという問題があります。このような中、金融面でもいろいろな動きが見られます。

その一つが、担保をめぐる動きです。今まで不動産に依存していたものから脱却できないかということで、最近「売掛債権担保融資」という制度がつくられました。ご承知の通り、不動産はほとんど担保に供されて取引活動に生かされますが、物を売った時に発生する売掛債権をうまく利用して、担保にしようということです。不動産はほとんど担保に供されて取引活動に生かされますが、売掛債権はほとんど担保に供されていません（アメリカでは十数%が担保に供されています）。この売掛債権に着目し、金融機関が売掛債権を担保に融資した場合には信用保証協会で保証を付けるという制度を二年前に成立させました。日本の今までの風土からすると、売掛債権まで担保に出すと風評が悪くなるなどの懸念があって、当初は苦戦していましたが、最近は着実に軌道に乗りつつあります。

最近もう一つ、中小企業と金融との関係で起こっているのはリスクに見合った金利ということで、金融機関にそういうビヘイビアが出てきています。現に優良な中小企業には金融機関の競争が激しく、貸出金利がどんどん下がっています。ただ、他方中小企業でも財務状況、経営状況が厳しいところは本来金利が上がるはずですが、金利を高くすると会社の経営自体が相当厳しくなるので、あまり上げられないという現実もあります。結果的には、普通の中小企業の金利が上がってきているのが現状です。

（6）中心市街地の疲労と中小企業

中小企業をめぐる構造変化で一つ特記すべきなのは、商業の関係で、小売店数がどんどん減少してきているということです。ピークは一九八〇年の一七二万店ですが、最近は一四一万店と、約三〇万店が減少しています。商業においてもまた、開・廃業率の逆転という大きな流れがあるのです。

私どもは、それに対する対策の大きなポイントは商店街にあると思っています。商店というのは集積して成り立っている面が強く、個々の商店というよりは商店街を活性化していこうと、いろいろな政策を打っています。例えば、最近は商店街に空き店舗が増えていますが、その空き店舗の活用を考える。新しい商店を開こうという開業志望者のためのチャレンジショップをつくるとか、その商店街が駅に近ければ厚生労働省と組んで保育所をつくるなど、いろんなアイデアを実行に移しています。私自身は、商店街対策には「建前と本音」を峻別しなければと考えています。

うまくいっている例の一つに松江の商店街があります。なぜうまくいっているかというと、松江の商店街の皆さんが巣鴨の「とげぬき地蔵」の商店街を視察し、「あそこはなかなかうまくいってるなあ」と感じたことがきっかけです。アーケードを造ったりカラー舗装をしたりというのが商店街対策と考えがちですが、巣鴨にはアーケードもカラー舗装もないのに、お客さんがどんどん来ているのです。松江の商店街の近くに天満宮があるので、それを一つの目玉にしようと考え、そこにぼけ封じの神様「おかげ天神」をつくりました。私の親もそうですが、高齢者には外へ出る時に「本音と建前」があり、本当はどこかへ行きたいのだけれど、建前としてお参りに行くということになると、どんどん外へ出やすくなります。「建前」をうまく整備すると、人は集まります。「とげぬき地蔵」に倣って地元に天神様をつくり、人を集めて活性化に成功している例です。

中心市街地対策の成功例としては、金沢をあげたいと思います。これも、よく聞くと本音の部分がやはりあるようです。私は北海道にいる時、施策の参考にと金沢の方をお呼びし、中心市街地対策はどのようにうまくいったかという講演会を開きました。公の場の講演ではいま一つどうしてうまくいったのかわかりませんでしたが、講演が終わってから別室で懇談した際、「成功の鍵の一つは、実はティファニーなんですよ」と教えられました。金沢には三越があり、そこにティファニーが入っていました。結構売れるらしく、三越は撤退するけれどもティファニーはぜひ路面店を出したいということで、中心市街地に出てきたわけです。ティファニーができたので人が多く集まり、他にもグッチなど多くのブランド店ができて、若者が集まってきた。ここに中心市街地の成功の秘けつがあったようです。北海道では帯広の藤丸という百貨店にティファニーの店が入っていますが、釧路とか北見あたりからもどんどんお客さんが来るそうです。北海道でティファニーがあるのは、この藤丸と札幌の三越だけです。いろいろな対策、特に商業対策を考える際には、本音で考えてみる必要があると感じています。

3　中小企業における企業統治の実態

(1)　経営者特にオーナー経営者の役割

コーポレート・ガバナンスも、やはり建前よりは本音で見ていくということが極めて重要ではなかろうかと考えています。

冒頭、中小企業においてはコーポレート・ガバナンスの議論はあまり盛んではなく、始まったばかりだと申し上げましたが、中小企業の場合は、「所有と経営」が一致しています。公開企業の場合は所有と経営の分離に伴って出てくるいろいろな問題が、中小企業にはないということです。中小企業の経営者は、株を持って、実際に大変な貢献を企業にし、リスクも負っているということになるわけです。一橋大学の伊丹先生の本を読むと、中小企業の経営者は「代表的従業員」というキーワードで位置付けられています。株式を持っているから実権があるというのではなく、会社に圧倒的な貢献をして、かつ個人保証という形でリスクを負担しているから実権があるのです。いわば従業員の代表者として理解することが重要だということを伊丹先生は述べていますが、まさにその通りです。中小企業の場合、株式を持っているがゆえに実権があるということではなく、会社の代表的社員として日夜努力しているから実権があるということになるわけです。

いま、個人保証については、やめようとか、制限しようとか、少なくとも政府系金融機関に限ってはこの個人保証をやめようとか、いろいろな議論が行われています。残念ながら、日本の中小企業がお金を借りる場合には、ほとんどこの個人保証が付いています。アメリカでは個人保証は付いていないという方もいますが、われわれの調査では、アメリカでも中小企業の場合はお金を借りる際に個人保証が必要です。ただ、圧倒的に違うのは、資金調達の形態です。日本はお金を借りる、すなわち間接金融が中心ですが、アメリカの場合には直接金融が非常に多いという差があります。実は日本の場合は、個人保証をすると、いざという時の差押え禁止財産が法律上定められています。一カ月分の最低生活費として二一万円という額が決められており、法的には二一万円以外の財産は全部差押えられます。株式会社は有限責任であるのに、実質は無限責任という大変重い責任になっているのです。アメリカは差押え禁止財産の範囲が広く、乗用車はいいとか、個人が居住している不動産はいいとか、州によっていろいろ定められています。わが国でも、個人保証について制限を加えるとか、差押え禁止財産の範囲を広げようといった、見直しの動きが出てきているところです。

(2) 外部出資者からの規律

企業の経営には、内外からの刺激があった方がパフォーマンスが良くなるという実態があります。今後、この刺激を前向きに捉えて積極的に受け入れていくということが、成長の糧になるわけです。どのような刺激があるのかと言うと、まず、外部出資者があげられます。中小企業のほとんどは株式が非公開で、その過半数は株式譲渡制限が付いています。

平成一一年版『中小企業白書』の調査では、オーナー企業の三分の一はすでに第三者に出資者になってもらっているという回答があります。第三者の定義がどのような範囲かという議論はありますが、中にはベンチャーキャピタルの資本を取り入れているところもあり、そのような企業はパフォーマンスが大変良いという事実もあります。ベンチャーキャピタルの株式を受け入れているケースでは、配当率ゼロの企業の割合が小さいとか、あるいは不採算部門から撤退するのが非常に早いなど、パフォーマンスが大変いいわけです。まだまだ主流ではありませんが、ベンチャーキャピタルに株式を保有してもらうということは、中小企業の経営に規律を与える効果があるのではないかと考えています。

(3) 債権者、とりわけメインバンクとの関係

もう一つ、外部からの刺激という観点から見ると、金融機関、あるいはメインバンクと言った方がよいかと思いますが、中小企業の場合、コーポレート・ガバナンスの中心的な担い手は、まさに取引銀行です。ただ最近は、これが有効に機能しているかどうかというと、疑問があるのではなかろうかと思っています。今までは、長い間の「貸し借り」の関係から、多くの情報を基にメインバンクもアドバイスをしてくれたり、危機に陥った場合にはいろいろ助けてくれたりということがあったわけです。しかし、こういった役割を金融機関がなかなか果たせなくなったというのが、この数年間ではなかろうかと思います。私どもは、中小企業の方々と直接する機会が多くあります。その中で、「最近の金融機関は、もうほとんど自分たちの話は聞いてくれない」

ということをよくお聞きします。支店がどんどん統合され、支店長の権限も縮小し、審査はまさにコンピューター頼み。機械的に「あなたは何点だからもう駄目ですよ」というふうに言われてしまうとのことです。また、二つの銀行が統合すると、支店長はA行で次長はB行というケースも多くあります。こうなると、話がなかなか通らなくなるようです。合併やリストラの中で、金融機関のコーポレート・ガバナンスはその機能を果たすことがなかなかできなくなっているという感じがします。アンケートでも三分の二の企業が、メインバンクはほとんど経営に影響はないと答えており、今の実態と符合する面があるのではないかと思っています。

ただ、私どもが考えるのは、適切に情報を開示することがコーポレート・ガバナンスの第一ステップではないかということです。実は、それをバックアップするような新しいインフラ、新しい仕組が整いつつあります。一つは、中小企業の会計基準です。商法上は「公正なる会計慣行」とかいうのがあり、これに基づいて計算書類を作成するよう書いてあります。中小企業は大企業とは違う、もう少し簡素で負担の少ないものがないのかという議論は前からありましたが、去年、中小企業庁で研究会をつくり、「中小企業の会計基準」が設けられました。これを基に日本税理士連合会でも基準を設け、昨年一二月にチェックリストを作成して傘下の会員六万人全員に配布し、新しい会計基準―別に強制力があるわけではありませんが―を武器にして、信用力のある決算書をつくろうということになっています。信用力ある決算書は、お金を借りたり新しい取引先を拡大する上でも、大変重要な武器になるという認識です。

中小企業の再生も、私どもにとっては重要な課題です。例えば、本業はいいが、本業のほかにいろいろなリゾートなどに手を出したりして事業が立ち至らなくなったような企業を再生しようということで、再生ファンドへの出資などを行っています。よく話を聞きますと、中小企業の場合はちょっとしたことで再生できるケースが多いようです。例えば、三、四店の店舗展開をしている企業で、どこの店が採算がとれているのか（ある意味で経営基本だと思いますが）、なかなかうまく把握できていないために経営の悪化している例があります。あるいは、真珠の販売店で少々高いもの・中くらいのもの・安いものと、三つのグレードのものを売っていたものの、どのグレードのものが採算が合い、合わないのかということがわからず、それがわかったことで一挙に経営が上向いたという例もあります。このように、ちょっとした経営の実態の把握で自分自身が見えてくるのです。

もう一つは、商法が改正になり、計算書類の公告がインターネットでできるようになったということです。今までは日刊紙か官報などに掲載することとなっていましたが、なかなか難しく、ほとんどが行われていなかったのではないかと思います。これがインターネットで公告できるようになったので、情報開示―ある意味ではコーポレート・ガバナンスの第一ステップですが―に積極的に取り組むことが可能となりました。これにより世の中が大きく変わるのではないだろうかと期待しているところです。

その一環で、私どもがインフラとして整備しているのが、CRD（クレジット・リスク・データベース）システムです。今まで新しいお客さんが金融機関に行っても、この人がどんな人なのかわからないので金を貸してくれない、という事態が多々ありました。中小企業の財務データとデフォルトとの因果関係が必ずしも明確ではなかったことで、本来はお金を借りられる人も借りられなかったというようなこともありました。これを解決するデータベース、CRDというシステムをつくりました。現在信用保証協会の持っている百数十万の事業者（今後はもっと積み上げていくつもりですが）のデータを基に、中小企業の財務データを打ち込むと、デフォルト確率が出てくるようなシステムです。財務データをどこかで操作してもわかるようなシステムが組み込んであり、財務状況とデフォルトの発生確率の相関関係をもとに、金融機関あるいは信用保証協会において融資の可否を決定してもらおうというものです。これがもっと広がれば、リスクに見合った金利、あるいはリスクに見合った保証料率ということができ上がるのではなかろうかと思います。さらに言えば、担保に依存しない融資ができるようにもなるわけで、このＣＲＤは今後金融面でのインフラとして重要になってくると思います。

（４）外部役員・従業員の役割

コーポレート・ガバナンスの刺激という意味の中で、外部役員あるいは従業員といった人たちの役割も大変重要です。私どもが行った昨年の調査では、社外取締役二四％、社外監査役四〇％といった採用率でした。今後、これが徐々に効果をあげてくれればいいなと思っています。

（５）市場（取引先、顧客）とネットワーク

刺激という意味の中に、「市場とネットワーク」ということをあげてみました。ネットワークという意味では、先ほどお話しした下請企業が、垂直的なネットワークから水平的なネットワークに変わってきています。その一つが産学官の連携で、大学の力・知識を借りるということです。

私も北海道で産学官連携に実際携わっておりましたが、最近大学もずいぶん変わったなあという印象を持っています。私が若い頃は、産学協同などとんでもないという雰囲気で、役人が大学に立ち入ることなど絶対になかったのではないかと思います。これが相当変わり、北海道大学のキャンパス内で通産省の主催するいろいろなイベントが自由にできるという状況になりました。こうした状況に伴って、大学の先生方もずいぶん変わったという感じがしています。北海道で、大学の持っている特許をどんどん企業に移転しようという、大学の特許部のようなＴＬＯという組織をつくりました。その時、出資していただくということで大学の先生にもお金を募りました。そんなお金を出してくれないのではと思っておりましたが、相当のお金が集まりました。北

海道には理科系の研究者が三、二〇〇人いましたが、実にその一割、三〇〇人強の方が出資してくれました。平均すると一万五、〇〇〇円という金額を、自らのポケットマネーから出してくれたのです。本当に、大学の先生方もずいぶん変わりました。

中小企業でも、「学」の力を借りたいという面が非常に多くなってきました。ただ大学の敷居が高く感じられるようで、なかなか頻繁に出入りできないようです。私が北海道に勤務した時に実行したのは、公的機関が間に入って大学と中小企業をつないでいくということでした。簡単な話で、北海道通産局が大学の先生方の中小企業の訪問ツアーを企画しました。プランを出すと、ツアーに参加する大学の先生などいないのでは、と周りから反対されましたが、結果的に多くの先生が参加してくださり、中小企業の人たちも大変喜んでくださいました。牛に自動的にエサをやる装置のメーカーへ行った時のことですが、新製品を開発してもエサがどうしても目詰まりを起こしてしまうという悩みを、先生方の前で話しました。すると、先生方の中に流体力学の専門家がおられて、「いや、これはこうすりゃいいんじゃないか」と、相当細かい技術的な議論に花が咲き、後からいろいろ教えを請い、課題を解決したようです。産学官連携というと難しい感じがしますが、大学の先生方は現場を知ることができたと非常に喜んでおられましたし、訪問先の中小企業の方にとっても、流体力学など専門の知識で問題を解決してもらったわけですから、大変満足されていました。「学」の力を借りるというのも、刺激という意味では非常に重要なことではないかと思っています。

大学との連携という観点からもう一つ、大変注目したのはフィンランドです。フィンランドは、世界の競争力で第一位（二〇〇二年・ダボス会議の主催をしている世界経済フォーラムの統計）です。日本は最悪二一位から二〇〇二年には一一位まで戻ってきましたが、フィンランドとは大きな差があります。フィンランドの人口は五二〇万。北海道の人口が五七〇万ですから、北海道より人口が少ないことになります。また、北海道よりも北にあるわけで、自然条件は北海道より厳しい環境にあります。世界の競争力第一位がなぜ実現できるのかと、大いに疑問に思いました。北海道の経済界の方は盛んにフィンランドに行って、どうすればいいのかということを学んでいますが、結論は徹底した産学連携と、国内だけでなく世界市場に目を向けたということがポイントです。携帯電話のノキアという会社は有名でご存じの方が多いと思いますが、大変驚いたのは、フィンランドにコネ社というエレベーター、エスカレーターのメーカーがあることです。フィンランドは面積が広く、高いビルはそんなにないのではないかと思います。基本的にエレベーターやエスカレーターのメーカーができる土壌はないのではないかと思いますが、このコネ社という企業は、エレベーターで世界三位、エスカレーターで一位という企業です。やはり世界市場をにらんだから、このような大企業に成長したようです。北海道に勤務していた時、フィンランドのログハウス・メーカーの社長さんが訪ねて来ました。自分たちは従業員が四〇人しかいない会社だが、海外の売上が全体の九割を占めており、世界市場をにらんでいる。日本も非常に有望な市場として視野に入れているということでした。フィンランドでは中小企業でも世界を目指しているのです。

4　成功する中小企業の企業統治構造

（1）中小企業の経営陣

オーナー経営者は中小企業の特色だということを先ほど説明しましたが、経営者一人がすべてを決定しているわけではありません。今年の中小企業白書では、もう少し幅広い概念「経営陣」と捉えることが重要だということで、いろいろな議論を展開しています。

1　同族性

まず一つは、同族性の議論です。五人以下の規模の企業で九割弱、一〇人以下でも八割ぐらいが同族会社です。結論から言えば、同族企業と非同族企業では、パフォーマンスに差があるのではないかということです。最初は同族企業から出発するのが当然ですが、成長の過程で規模が拡大するにつれ、同族企業のままで行くのか、あるいは同族以外のメンバーも参加する非同族企業になるのかという、分かれ道があるように思います。

2　外部社員

次に外部役員です。外部役員の登用率は約四割ぐらいで、小規模企業ほど登用率が低い状況にあります。外部役員の登用がパフォーマンスに与える影響については、結論を言えば、やはり外部役員がいた方がパフォーマンスが高いようです。ただこれは、外部役員としての人材をいかに確保するかということとも関連しているのではないかと思います。政策的にも人材の流動化が必要なのではないかと思っています。

私ども事業団で最近スタートさせたのは、大企業のＯＢ人材派遣事業です。経験豊富な大企業のＯＢを、ニーズに応じて中小企業に派遣しようという事業です。現在、日本商工会議所と連携して、大企業のＯＢ人材の発掘とデータベース化を進めています。

3　「右腕」

経営者を補佐し機能分担する人材、「右腕」という存在が注目されています。右腕は約七割の中小企業に存在しており、担当している最も重要な業務としては、営業、マーケットなどが多くなっています。また小規模企業ほど財務や経理の割合が多くなっています。右腕の存在とパフォーマンスの関係を見てみると、やはり右腕がいた方が成長を遂げているケースが多いことから、成長を目指すのであれば右腕を確保することが必要になると思います。

（2）意思決定構造

意思決定プロセスすなわち、どのように企業内の意見を調整し、意思決定をするのかということです。意見調整を重視する企業の中には、意見調整しても折り合わない場合、①利害関係者の意見を重視する、②代表者の意見を重視する、③双方が納得する結果が出るまで意見調整を行う、という方法がパターンとしてあります。意見調整をあまり行わない企業では、①利害関係者の意見を重視する、②代表者の意見を重視する、という方法が多く取られていますが、全体として見れば、規模が大きくなるにつれて意見調整の割合が高くなってきます。リーダーシップを発揮するには、自分で何でも決断するのではなく、意思決定に当たっていろいろな意見を尊重し、意見を調整することが大変重要であると感じています。

（3）経営理念

経営理念というと、単なる形式的なもので、企業のパフォーマンスへの影響があるのだろうかという議論があると思います。今回初めて、白書の中で「経営理念」が取り上げられ、アンケートが実施されました。アンケートは二分類法で、「利害関係者重視型理念」（顧客のため、社員・社員家族のため、株主のため、会社の発展・永続的な成長のため）と、「社会貢献重視型理念」（特定の業界や文化に貢献するため、革新・進歩を目指すため、日本経済の発展に貢献するため、世界の発展に貢献するため、地球環境を考えた経営）に分けて実施されました。その結果、比率的には利害関係者重視型理念が多かったのですが、パフォーマンスという面で見ると、社会貢献重視型理念の方が良好なパフォーマンスを示していました。単なる利潤が動機だけでは限界があるということで、若干、崇高と言える目的を掲げることが、組織の強みになると感じています。

（4）自社の強みの認識

最後は、自社のどのような強みを認識をしているのかという点と、経営戦略との関係です。白書では、技術など強みのレベルを、「世界にとって新しいか」、「日本にとって新しいか」、「市場にとって新しいか」、「自社にとって新しいか」の四分類で分析しています。「世界にとって新しい」というのは比率的に見れば非常に少ない（全体の六・六％）のですが、逆に視点を変えると、中小企業にも世界レベルの新しい技術を持っている企業が多く存在するということになります。ただ、そんなに高いレベルの強みを持っているのに、パフォーマンスという観点ではあまり因果関係はないのです。「市場にとって新しいサービス」が、最も高いパフォーマンスを示すという結果が出ています。市場では、勝者というと、トップレベルの技術・製品を持っていなければと駄目だとか、戦略を持っていないと駄目だなどと言われていますが、決してそういうことではないということです。トップ商品をつくり出すためには、必ずしも先進性が高いレベルである必要はなく、市場の評価を勝ち取れるかどうかがポイントである、という調査結果です。

冒頭でもお話しした通り、コーポレート・ガバナンスと中小企業との関係は、研究や勉強がスタートしたばかりで、今回はあまり掘り下げた議論ができず恐縮でしたが、企業統治、コーポレート・ガバナンスとパフォーマンスが大きく関係していることは、否めない事実だと思います。今後、いろいろな方々のお力、お考えもいただきながら、この分野の研究を進めていこうと考えています。

（二〇〇三年一〇月三〇日）

＊「中小企業総合事業団」は二〇〇四年七月、独立行政法人化に伴い「中小企業基盤整備機構」へ改組。

第8章

機関投資家とコーポレート・ガバナンス

矢野朝水

厚生年金基金連合会専務理事

1　異質な日本のコーポレート・ガバナンス論
――株主が主役（株主利益の最大化）vs経営者が主役（経営効率化の手段）

株主あるいは年金という立場からコーポレート・ガバナンスについての考え方や厚生年金基金連合会が行っている活動を中心にお話ししたいと思います。

皆さんはコーポレート・ガバナンスという言葉を最近非常によくお聞きになっていると思いますが、この言葉自体も概念も、これまでの日本にはなかったと思います。そのためこの言葉の使い方、イメージについてはかなり個人差がありますし、特に外国との比較では、日本の議論というのはずいぶん変わっている気がします。

日本では、コーポレート・ガバナンスについて二つの見方があると思います。一つは株主が主役という立場、つまり株主利益の最大化を図るために企業経営をどうやって規律付け、コントロールするのか、その仕組をコーポレート・ガバナンスと捉える見方。もう一つは、経営者の方々がよくおっしゃることですが、経営効率化、例えば、企業競争力を高めるためにどういう組織形態をとったらいいのか、という立場からコーポレート・ガバナンスを捉える見方です。

アメリカやイギリスを中心とする世界のスタンダード、いわば世界の常識では、コーポレート・ガバナンスとは、前者の、株主の立場から企業経営を規律付け、コントロールする仕組とする考えが定着しています。ところが日本ではそういう見方はごく一部で、私どものようなところが声をあげているだけで、全体からいうとまだまだ少数意見ではないかという気がします。

（１）企業は誰のものか

株主vsステークホルダー（従業員、取引先、消費者、地域社会、株主）

コーポレート・ガバナンスについて米英と日本で議論が分かれるのは、「企業は誰のものか」という点で米英と日本では考えが異なるからです。これが議論の分かれ目だと思います。米英では企業は株主のものだというのが常識になっています。日本でも法律上は企業は株主のものだということになっていますが、経営者はもとより多くの国民も企業は株主のものとは思っていない。企業には、従業員・取引先・消費者・地域社会などのいろいろなステークホルダー（利害関係者）がいます。企業はこういった多くのステークホルダーのものだし、このようなステークホルダーの利益を増進するのが企業の目的だと考えられているわけです。株主というのはそういうステークホルダーの一つで、多くのステークホルダーの利益を追求していけば、結果として株主の利益につながるという主張です。経営者の方は、ほとんどがそう考えているのが現状ではないかと思います。

企業は株主のもの、企業の目的は株主価値の最大化というと、それでは株主利益のために、従業員などの利益を無視していいのかという反論が返ってきます。しかし、株主利益を高めるためには、従業員や取引先、あるいは地域社会といった、いろいろなステークホルダーとの良好な関係を築くことが前提になってきます。私どもは年金の立場として企業は株主のもの、企業の目的は株主価値の最大化と主張していますが、ステークホルダーの利益を重視するというのは、当然の前提としてあるわけです。

（2）コーポレート・ガバナンスとは何か

1　企業の所有者（株主）と経営者の分離→株主と経営者の利益相反→株主の立場から「企業が指揮され、統制されるシステム」（コーポレート・ガバナンス）

企業の創業時には、通常、経営者とその企業の所有者（株主）は一緒のことが多い。中小企業は今でもオーナーが経営しているというのが一般的です。しかし、企業が大きくなるにしたがって株式は多くの人に分散して所有され、経営は少数の専門家に委ねられるようになる。すると株主の利益と経営者の利益が相反するような事例がいろいろ出てくるわけです。例えば株主の利益を無視して経営者が莫大な報酬を得るとか、株主価値が下がっても事業を次から次へと展開するとか、不採算部門をダラダラ続けるということで、株主利益と経営者の利益は往々にして相反します。

このため一九八〇年代、特にアメリカでは、業績悪化や不祥事の発生を契機に年金などの株主の怒りが爆発し、株主の立場から企業経営をいかに規律付け、コントロールするかという議論が起きたのです。イギリスでは、コーポレート・ガバナンスとは企業が指揮され統制されるシステムという定義が定着しています。株主の立場から経営者を飴と鞭でもってコントロールし、株主利益の最大化を求める、その仕組がコーポレート・ガバナンスと言われているのです。ガバナンスとは、統治するとか支配するという意味ですが、誰が誰を統治するのかというと、主語は株主なのです。

2　経営効率化の手段として企業の組織運営のあり方（経営者が主役）

ところが日本では、先ほど述べたようにこのような議論はまだまだであり、コーポレート・ガバナンスとは、経営効率化の手段として企業の組織運営をどう考えるかという議論が非常に強い。例えば、経済同友会はコーポレート・ガバナンスについて提言しています（二〇〇二年七月）が、その表題は、「企業競争力の基盤強化を目指したコーポレート・ガバナンス改革」となっています。提言は、企業競争力をいかに高めるか、そのために取締役会や監査役のあり方をどうしたらいいのかが中心で、株主の立場から経営を規律付け、株主価値を高めるという視点は見られません。

皆さん方一人ひとりは年金に加入されているわけであり、また株式や投資信託を購入されている方もいらっしゃると思います。皆さん方には、経営者の立場ではなく、一人の年金加入者・受給者として、あるいは一人の投資家としてコーポレート・ガバナンスの問題を考えていただきたいと思います。

（3）株主不在の日本のコーポレート・ガバナンスの背景

なぜ、日本では経営者が主体で、株主抜きのコーポレート・ガバナンス論がまかり通ってきたのか。理由は三つほど考えられます。

1　八〇年代までの成功体験（まずまずの株式パフォーマンス、メインバンクシステム）

一つは八〇年代までの成功体験です。株主として声をあげなくてもまずまずの株式リターンが得られたとか、メインバンクが目を光らせて、おかしなことを起こさないようにチェックしていたということです。ただ、日本特有のメインバンクシステムが有効に機能していたかどうかという点については、私は若干疑問があります。メインバンクが一定の役割を果たしていたとはいえ、メインバンクというのはあくまでも債権者の立場ですから、純粋な株主の立場から企業経営をチェックするということとは若干違うわけです。何よりも銀行のガバナンス自体が全然機能していなかったということは九〇年代を通じて明らかになったわけで、そういう点からもメインバンクシステムの有効性というのは、私はそんなに高く評価するには値しないのではないかと思っています。

2　株式持合や「しがらみ」で「純粋」株主不在

二つ目のキーワードは、株式の持合です。日本では、これまで金融機関や企業の株式保有、要は株式の持合というのが非常に多いわけです。アメリカは逆に投資信託とか年金基金とかの所有割合が非常に多くなっています。株式持合の目的は、取引関係の維持とか会社の乗っ取りを防ぐためで、株主利益は二の次です。また、お互い株式を持ち合ってお互い様であり、相手の会社に不都合なことがあっても、それに対してはっきりものを言いますと逆に相手からやられますから、言うことができないわけです。株式の持合体制の下では、株主の利益はなかなか表に出てきません。また、生損保などの機関投資家もいろいろとしがらみがあり、沈黙を続けてきました。

要は、日本には株主利益のために声をあげる株主や純粋に株主価値の向上だけを目指す株主は、今までいなかったのです。だから株主利益の立場から企業経営を規律付けるという考えは生まれてこなかったわけです。

3　経営者主導のコーポレート・ガバナンス論（日本CGフォーラム）

日本では誰がコーポレート・ガバナンスを最初に言い出したかといいますと、米英のように株主ではなく、一部の経営者がその重要性を唱えたのです。九四年に「日本コーポレート・ガバナンス・フォーラム」が設立されます。先覚的な経営者と学者でつくられたこのフォーラムでコーポレート・ガバナンスの議論を始めたというのは、非常に大きな意義があったと思います。「コーポレート・ガバナンス原則」を公表するなど、功績も非常に大きかった。しかし、経営者が中心のため株主の視点が不十分だったことは、株主の立場から企業をチェックするという基本的な視点を曖昧にしてしまった一つの原因ではないかという気がします。

2 なぜ年金はコーポレート・ガバナンス活動に取り組むのか

(1) 年金制度の概要

なぜ年金がコーポレート・ガバナンス活動に取り組み始めたのか。その前にわが国の年金制度について申し上げると、まず公的年金は一階部分が国民年金（基礎年金）で、七、〇〇〇万人の方が加入されています。皆さん方も全員加入されている、あるいはかつて加入されていたと思います。その上にサラリーマンには二階部分があり、民間は厚生年金、公務員は共済年金ということになっています。さらに、その上に三階部分として厚生年金基金とか新企業年金、確定拠出年金といった企業年金が乗っているという構図になっています。

(2) 年金資金の株式運用

こういった年金の資金がどれだけあるかというと、私が所属している厚生年金基金の資産額が一四年度末で約五一兆円。もう一つの企業年金である適格年金が二一兆円。また国民年金・厚生年金が約一五〇兆円。さらに、共済年金（地方公務員共済とか国家公務員共済）が約五〇兆円という資産額になっています。このような年金資産は市場運用されているわけですが、そのうち国内株式で運用されている資産は一四年度末で株式市場の一〇％をちょっと超えるような規模になっています。その他では外国人投資家が株式市場の一八％ぐらいを占めていますので、年金と外国人で日本株式の約三割を占めているというのが現状です。*

＊二〇〇三年では年金は一二・五％、外国人は二〇・二％を占めている。

厚生年金基金の資産運用構成を見ると、国内株式は、九〇年代のはじめ頃は一〇％そこそこだったのが、九九年は三六％まで上昇しました。ところが三年後は株価暴落で減り、二六％ぐらいになっています。外株および外債は九〇年代はじめは一〇％ぐらいだったのですが、今や資産額の三〇％ぐらいに増えていることが見て取れます。

企業年金はこのような運用をしていますが、今、企業年金は非常に厳しい状況に陥っています。厚生年金基金の運用利回りで見ると、二〇〇〇年度、二〇〇一年度、二〇〇二年度は三年連続マイナス運用になっています。そもそも企業年金というのは「積立方式」という財政方式で運営されていますが、これは要するに長い時間かけて掛金を運用し、利子が利子を生んでファンドが大きくなって約束された年金が払えるという仕組です。これが公的年金と違うところです。公的年金は現役が納めた保険料を、その時の年金のために支払っており、これは「賦課方式」と呼ばれています。企業年金が安定的に運営できるためには運用が予定利率を上回ることが必要で、昨今のように新しい掛金を積んでも利子を生むどころかかえってファンドが目減りするようでは、企業年金の存立基盤が成り立たなくなったということです。

（3）崩壊する企業年金

三年連続マイナス運用で、企業年金は今、大変な苦境に陥っています。厚生年金基金はかつて一、九〇〇近くの基金が全国にあり、一、二〇〇万の加入員がいたのですが、解散が相次ぎ、今や加入員が一、〇〇〇万人程度、基金の数も一、六五六と、どんどん減っています。また、代行返上基金が激増して、すでに六四五基金を数えています。* 厚生年金基金は国の厚生年金の一部を国に代わって実施しているのですが、代行部分を持つと利差損が発生し、企業が余分の負担をしなければならないため、雪崩を打って代行部分を国に返す動きが起きたのです。それからもう一つの企業年金制度である適格年金も加入者がどんどん減り、かつては一、一〇〇万ぐらいいた加入者が、今は八〇〇万人ぐらいに減少しています。日本の企業年金は今や存亡の危機に立たされているのです。

＊二〇〇五年二月一日現在では厚生年金基金は九一五基金、加入員六五〇万人、代行返上基金は八一二基金となっている。

(4) 株価の暴落とその背景

なぜ企業年金が存亡の危機に立たされたのか、一番の理由は、運用の三分の一を占めている株式が大暴落したからです。昨今はアメリカ、イギリスも悪いのですが、一〇年単位で見るとアメリカ、イギリスの株式のリターンは年平均一〇%ぐらい回っています。日本のこの一〇年の平均リターンはマイナス三・五%。二〇年、三〇年で見ると日本もプラスではありますが、アメリカやイギリスに比べると非常にパフォーマンスが悪い。今日本の株価は八九年の一二月がピークだったのですが、その頃は日経平均が四万円近くまで上がりました。今は一万円ぐらいですので、ピークから見ると四分の一ぐらいに下がっているわけです。個別企業では、八九年のピーク時から二〇〇二年九月末時点で配当込みで株価がプラスになっている会社はいくらあるか調べると、五七社だそうです。＊そのうち債券利回りも上回っている会社は一一社だそうです。非常に惨憺たる状況です。

＊一九八九年一二月末—二〇〇四年三月末で株価上昇率（配当込み）プラスの企業（東証一部上場）は一二三社である。

なぜ、日本の株式がこのようにおかしくなったか。私は日本企業のコーポレート・ガバナンスに問題があったことが一つの大きな理由ではないかと思います。

日本の企業について外国の機関投資家がどういう目で見ているか聞きますと、「日本企業は意思決定のプロセスが見えない。どういう考え方で意思決定しているのか、よくわからない」と言うわけです。事業の選択と集中ということがよく言われていますが、日本の企業はどういう基準で選択し集中するのか、その基準が非常に曖昧だと言われているわけです。「経営のスピードが非常に遅い」とか、「技術は持っているのだが、それが利益につながっていない」とも言っています。島津製作所の田中耕一さんはノーベル賞をもらいましたが、島津製作所自体は、経営はあまり上手ではない。技術が利益につながっていないのです。

(5) 国内株式は投資対象たり得るか

企業年金はアメリカやイギリス、カナダで普及していますが、株式中心に運用されています。株式は短期的な収益のぶれは非常に大きいけれど、長期的に見ますと債券を上回るリターンが得られるので、年金のような長期の資産運用にとっては運用対象として一番ふさわしいということで、資産の六割から七割ぐらいは株式で運用されているのです。

ところが日本の株式市場の場合はハイリスクでローリターンとか、マイナスリターンという実績ですから、世界の年金運用の常識が通用しないのです。だから日本株式はやめたらどうか、日本株式は投資対象から除外したらどうかという議論も実はあるわけです。日本株式という投資区分をなくしてグローバル株式に統一し、日本企業は世界的に通用する銘柄だけに投資するという考えです。

しかし、私はそういうわけにはいかないと思います。富を生むのは企業だけです。国は積極的に利益を生み出しているわけではない。国は企業が生み出した富を税金という形で取ってくるだけですから、国債を買って日本の富が増えるわけではありません。年金は、企業に投資し、富を増やしてその一部をいただくことによって、実のある年金を支払えるわけですから、そういう意味では企業に対する投資は絶対に必要であると考えます。そうであるからには、年金は企業に投資し、株主として企業にものを申すということが必要になってくるのです。

（6）年金にとってのコーポレート・ガバナンス活動の必要性

年金の運営責任者には、加入員・受給者に対する受託者責任があります。加入者・受給者の利益のために運用しなければならない。したがって、株式に投資する以上は議決権をしっかり行使しなければならない。議決権行使は、株主価値を高めるための手段ですから、受託者責任の一つの要素なのです。

もう一つ言われているのが、パッシブ運用の普及です。年金の運用の世界では昔、値上がりしそうな株を買って値下がりしそうな株を売り払う、そういう銘柄選択をすることによって高いリターンを目指すという、アクティブ運用がほとんどでした。しかし、そういう運用は市場平均のリターンに負けてしまうことが少なくないことが、アメリカとか日本でもわかってきました。そこで、市場にある株を全部買ってはじめから市場平均のリターンを狙うという運用が始まったのです。これがパッシブ運用です。市場にある株を市場の組み入れ比率によって買うという運用が、今、増えてきています。そうなると、問題がある企業の株式でも売却することができません。したがって、問題がある企業に対しては、株式を保有したまま株主として物言うほかないのです。

パッシブ運用だと売却という選択がありませんから、本来なら株式市場の評価を受けて市場から退出しなければいけないようなお粗末な会社だって生き残ります。そのような企業に対してどしどし注文を付けて経営を変えてもらうということを一方でやらないと、パッシブ運用で議決権行使もしないのでは、おかしな企業が生き残ってしまうことになります。したがって、パッシブ運用が増えてきたというのも、年金がコーポレート・ガバナンス活動に取り組むようになった一つの背景です。

3　厚生年金基金連合会の取組

(1) 連合会の概要

先ほど、厚生年金基金は全国に一、七〇〇ぐらいあると言いましたが、個別の基金、例えばトヨタの基金を短期で脱退した方、トヨタで三年勤めて日産に移ったといった場合、トヨタの基金がその方のための年金原資を預かって記録も管理して、その方が六〇歳になったら年金を払うというのは大変なことです。受給者にとっても、トヨタ基金から三年分もらい、次に日産を五年で辞めたら日産基金から五年分もらうというように細切れの年金をあちこちの基金からもらうよりも、全部通算してまとめて一括でもらった方が便利なわけです。そこで、基金を短期で脱退した方の年金通算センターとして連合会ができたわけです。昨年度の実績では、一六〇万人の方に一、三四〇億円の年金を払っています。そうした方の記録管理については、一、四〇〇万人の記録をお預かりしているという状況です。

もう一つの事業は年金基金に対する支援で、基金制度の改善のための活動、企業年金の調査研究、情報提供、相談や研修など、いろいろ行っています。

(2) 連合会の資産運用

連合会は年金支払いのために資産を運用しています。運用資産は二〇〇三年八月時点で六兆七、〇〇〇億円。運用に当たっては基本ポートフォリオということで資産の配分割合を決め、それに基づいて運用しています。現在の資産配分は国内債券が三七％、国内株式が三三％、外国債券が七％、外国株式が二三％という比率です。

そこで、例えば国内株式が下がり、その組み入れ比率が下がってしまった時には、新規の資金は国内株式に集中配分して国内株式の比率を元に戻すという運用をしています。

委託運用と自家運用の比率では委託運用が中心で、信託銀行や投資顧問会社に運用を委託しています。ただ、資産の一部については連合会が自らファンドマネージャーを置き、国内債券一兆一、〇〇〇億円、国内株式二、四〇〇億円ほどを自分で運用しています。* 株式運用のアクティブ、パッシブ比率は五〇対五〇という割合です。

*二〇〇四年一二月末時点では、連合会の資産額は、八兆六、〇〇〇億円、自家運用額は国内債券一兆五、〇〇〇億円、国内株式七、四〇〇億円となっている。

（3）連合会のコーポレート・ガバナンス活動

1　運用受託機関に対する議決権行使ガイドライン（二〇〇一年一〇月）

連合会のコーポレート・ガバナンス活動としては、まず二〇〇一年一〇月に運用受託機関に対して議決権行使のガイドラインを示しました。これは、国内株式を運用している一一の運用受託機関に対して、議決権を連合会の利益のために行使してくださいとお願いしたのです。株主利益を最大限尊重した経営や情報開示を企業に求めてください、連合会の利益向上のために適切に議決権を行使してほしいということです。受託機関の体制整備を図って、できれば専任の担当者を置いてほしい。議決権行使基準を各運用機関できちんと定めてほしい。社内規程や行使基準、どこの企業に対してどういう理由で反対したか、行使結果について連合会に報告してくださいということをお願いしました。そして、議決権行使の取組を、受託機関を評価する際の評価の一項目とさせていただき、取組が不十分だと、場合によっては受託機関を解約することもあり得ますということを申し上げました。

その結果、反対・棄権は全体の議案の四％ということで、非常に少ないのではないかと思います。連合会の自家運用の場合は（後述しますが）、議案の約四〇％は反対せざるを得なかったわけです。そういうことから見ると、全体としてはまだまだ不十分ではないかと思わざるを得ません。また、運用機関の間の格差が非常に大きく、取組状況に非常に格差があるのも特徴です。

2　インハウス運用の開始（二〇〇二年四月）と自らの議決権行使（二〇〇二年七月）

連合会は、去年の四月からファンドマネージャーを採用して、自家運用で国内株式のパッシブ運用を始めました。運用対象は東証一部上場の全銘柄です。さらに、七月からは議決権の行使を自ら始めました。自ら総会議案を一件一件審査することによって、日本の株主総会の実態がよくわかりました。なぜ取締役を増やすのか、なぜせっかくいる社外取締役を廃止するのか、合併比率の根拠など、不明な点については会社に問い合わせ、その結果も参考に賛否を決定していきました。二〇〇二年七月から二〇〇三年三月までの行使結果は、議案の二四％に反対というものでした。このような経験をもとに、今年二月に議決権行使基準をつくったのです。

3　議決権行使基準と支援システムの開発（二〇〇三年二月）

毎年六月には株主総会が集中します。このため、職員が分担して同じ方針に基づき議案を処理しなければなりません。また、統一的な行使基準を公表することで株主の考えを経営者に伝えることができます。このようなことから、それまでの議決権行使の経験や諸外国の基準なども参考に、連合会で議決権行使基準を策定したのです。

厚生年金基金連合会株主議決権行使基準には、最初に、この議決権行使に当たっての基本的な考え方が述べられています。年金加入者、受給者の利益のためには、企業が株主利益を最大限尊重した経営を行い、長期安定的に企業収益を確保することが必要である。そのためには、企業におけるコーポレート・ガバナンスが十分に機能することが不可欠である、ということです。

コーポレート・ガバナンスの基本ということで私どもが求めているのは、企業内部に株主利益の立場から企業経営をチェックする仕組を築くことです。日本企業は、経営をチェックする仕組が非常に弱いのではないかと思います。企業をチェックして経営方針を変える、あるいは社長がおかしければ最後は社長の首を切る、そして一番ふさわしい後継者を選ぶ、こういった一連のチェックシステムというのが日本企業は非常に弱いのではないか。経営者失格みたいな人が長々と社長を続けるとか、自分の言うことを聞くおとなしい人を後任社長にもってくることがよくあります。

そういう経営のチェック機能を果たすためには、執行と監督の機能を分離することが必要です。取締役会は株主利益の観点に立って経営を監督する機能を適切に果たすことが求められる。そのためには社内出身の取締役だけでは無理なので、企業と利害関係を一切有しない独立した社外取締役の登用が不可欠です。また、情報開示と説明責任が果たされなければなりません。これが、コーポレート・ガバナンスの一番のポイントということになります。

厚生年金基金連合会株主議決権行使基準は二部構成となっています。まず、私どもは株主の立場から望ましいコーポレート・ガバナンス原則を考えました。そして、この原則に沿って具体的な行使規準を策定したのです。原則ではまず、企業の目的は株主利益の長期的な最大化にあるとしています。ただし、株主価値の最大化のためには従業員、取引先、顧客など多様なステークホルダーとの良好な協力関係の確立が前提となります。取締役会については執行と監督の機能を分離することが必要だと考えています。規模については、十分な議論ができ迅速な意思決定が可能な人数ということで、二〇名が限度だとしています。さらに、社外取締役は少なくとも取締役の三分の一を求めています。また、社外取締役は独立性が非常に大事です。委員会等設置会社への移行は、積極的に評価します。監査役については独立性が大事だし、適法性監査にとどまらず、妥当性監査までやってほしい。情報開示、説明責任は非常に重要だということです。役員報酬についてはインセンティブ報酬の導入は積極的に評価します。それから、個別開示をしてほしい。配当政策については、役員報酬、従業員処遇、将来の事業計画などとバランスの取れた利益配分がなされるべきである。ただし、将来のちゃんとした事業計画もなくて必要以上に利益をため込んでいる場合には、適切な株主還元を求めたい。経営戦略の変更については株主の承認が必要だし、適切な判断ができるような情報と時間が与えられるべきである。企業は社会的責任を果たすべきだし、連合会は長期安定的な株主として、企業との積極的な対話に努めたいということです。

以上のようなコーポレート・ガバナンス原則に基づいて、次に「具体的行使基準」を定めています。具体的行使基準は、基本的には原則と同じことですが、議決権行使に当たってもう一つ重視しているのは企業の業績です。企業業績が悪いところは厳しく対応せざるを得ない。企業業績がいいところはガバナンス上、いま一つのところがあっても配慮するということです。企業業績が悪いところ、例えば三期連続赤字かつ無配、あるいは五期通算して最終利益がマイナスといった企業については、役員の再任は賛成できません。あるいは反社会的な行為や法令違反を起こして業績もおかしくなった場合には、それに責任がある取締役の再任には反対する。役員の退職慰労金についても、業績が悪い企業、あるいは不祥事を起こして業績が悪くなったところの役員退職慰労金には反対する。そのように企業業績を加味して対応するということです。

それから最近多くなっている合併とか営業譲渡とか会社分割の場合には、会社の言い分だけではなく中立的な第三者の算定根拠を付けてほしいということです。会社の主張だけでは疑問に思わざるを得ないわけですから、第三者の客観的な評価を前提条件にしています。

議決権行使は、これまで申し上げてきた具体的行使基準に従い、職員が分担して一件一件審査して賛否を決定し、判断が困難な事例については「議決権行使委員会」で最終判断をしています。このように審査は人がするのですが、「支援システム」も活用しています。これは、コンピューターの中に企業の財務情報や各種のデータ、株主総会の議案などを入力し、コンピューターの中で自動的に賛否を判断するというものです。人の判断と概ね一致し、極めて有効なシステムですので、今後データを増やし充実していきたいと考えています。

4　議決権行使状況

今年の六月総会を中心に四月、五月、六月の間に連合会がどういう議決権行使を行ったかを見ると、結果として四割ぐらいの議案に反対しています。一つには、業績が非常に悪い会社が非常に多かったからです。五期通算して最終利益がマイナスの会社が四〇〇社～五〇〇社もあり、このような会社については役員の再任や退職慰労金などの議案に反対したのです。それからもう一つは、説明責任が十分果たされていないということです。例えば、なぜ社外取締役を減らすのか、あるいは取締役を増やすのか、なぜ外部監査役を減らして内部監査役を増やすのか、なぜ特別決議の定足数を下げなければならないのか、理由がよくわかりません。定足数については、一般的に外人株主が増え、その株主たちがなかなか投票しないため定足数を確保するのが大変だから引き下げるのだという話がありますが、外人があまり株を持っていない会社でも引き下げているのです。本当の理由はよくわかい。だからそういう議案に対しては反対せざるを得ないのです。

5　今後の課題（コーポレート・ガバナンス・ファンド、企業との対話、他の年金・運用機関との協力）

今後の課題として考えているのは、コーポレート・ガバナンス・ファンドの創設です。これには二種類あります。

一つはガバナンスがいい会社、例えばガバナンスがいいベスト一〇〇を選んで、そういう会社に投資するファンドです。ガバナンスがいい会社は長期的に見ると会社のパフォーマンスもいいという内外の研究報告がありますから、ファンド自体のリターンを目指すのが一つの目的です。もう一つの目的はファンドの組み入れ基準、つまりコーポレート・ガバナンスの具体的な基準を示すことによって日本企業全体のコーポレート・ガバナンスの充実に役立てることにあります。ガバナンスがいいとはどういうことなのか、日本では具体的な基準がないため（本来なら東証が出すべきでしょうが）、コーポレート・ガバナンスの議論も混乱し、企業の取組も不十分だからです。

ガバナンス・ファンドのもう一つは、ガバナンスが悪いために業績がいま一つという会社の株をある程度購入し、経営の改革を迫って株価の上昇を図るというファンドで、リレーショナル・インベストメントとも言われています。

このようなコーポレート・ガバナンス・ファンドも設定したいので、運用機関の方に具体的な提案をお願いしているのですが、手をあげていただけないという状況です。*

＊ガバナンスがいい会社に投資するコーポレート・ガバナンス・ファンドについては、（株）野村アセットマネジメントより具体的な提案があり、二〇〇四年八月には資金規模一〇〇億円、四三銘柄を対象とするコーポレート・ガバナンス・ファンドを創設した。

問題がある企業については、企業との対話を行っていきたいと考えています。連合会は企業との対立を望んでいるわけでは毛頭ありません。企業にはしっかりしたガバナンス体制を築いて長期的な株主価値を高めてほしい。頑張ってほしいから、長期的な株主の立場からものを言うのです。ただ、私どもは体制が不十分で、現在専任担当者は二人です。今後体制の整備を図りながら対話を充実させていきたいと考えています。

他の年金や運用機関との協力も非常に大事だと思っています。連合会が国内株式を運用委託している一一の機関は、連合会と別の基準で議決権を行使していますが、反対は議案の四%ということで非常に少ない。企業の経営実態や株主総会の議案などを見ていると、四%の反対というのはちょっと理解できません。株主は団結して数を大きくしていかなければ企業に対するプレッシャーにならないわけですから、株主が団結することが重要だと思います。そのため連合会の受託機関に対しては連合会と同じ考え方、同じ基準、連合会が開発したのと同じシステムでやってくれませんかということをお願いしています。*

*二〇〇四年四月から連合会の運用受託機関は連合会の議決権行使基準と支援システムを使って議決権を行使することになり、二〇〇四年六月の株主総会では二五%の議案に反対した。

企業がガバナンスの充実や株主価値を重視した経営に努めるには、他の年金や運用機関などの株主が団結して企業に物言うことが極めて重要だと痛感します。

(4) アメリカの年金のコーポレート・ガバナンス活動

アメリカでは企業年金が非常に発展しており、年金資産が巨額になっています。最近はアメリカも株が下がったため企業年金資産は一時期と比べると減っていますが、それでも四・五兆ドルぐらいあります。それに州や教職員の年金が二兆ドルぐらいあり、市場で運用されている年金資産は六・八兆ドル、日本円で八〇〇兆円ぐらいに上ります。年金資産が非常に大きく、資産運用は株式中心で、パッシブ運用も多い状況です。ERISA法という法律によって、議決権行使は年金の運営責任者に課せられた受託者責任の一部だとされています。

アメリカでは一九八〇年代に不況で株価が下がったため、株主の怒りが爆発し、年金が有力な株主としてコーポレート・ガバナンス活動に取り組むようになりました。その中心はカルパース（カルフォルニア州職員退職年金基金）などの公的な年金です。議決権行使は最低限の当然の活動で、企業との対話、対話によって問題が解決できなければ株主提案、あるいは問題企業の公表を、積極的に行っています。委任状コンテストや、あの企業の議案はおかしいので反対しようと呼びかけることもあります。年金が議決権行使基準を公表して、経営者に自覚を求めることもあります。また、年金制度改正等のロビー活動や、今回のエンロン事件を契機にいろいろな制度改正が行われ、企業改革法ができつつあります。それには、年金が熱心にロビー活動を行ったという背景があります。以上のような活動は他の年金や機関投資家と連携して行われることが少なくありません。年金によっては先ほど述べたリレーショナル・インベストメント、つまりガバナンスが悪い会社の株を買って乗り込み、経営改革を迫るというようなことも行っています。

アメリカでは年金のコーポレート・ガバナンス活動を支える環境がいろいろと整備されているのも特長です。例えば、ニューヨーク証券取引所が上場基準としてコーポレート・ガバナンス原則を定めています。それに違反すれば上場できないわけです。それから証券取引委員会（ＳＥＣ）も規制や取締りを通じてコーポレート・ガバナンスの充実に大きな役割を果たしています。労働省はＥＲＩＳＡ法の解釈通知を出すことで、年金の議決権行使は受託者責任の一部だとして行使を促進させたのです。

株主は団結しなければ力になりませんから、機関投資家協議会（ＣＩＩ）や太平洋年金協議会（ＰＰＩ）などの組織を結成し、情報交換をしたり、統一行動を取ろうと呼びかけたりしています。

一方には議決権行使をしやすい社会的基盤があります。ＡＤＰという会社が、議案はすべてインターネットを通じて行使するシステムを運営しています。また、ＩＳＳやＩＲＲＣといった議決権行使をサポートするコンサルタント会社があります。ＩＳＳは最近日本に進出し、日本でも活動を始めました。

以上のようなことで、アメリカの年金のコーポレート・ガバナンス活動は、日本の年金がこれからコーポレート・ガバナンス活動を進めていく上で参考になる点がたくさんあると思います。

4　コーポレート・ガバナンス改革に向けて

(1) 東証の役割（コーポレート・ガバナンス原則、議決権電子行使プラットホーム）

日本のコーポレート・ガバナンス改革に向けて、私は東京証券取引所の役割が非常に大きいと思っています。先ほど、ニューヨークの証券取引所がガバナンス原則を上場基準として決めていると申し上げました。ロンドン証券取引所はコーポレート・ガバナンスについて「統合規範」（Combined Code）を定め、企業にその順守状況、つまり受け入れているか、受け入れていない場合にはその理由について説明を求めています。その他の国でも近年証券取引所がコーポレート・ガバナンスについて一定の基準を定めることが多くなっています。世界的に見て、コーポレート・ガバナンス改革をリードしているのは証券取引所です。

日本では、東証は企業にガバナンス関連情報の開示を求めていますが、コーポレート・ガバナンスについての一定のガイドラインがないため、各社の開示内容は非常にバラバラで混沌としているのが現状です。日本でも、コーポレート・ガバナンスの基準を東証ができるだけ具体的に示し、それに対して各企業がどういう状況にあるのか、基準を守らない場合であれば、その理由を説明していただくということが必要だと思います。多様なガバナンスの形を認めた上で一定の方向を目指すには、このような柔軟なやり方が最も望ましいと思います。

議決権行使に当たって最も障害となっているのは、株主総会の集中開催です。また、議案は総会の二週間前に送付されることが多く、議決権の行使は原則として紙媒体で行われています。このため、議案の審査に要する時間は実質二〜三日しかありません。総会の分散開催や議案の早期送付が強く望まれますが、議決権の電子行使も有力な解決方法です。東証は現在電子行使のプラットホームの構築を企業に呼びかけていますが、参加企業が少ないと聞いています。議決権電子行使プラットホームの早期実施を期待しています。

(2) 企業の対応

1 環境の変化／経済活動のグローバル化、持合解消と純粋株主の増加（外国人、年金、投資信託等）

企業を取り巻く環境が大きく変わってきています。経済活動がグローバル化してきた、あるいは持合が解消して、株主利益だけを追求する純粋な株主が増えてきた。外国人株主や年金基金や投資信託の持株シェアが増加して、持合が解消されつつあるということで、株主利益を重視した経営に転換しなければならないという環境になりつつあるわけです。

2 課題／経営者の意識改革、ガバナンス体制の整備、情報開示・説明責任、株主総会の分散化

そういう中で株主の立場から見ると、経営者の意識が納得できないわけです。企業の目的が株主価値の最大化を目指すことだということは、アメリカやイギリスでは株主だけではなく経営者もごく当たり前のこととして受け入れていますが、日本においてもこういった意識改革が必要だと思います。そういう意識改革なしに単に外国のやり方を真似たとしても根付かず、有効に機能しないではないかということです。意識改革の上に立ってガバナンスの充実をお願いしたい。その中心は、取締役会が経営監督機能を有効に果たせるような改革です。

情報開示・説明責任も果たしてほしいことです。株主総会の議案の説明資料をとってみても薄っぺらで、議案に対して賛成していいのか反対するべきなのかがわからない。説明責任を果たしていないと言わざるを得ま

せん。

それから株主総会の分散化です。六月の終わりの特定日に株主総会が集中しています。今年は同じ日に開催した企業はちょうど七割ぐらいと言われていますが、同じ週に開催している企業は九五％ぐらい。連合会は一部上場企業の銘柄をすべて保有していますので、一千数百社の議案が一度にどかんと舞い込んでくるわけです。これをちゃんと処理するのは、なかなか至難の技です。株主総会が特定日に集中するということは、株主に対する説明責任を果たそうという気があるのかどうか、大いに疑われます。同じ日に開催して株主ができるだけ来ないようにしてシャンシャン総会で短時間のうちに終わらせようという魂胆ではないかと思わざるを得ないわけです。

私はまさか、談合して株主総会を同じ日に開催しているとは思っていませんでした。しかし、よく聞いてみますと、「いや、談合しているんですよ」と言うのです。何とか会があって、そこで来年は六月の何日というふうに決めるのだそうです。こういうことからまず改めてもらわなければ困るということです。

日本の企業経営者の多くは米英のコーポレート・ガバナンスに反対です。特に企業は株主のものという考えには反対で、「株主価値」という言葉を使うことさえ嫌だという人が少なくありません。社外取締役に対しても、「社外取締役に何がわかるのか」とか、「適当な人がいない」とかと、非常に批判が強いわけです。株価がかつての四分の一とか五分の一まで下がって、投資家に大変な被害を与え、そのせいで企業年金もつぶれかかっているのです。こんなひどい状況に陥って反省がないというのは、おかしいと思います。

しかし、経営者がコーポレート・ガバナンスに反対するというのも、わからないわけではありません。コーポレート・ガバナンスというのは株主の立場からいかに経営を規律付けるかということで、特にアメリカ型のコーポレート・ガバナンスは社外取締役という「よそ者」に経営を監督させる、人事権や報酬決定権を「よそ者」に与える、場合によっては自分の首が飛ばされるということですから、これはもう経営者にとっては面白くないというのはよくわかるわけです。したがって米英型のコーポレート・ガバナンスに日本の経営者は大体八割か九割は反対するのです。しかし、企業は純然なプライベートな存在ではなく、国の経済や金融に多大な影響を与え、失業問題などにも大いに関係しますから、アメリカにしろイギリスにしろ、反対が強くとも断固として実施したわけです。だから日本でも経営者の反対を押し切ってもきちんとやる必要があると思います。

（3）政治・行政の役割

そういう点では政治・行政の役割というのが非常に大きいのです。例えば、東証が先ほど述べたようなコーポレート・ガバナンス原則についての一定のガイドラインを示さない場合は、法律改正でやるしかないと思います。しかし、それでは形だけ整えるということになりかねないので、決していいことではないと思いますが、どうしてもできないのであれば、最後は政治や行政の出番ではないかと思います。運用機関に対してもっと強く適切な議決権行使を求めるとか、議決権行使状況を開示させるといったことも必要ではないかと思います。こういう問題について、日本の政治や行政はまだ非常に及び腰で、消極的ではないかという気がします。

（4）株主の団結

株価が長期にわたり低迷し、株主価値が損なわれた一つの原因は、株主が持合やしがらみにとらわれ沈黙を続けたことにあります。株主が経営者にプレッシャーをかけ、株主価値重視の経営を求めていかなければ、株主利益は獲得できません。株主利益は戦ってこそ得られることは、アメリカの歴史が示している通りです。

株主としては巨額の株式を所有し、しがらみのない公的な年金が経営を変える潜在力を持っていると思います。今、公的年金の運用をしている年金資金運用基金とか、地方公務員共済とか国家公務員共済、それと私どものところなどが参加して、「公的機関投資家連絡協議会」をつくっています。ここで勉強会をしたり、議決権行使をちゃんとやっていきましょうという申し合わせをしています。こういう公的な年金がもっと本腰を入れてコーポレート・ガバナンス活動を進めてほしいものです。

外国の機関投資家との連携も重要になってくると思います。前述したように日本株の一八％は外国人が持っています。株主利益という共通の利害があるわけですから、そういうところと連携していく必要があると思います。

(5) 運用機関・機関投資家の積極的な取組と情報開示

最近、信託銀行や投資顧問会社などの運用機関・機関投資家の議決権行使の動きが徐々に強まりつつありますが、まだ大きな課題を抱えています。

生損保会社の議決権行使状況について日経新聞の報道（二〇〇三年八月）を見ますと、生損保はほとんど反対票を投じていません。最も多くの反対投票をしたのは太陽生命で、一二三二社のうち一一社の議案に反対しています。あとはもう一、〇〇〇を超えるような会社の株を持ちながらほとんど反対票を投じていません。反対ゼロの生損保も五社あります。理由は新聞記事にも書いてありますが、保険契約を取るために企業に遠慮しているからです。しがらみにとらわれて、議決権行使はほとんどやっていないということです。生損保が沈黙を続けた結果として企業の業績も悪化し株も下落したわけで、生損保も大損害を受けたのです。沈黙のメリットもあるでしょうが、デメリットも大きい。沈黙することと物言うことのメリットとデメリットを比較してほしいものです。そうすれば自ずから結論は出ると思います。

生保については予定利率を引き下げるという話がありますが、そういうことをやる前に、まず議決権をちゃんと行使することから始めていただきたい。議決権をちゃんと行使した後で、予定利率を引き下げるなら下げようというふうにしていただきたいと思うわけです。

投資顧問会社は業界としてかなり熱心に議決権行使に取り組んでいます。これは投資顧問業協会の会長さんが非常に熱心で、各社の体制整備を呼びかけていることも一因です。

投資顧問会社が反対・棄権した議案の割合は、去年が三％、今年が六％ということで増加傾向にあります*。議決権行使の取組状況は徐々に充実、強化されつつあると思います。ただ、各社の対応には非常に格差があり、きちんとやっている会社とほとんどやっていない会社とでは大きな差が見られます。

＊二〇〇四年は反対した議案の比率は一一％であった。

運用機関の方の話を聞いていますと、「議決権行使には非常にコストがかかる」、「今運用業界が非常に厳しい中でコストをかけてまでやる必要があるのか」、「そういうことをやって企業の業績が本当に良くなるのか」、「コーポレート・ガバナンスと企業業績は関係ないではないか」、というようなことを言われます。

コストについては、現行の運用業務の無駄を省くなどの努力が先決で、その上に立って委託者と受託者の個別協議で解決するほかありません。運用機関のコーポレート・ガバナンス活動の結果株価が上昇すれば、運用手数料も自動的に増えるのです。コーポレート・ガバナンスと企業業績との関係については、短期的にはともかく、中長期的にはガバナンスがいい会社は企業業績もいいという研究が数多くあります。

何よりも運用機関は、委託者に対し受託者責任を負っている、そして適切な議決権行使は受託者責任の一部だということを重く受け止めてほしいものです。

運用機関が議決権行使に消極的なのは、日本の運用機関の独立性が乏しいことと関係があるのではないかと思います。多くが系列や企業グループに属していますから、親しい企業や大事なお客さんに議決権行使でノーを突きつけることはなかなかできない。しがらみがあって難しいというのが、一番本質的な問題ではないかと思っています。

ただ、しがらみがあるので遠慮して何も言わない、大株主として名を連ねながら何もやらないのでは、企業の経営が悪くなって株もどんどん下がり、自らも大損害を受ける羽目になるのです。日本経済の再生には、個々の企業が経営改革をもっと行って利益を生み出せる体質に生まれ変わることが必要ですし、そのためには株主がもっと声をあげていく必要があると思います。そういう努力をすることによって、マーケット全体が良くなると思います。そういうことをやらないと運用機関にとっても将来はないのではないかということで、運用機関の方には経営者に物を言おうと申し上げています。少しずつ良くなりつつありますけれども、まだまだだと思います。

（二〇〇三年一〇月二日）

第9章

グループ共通のアンビション、マネジメントスタイルの確立が成功の鍵

アクサグループの概要と企業文化

フィリップ・ドネ

アクサ ジャパン ホールディング株式会社代表取締役社長・
アクサ生命保険株式会社代表取締役社長

1　企業買収で成長したアクサグループ

アクサの実質的な設立は一九八五年、仏ノルマンディーの小さな保険会社が、より大きな保険会社を買収、社名を「アクサ」に変更したことにより誕生。その後は、大きな買収を重ねて今日まで発展してきました。私がアクサに入社する前はＩＢＭにいました。あまりに大企業でしたので小規模なアクサに引かれての入社でした。ところが今、アクサはＩＢＭに近い規模に迫っていますので、私の選択は間違っていたわけです。

それにしても、当時のアクサの会長は非常に野心的な人でした。八八年に仏の大手生命保険会社を買収、その後もアクサを国際的企業に育てたいと、米国、欧州、豪州の大手生命保険会社を次々に買収。そして、九六年破綻の危機にあった仏最大の保険会社の買収成功により、国内でシェア二〇％以上を占めてリーダー的企業となりました。その後も英国、米国、二〇〇〇年には日本の日本団体生命と資本提携。アクサ設立当初、保険料売上は二億ユーロでしたが、〇〇年には八〇〇億ユーロまで伸びています。

従業員数は現在一〇万人を超えています。欧州で約七万人、米国で一万三、〇〇〇人、アジア・太平洋地域で一万六、〇〇〇人ほどでそのうち約八、〇〇〇人が日本。アフリカでも事業を展開していますが、小規模です。その他国際事業として再保険、保険リスク、保険ビジネスなどの事業も展開しています。

このように、アクサは、フィナンシャル・プロテクションというビジネスにおいて世界のリーダーとなることを目指しています。そして、世界約五、〇〇〇万人の個人や法人のお客様から信頼を寄せられています。

ビジネスの分野は、個人および法人の財産の保護（自動車、住宅、設備など）、役員・従業員とその家族への保障（医療、個人保障、福利厚生）、資産管理です。

2　新戦略計画「Scrum Win 7」に取り組む

日本におけるアクサグループには、いくつかの企業（図1）があります。その中で最も規模が大きいのが生命保険業務の二社で、約八、〇〇〇名の従業員および営業社員が働いています。また、テレビのCMで日本でも知名度が高くなってきた損害保険のアクサダイレクトや、資産運用などの会社もあります。

日本の生命保険市場でのアクサは、二〇〇二年度時点で、保険料収入ベースで第一〇位、スタンダード&プアーズによる格付けは「AA－」で、当社の力強い財務力を示しています。アクサグループの中での日本の位置付けは、「保有契約の現在価値」指標で第四位。「新契約の現在価値」指標では、第二位を占めています。このようにアクサグループにとって日本は非常に重要な存在で、戦略的にも拡大していかなければなりません。ところが、アクサが日本団体生命を買収した時以降、日本の金融市場は混迷状況で、生命保険会社にも多大な影響をもたらし、アクサも損失を生んでしまいました。

しかし、ここ数カ月前から、二〇〇四年には黒字化を目指そうという新しい戦略計画「Scrum《スクラム》 Win《ウィン》 7《セブン》」を策定し、実行フェーズに入りました（以後二〇〇四年には黒字化を達成）。「Scrum」は、全員が一丸となって正しい方向に向かいプッシュし続けること。成功を願い「Win」。「7」は、七つの戦略的課題と、これを実現するための七つの戦略プログラム、そしてこれらを測定する七つの主要業績指標です。そして効率化を進め、新契約を大幅に成長させ、顧客重視の文化を育て、革新していくことで会社の収益性を高めることを目標にしました。経営陣は、この戦略計画を八、〇〇〇名の社員全員に対して直接説明しました。また、マネジメント・コミッティーをサポートする五つのコミッティー（図2）による経営体制を敷きました。

図1：AXA の日本におけるプレゼンス

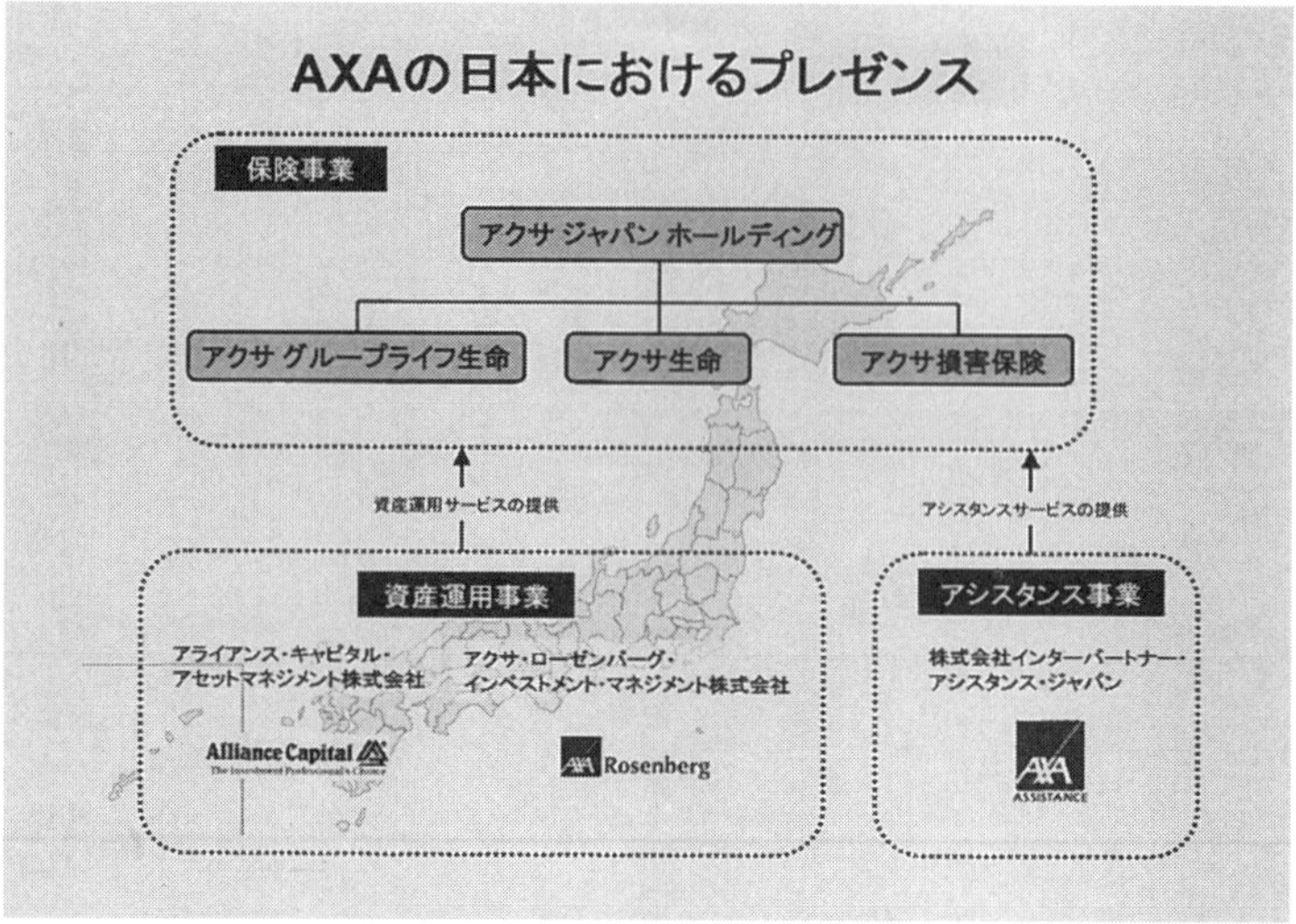

図2：マネジメントチームをサポートするコミッティー

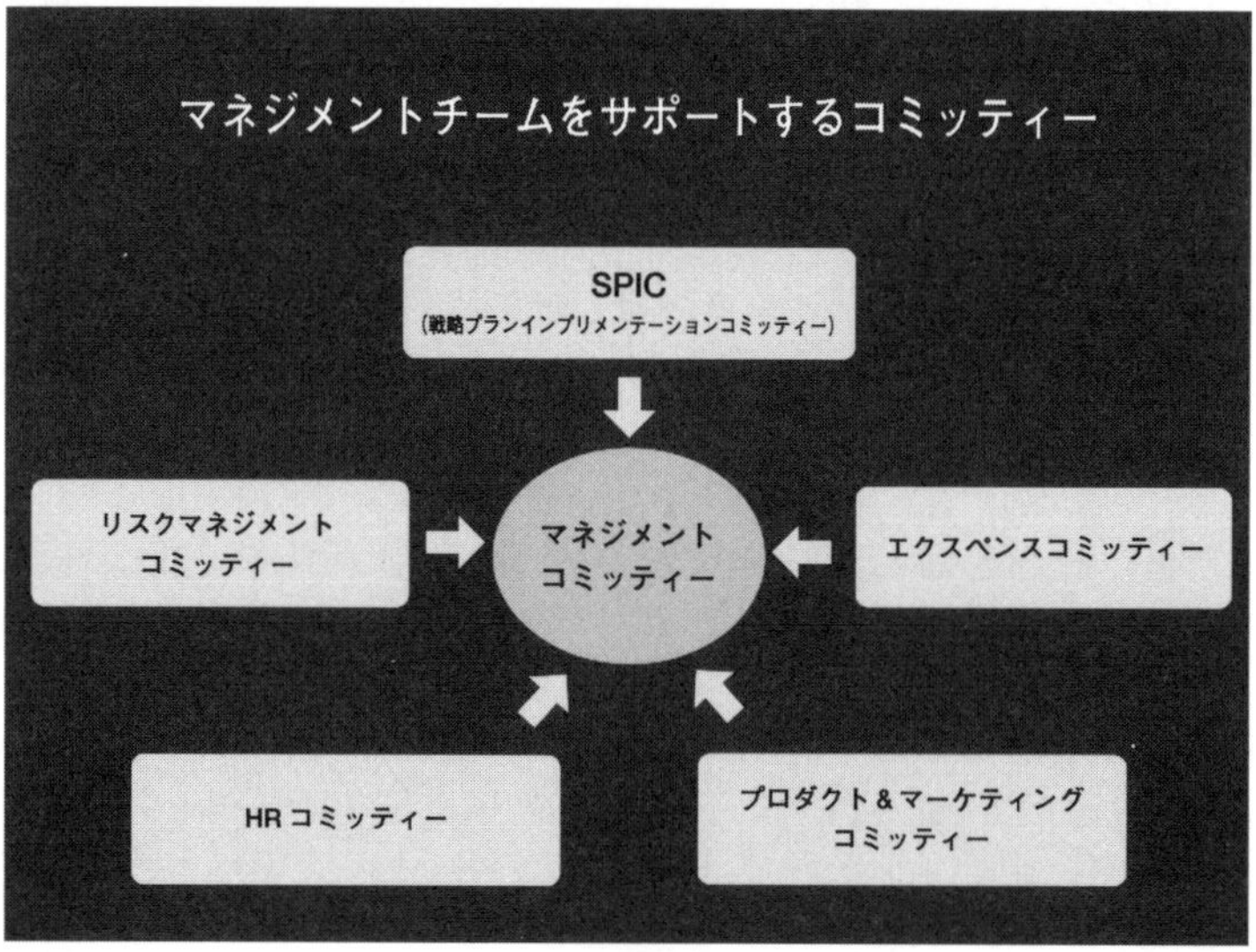

3　共通のビジネスモデルでバリューとコミットメントを共有

アクサの歴史は買収の歴史です。出身の会社、経験したビジネス、出身国も違うという異なる文化を持つ人々で構成されています。ですからグループで共通の文化、共通のアンビション（志）を打ち出すことが非常に重要になってきます。

そのアクサの共通のアンビションとは、「グローバルブランドのもとで、共通のバリューとコミットメントを共有し、コアビジネスであるフィナンシャル・プロテクションのグローバルスタンダードを確立する」ことです。

このフィナンシャル・プロテクションとは、お客様の人生すべてを通し、様々なライフステージでリスクマネジメントとフィナンシャル・プランニングに関するアドバイスを提供していくことです。私のライフプランにたとえて言えば、若い時にはバイク、次に自動車、さらに住宅、家財への備え、病気やケガ、万一の死亡への備え、最終的には資産活用に対するアドバイスというように、息の長い関係を築いていくわけです。しかし、すべての国で、同じ事業を展開しているのではなく、国によって文化や社会保障制度が異なりますので、特化している事業も異なります。このフィナンシャル・プロテクションのビジネスモデルはアクサグループ全体の共通モデルとして確立、他社にないユニークなものだと思います。

同時に、アクサという一つのグローバルブランドのもとにビジネスを展開。お客様一人ひとりのニーズに合ったソリューションとサービスを提供しています。その結果、お客様は安心して、自信を持って人生を歩んでいくことが可能となります。

もう一つアクサにとって重要な考え方は、アクサバリューです。これは、従業員の指針となり、その行動や決定を導くものです。またステークホルダーや地域社会のために、いかに行動すべきかをも表現しています。具体的には、プロ意識、革新性、現実的な考察力、チームスピリット、誠実の五つです。これらの行動は、業績評価などの人事プロセスに明確に反映されています。

アクサの社長はブランドやバリューのほかにもステークホルダーに対するコミットメントという考え方を共有しています。ステークホルダーに対してのコミットメントは、事業を展開する各地域社会で、持続可能な発展・開発に貢献するという意志を形にしたものです。例えば、従業員に対するコミットメントは、従業員が尊重されるような職場環境として、平等な機会の提供、多様性の尊重、誠実なビジネスの実践、職場におけるハラスメント行為の排除などです。

さらに、権限委譲と人材育成を重視した経営スタイルを採っています。具体的には、従業員に優先課題に関する質の高い情報を提供し、明確な個人目標の設定ができるようにする。プロとしての能力向上に必要なサポートを提供し、業績に応じた報酬と報償制度を整備しています。

4 優秀なマネージャー中心のマネジメントスタイル

会社のアンビションを実現していくためには、優秀なマネージャーが必要です。

アクサのマネージャーは、部下に指示を与えるだけでなく、部下の責任感を尊重します。マネージャーとしての役割は、明確な目標設定、業務のプロセスと分担、リーダーシップの発揮、業務のモニタリングと監督です。同時にチーム全体の利益に適った意思決定を行い、部下に対して明確な情報提供とコミュニケーションを図らなければなりません。さらに業績のレビューを的確に行い、スタッフのキャリア育成に貢献することもマネージャーの大切な役割です。また、マネージャーは、自分の組織を一つの小さな会社のように運営し、会社へのサポートも示さねばなりません。

さらにマネージャーには、各々の分野で革新性を発揮することが求められます。また、部下においては、自分の所属するグループや会社の目標に対するコミットメントと、目標を達成していく姿勢、会社に対する忠誠心を見せ、オープンかつ率直に業務に取り組むことが期待されます。さらにマネージャー同様に革新的な提案と実行、変化に対する柔軟性と適応力が必要となります。そしてマネージャーとチーム・メンバーが一丸となって、パフォーマンスの向上に貢献することが求められています。

このマネジメントスタイルの実現は成功への鍵であり、これまでアクサグループの基盤づくりは、このスタイルがあったからこそできたのだと思います。

最後に、アクサはフランスの数か所にワイナリーを持っています。これは、アクサの資産の一つです。中でもボルドーにあるシャトーは、社員のための研修用施設として使用され、世界中からマネージャーが集まり一週間以上の研修を受けています。アクサグループの役員が講師を務めます。一五年前、私が講師をした時に日本からの参加者が五名いましたが、日本へ赴任した際に皆に再会しました。

このように、研修制度を積極的に活用して、異なる文化背景、ビジネス経験、企業経験を持つ人たちが一堂に会して、一緒に勉強するだけでなく、楽しい時間を過ごすことを奨励しています。これもアクサの企業文化の基盤づくりに貢献していると思いますし、成功の鍵につながっていると信じています。

（二〇〇三年一二月一八日）

第10章

どんなコーポレート・ガバナンスにも落とし穴、熟慮が必要

教訓、潮流、ならびに直面する課題に焦点を当てて

ダーリル・ケーン

米国セント・トーマス大学教授・2002年度米国経営倫理学会会長

1 米国は企業改革としてサーベインズ・オクスリー法を施行

コーポレート・ガバナンスの定義は多様です。私自身は、「コーポレート・ガバナンスとは企業経営における健全なる発展を最大化すること、同時に企業に関わるすべてのステークホルダーの利益に適うことを主眼においた原則重視のガバナンスの有り様である」と申し上げたく思います。あらゆる企業は社会を構成する一員であり、そうした脈絡からコーポレート・ガバナンスを最も広義に定義付けしますと、企業と社会が関わり合うすべての要素を考慮することも大切であろうかと思います。

米国型と日本型のコーポレート・ガバナンスを対比するとすれば、米国のそれはチェック・アンド・バランス型の、より当事者意識をベースとした対立型であり、日本のそれはコンセンサス重視型と言えようかと思います。日本と米国を次のように対比することもできましょう。米国型アプローチは質疑応答を重視した対話型、日本のそれは念押し型です。また、日本においてコーポレート・ガバナンスに関心が深まった背景には、企業業績の悪化があり、そのことが新しい問題解決を探る日本における抜本的なアプローチと理解しています。

米国におきましても、コーポレート・ガバナンスは今やキーワードの一つです。なぜコーポレート・ガバナンスがこれほどまでに重要視されるのかを自問しますと、多くの理由があるわけですが、米国的脈絡で捉えてみた場合、最も重要な理由の一つに、経営者は企業の取締役会をコントロールすることはできるとしても、市場の外部要素をコントロールすることはできないという現実です。また、米国におきましては「行け行けどんどん」の放任経営がバブル経済を生み、多くの投資家が損失を蒙ったこと、そして当然のことながら、その結果投資家は懐疑的となり、より一層の説明責任と透明性を要求するようになったことも挙げられます。

米国では相次ぐ企業不祥事もあって、二〇〇二年に企業改革としてサーベインズ・オクスリー法（SOX：Sarbanes-Oxley）を施行しました。改革の主たる内容は、次の四点です。①内部統制と財務報告書の質の重視。②監査委員会委員は独立性を有し、財務に精通している人を数人必要とする。③ホワイトカラーの不正行為を刑罰化する。④内部告発者の保護。こうした法律は、少なくとも理論的には非常に重要です。

また最近、企業は取締役会議長とCEOの任務を分離、取締役数も減少傾向にあります。監査や財務など会計専門家のアプローチも変化しています。例えばかつて監査役は、ある特定の財務比率だけをチェックしていましたが、今は特定の取引に関しても精査しています。一方、米国証券取引委員会（SEC）は、企業の取締役が選任された経緯を公表するルールの設定を検討しています。指名委員会も、独立した委員から構成されるべきだと言っています。機関投資家からも、よいコーポレート・ガバナンスに関する要求が出ています。ある調査によると、機関投資家は、よいコーポレート・ガバナンスの実施会社であれば、一六％くらい高い株価を払ってもその会社の株を買うと言っています。

2　米国のコーポレート・ガバナンスの実態

取締役会議長とCEOの任務分離の傾向と話しましたが、実は同じ人物がその両任務に就いている場合が多いのです。また、いまだに取締役がお互いの会社の取締役を兼任して、もたれ合いが見られます。しかし、SOX法では、この問題に何ら対応していないというのが実態です。

いま一つの現実は、米国では取締役はあまりコーポレート・ガバナンスについての研修を受けていません。以前、私は企業トップ向けの講座を考え、ヒューストンの上位五〇社に電話をしました。ところが、「完璧に能力のある取締役ばかりなので、研修の必要なし」という返答でした。そのわずか二年後、エンロンの刑事事件が起きたのです。それに、取締役会を社外の極めて贅沢な場所で開くという問題もあります。エンロンは、たった四五分で二つの大型企業買収をそこで検討したそうです。しかも、その取締役の多くは、多数の会社の取締役を務めているので、取締役会のための十分な準備時間もないというのが現実です。多くの取締役は従業員や管理職の人たちに直接接していません。さらには、取締役会での多様性が、不正行為の可能性を低くするという結果が出ているにもかかわらず、その対応は見られません。

また、米国では取締役の独立性に関する規則は、血縁者も取引先の代表も取締役に置いてはならないとしています。ところが、大学のクラス・メートを取締役に選任したり、財務の基本を知らない人が取締役になっているのが実態です。多くの企業ではコーポレート・ガバナンス委員会も置かず、報酬委員会は設けてはいるが効果的でない。ニューヨーク証券取引所グラッソー会長の報酬は一億四、〇〇〇万ドルということです。

米国では、取締役の任命は指名委員会を通さなければなりませんが、往々にして指名委員会は、CEOが指名する人物を通してしまう。株主はというと、財務の知識を持っている人が少なく、株主たちの話し合いは法律で禁止しているので、あまり抑止力になっていません。それから、米国の取締役は巨額の報酬を得ています。エンロンでは、平均で年間約三〇万ドル、しかも税務関係の事業部があり運営をして利益を得ていた事実がわかりました。片や規制当局も、良きガバナンスを実践しているわけではありません。

3　あまり有効とは言えない米国におけるSOX法

企業改革の理念は説明責任と透明性、そして経営責任が必要です。しかし、多くの人たちは、SOX法さえ通過させれば変化があると言っています。しかし、SOX法の下では監査委員会の委員たる能力を有している人物を探すのは大変難しい。それに説明責任や透明性を発揮しているのかも疑問です。米国の場合、製造会社やサービス関係の企業が金融会社化してゆく傾向があります。石油会社だったエンロンも、実態は商社のようでした。また、SOX法で粉飾決算の罰則が厳格化されたにもかかわらず、不正はなくなりません。しかるにこの法は、期待されたほど強力な法律ではないと、私は思っています。もう一つの現実、SECは、SOX法の下での訴追に関して、非常に限定されていることです。国際会計事務所アーサーアンダーセンの例では、政府側は、エンロンとの共犯罪での訴訟を望んでいました。ところが検察側はアーサーアンダーセンが書類破棄で証拠隠滅の事実を認めたために、より軽い公務執行妨害という罪での訴訟*でした。

＊アンダーセンはエンロンの粉飾決算を黙認したとして株主から訴えられた。

こうした意味で、コーポレート・ガバナンスの原則を超えた、人間の本質的な心理を常に見なくてはならないと思います。人間が恐怖心から行動を起こす場合、人は最も差し迫った恐怖に対して反応します。そして人が恐怖心をもつ最大のポイントの一つは、自己アイデンティティーの喪失です。例えばエンロンの場合、エンロンの従業員であることが自己アイデンティティーであり、エンロンの中で昇格してゆくことが最大の願望でした。エンロンの従業員は、投獄をされてしまう恐怖より、社内での自分のステータスが失われることが、一番恐ろしかったようです。

4　米国の企業改革から得た教訓

そうした視点から米国におけるコーポレート・ガバナンス改革の教訓を考察してみたいと思います。例えば

ＳＯＸ法の下では投資家を欺き、有罪となった経営者は報酬を受け取る権利を失います。しかし米国の多くの経営者は報酬額で自己評価していることから、報酬の定義を再定義し、この規則を迂回しようとする動きをするわけです。

こうしたことを考えると、倫理にもとる不祥事にはサイクルがあるような気がします。というのも、企業はバブル時代にどんどん収益を上げるための活動をして、法に触れて起訴される。それで信用を失い今度は損失を出し、コスト削減のためにレイオフをする。ところが、こうした教訓を生かせるはずの従業員がもう会社にいないという現実があるからです。

〇三年八月にシアトルで米国経営倫理学会年次研究発表会がありました。出席者の一人が、マイクロソフト社に、「社内で取締役の自己評価を実施しているのか」との質問をしました。自己評価は、コーポレート・ガバナンスの原則の一つともなっているものですが、答えは「ＮＯ」でした。なぜかわかりますか？　自己評価をすれば、記録が残り、訴訟の相手方として巻き込まれる場合があるからです。このように、コーポレート・ガバナンスを語る際には、特定の社会的な脈絡の中で、いろいろな考え方が現実化されていくということです。いま一つ重要な教訓は、コーポレート・ガバナンスにおける動機付けについてです。例えば米国の場合、ご存知の通り、経営者の報酬は平均的労働者に較べ、何倍も支払われています。もしも本当に多額の報酬を支払う場合、そうしたことで動機付けされる経営者はお金にのみ関心があるか、あるいは自己評価を報酬で測りたいとする経営者を動機付けすることになります。この点の留意が大切であろうかと思います。

規制には限られた効果しかありません。投資家にとって、経営者の倫理が大変重要になってきます。また、市場の規律も参考になると言われています。例えば、ニッセイアセットマネジメント（株）の方は、透明性を欠いている企業は、二〇％程度安く株が取引されていると言っておられますが、問題は、投資家が企業の透明性を本当に判断できるかということです。米国の実業界では最も尊敬されている投資会社バークシャー・ハサウェイのウォーレン・バフェットＣＥＯは、多くのコーポレート・ガバナンスの指針に従っていません。

コーポレート・ガバナンスを検討する際には、取締役会の構成だけでなく、優れた後継者を育てるプロセスがなくてはいけません。また、一連の米国での不祥事から感じるのは、自由な市場でも多くのルールは必要だということです。

5　日本にとってのコーポレート・ガバナンス

米国の教訓から、日本でのコーポレート・ガバナンスは、プロセスにこだわり過ぎないでいただきたいということ。最終的には経営者の意思決定の質が重要です。報酬について日本は、米国と違い相対的に非常にフラットな給与体系です。これは、いいことかもしれません。私の理解では、日本のトップたちは、自己アイデンティティーを報酬額で決定付けていないように思います。

それから、日本は優秀な製品をつくることで世界的に有名です。金融サービスなどと違い、消費者は優れた製品の判別ができるからです。後継者については、先ほど指摘しました。

最後に、米国はとかく米国型コーポレート・ガバナンスこそ完成されたものだと主張しがちですが、どんなコーポレート・ガバナンスにも意図しない結果を伴い、また落とし穴があります。皆様がコーポレート・ガバナンス改革を検討される場合、この点をぜひ留意していただきたいと思います。

（二〇〇三年一一月二七日）

第11章

改正商法とコーポレート・ガバナンス

永井和之

中央大学 大学院法務研究科・法学部教授

1　はじめに――ガバナンスの沿革

今日は「改正商法とコーポレート・ガバナンス」ということが、演題になっています。ここでまず注意しておきたいのは、商法の近時の改正は、必ずしもコーポレート・ガバナンスだけのためになされているわけではないということを、ご理解いただきたい。

たまたま今日のテーマが、コーポレート・ガバナンスのシリーズだということですので、実際商法改正の中心テーマは、企業がいかに利潤追求しやすくなるかということです。それが本来の商法の目的です。企業が利潤追求しやすいようなシステムを提供していく際に、企業不祥事などはマイナスの作用を営むことから、いかに企業不祥事を防ぐかということで、コーポレート・ガバナンスが問題とされるわけです。

そのような企業の利潤追求活動を保証するということで、企業の組織自体における企業組織編成自体の自由をも本来は保証することが必要です。しかし、企業の組織に関しては、従来から、出資者の利益、企業に対する債権者の利益、そしてたまには取引の相手方の利益という、いわゆる利害関係者の保護のために、または、企業のあり方に関する社会一般からの要望によって、企業組織に関する法である会社法は、商法の中でも強行法規とされてきました。

このように社会の中における個人とは異なる特性を持った企業については、その企業倫理も個人とは異なるものが要求されます。企業の行動規範としての企業倫理、そして企業の社会的責任などです。株式会社が株主のものであるとしても、株主は会社を自由に使用・収益・処分していいとは、現在では誰も認めないでしょう。例えば、労働者の権利が法的に承認されていますが、それ以外にもいわゆるステークホルダーの利益を何らかの意味で考慮することが会社経営には求められていると思います。このような視点による経営監督も、広い意味ではコーポレート・ガバナンスです。

また、このような会社法は、時代ごとに企業に対する社会からの要求に直面してきたと思います。例えば、①戦前の「企業自体の思想」、②戦後の民主化の中における労働者の経営参加の問題、③高度成長期における公害問題からオイルショックまでの間において主張された企業の社会的責任論、そして、④バブル経済が破綻した結果において露見した企業不祥事と、それに対するコーポレート・ガバナンス論です。これらにおける社会の企業に対する要望も、コーポレート・ガバナンスの一環となると思います。

2　社会的ガバナンスと法的ガバナンス

現在のコーポレート・ガバナンスには、このように社会的なコーポレート・ガバナンスと、ハードな法によるコーポレート・ガバナンスとがあると思います。前者には、以上のほかに、現在では、直接金融ということから市場の論理によるガバナンス、企業の社会的責任投資、機関投資家の投資基準や議決権行使マニュアルといったものや、労働市場の流動化といった社会現象でさえも、ガバナンスに働く要素といってもよいかと思います。

その中で、法的なコーポレート・ガバナンスといった時、とりわけ会社法におけるコーポレート・ガバナンスといった時には、基本的に企業経営者を、とりわけ企業経営者のトップを中心とする経営のあり方をいかに規制するかということが問題となっています。わが国において、企業経営者のトップが会社を支配し得るようになっている現実には、会社組織のあり方に多分原因があります。そこで商法はこの経営者支配という現象に、いろいろと対処してきました。それが昭和二五年の商法改正、昭和四九年の商法改正、昭和五六年の商法改正、平成二年の商法改正、平成五年の商法改正、といった商法改正の大きな流れの一つでもあります。そして、近時の商法改正でいえば、それがコーポレート・ガバナンスということによる商法改正ということだと思います。

しかも、このような経営者支配ということは、日本だけの問題ではないということで、世界のほかの国では、どのようにこの問題に対処しているのかということが参考にされました。とりわけアメリカ型のコーポレート・ガバナンスが参考にされたというのが、近時の商法改正だと思います。

また、今、商法はどのような問題に直面しているかといえば、すべての企業が何らかの意味で国際化しているともいえる状況の中で、また、国際的な競争の中で企業活動をしている企業のために、商法・会社法自体が国際的な基準となることが求められています。その中でも、企業の資金調達の迅速性と多様性、企業再編手段の迅速性と多様性、企業買収の迅速性と多様性、それに対する防衛手段の多様性などが問題となっています。

現在では、商法改正には、平成五年の株主代表訴訟の改正に始まる、コーポレート・ガバナンス強化という流れと、もう一つ、平成九年の独禁法九条の改正によって純粋持株会社が解禁されたことなどを背景に、企業の再編や企業買収などの多様化や、資金調達の多様化を図る、二つの流れがあるといえるでしょう。このような流れの中で潜在的に進められているのが、会社法の柔構造化という問題であると思います。すなわち、会社法に関して、規制を少なくし（規制していた規定の削除）、定款自治を拡大し、会社法の提供している選択肢も拡大してきています。いわば、会社法の任意法規化が拡大しています。このような現象を受けて、会社法が柔構造化しているともいわれています。

3　多様な機関設計

本日のテーマの「コーポレート・ガバナンスと商法改正」といったことに関しても、この柔構造化が表れており、いわゆる大会社等で委員会等設置会社と、いわば従来型の監査役を設置した会社が、選択できるようになっています。しかもそれぞれの形態にも、多様な形態が実際は採用され得るのです。実際に考えられる形態の類型的な姿ということになりますと、次のような四類型が考えられるでしょう。

1　従来型

取締役の員数が多く、社外取締役や執行役員制度などを採用していない、従来の典型的な日本の大企業です。ここでは監督機関でもある取締役会の構成員たる取締役が、監督される代表取締役を頂点とする業務執行体制に組み込まれています。そこで取締役会の監督機能が十分に機能していないというコーポレート・ガバナンス上の問題点が指摘されていました。そこで、平成一四年の改正によって、これらの大会社（資本の額が五億円以上または負債の合計額が二〇〇億円以上）である株式会社には、三名以上の監査役のうち、半数が社外監査役（就任前にその大会社またはその子会社の取締役・執行役、または支配人その他の使用人となったことがない者でなければならない――平成一七年五月施行）であるなどの改正がなされています。また、大会社で、取締役の数が一〇名以上で、そのうち一名が社外取締役である会社では、取締役会の決議で重要財産委員会（商法二六〇条二項で取締役会の決議事項の決定を委任される三名以上の取締役から構成される委員会）を設けることができるとされています。

2　従来型の修正型

社外取締役や執行役員制度を採用して、全体にも取締役の員数が一〇数名と従来より少ない会社です。社外取締役を入れることにより、その企業の社風や習慣に対して、社会の新しい息吹が与えられることが期待されています。執行役員制度採用により、一方では、少数の取締役会を可能にして経営の意思決定の迅速性と実質化を確保し、他方では、監督機関の構成員である取締役と業務執行をする者を執行役員として分離することにより、監督の実効性が確保されることが考えられています。

以上のような従来型に対して、新たに委員会等設置会社が認められています。しかし、このような委員会等設置会社でも、典型的には次のような二つの形態が考えられます。

3　委員会等設置会社（日本型）

委員会等設置会社でも社外取締役の員数が少ない会社です。そして、取締役の多くが執行役を兼ねている会社です（商法特例法二一条の一三第五項）。このように取締役と執行役を兼ねている者が多い会社では、監督機関である取締役会が、執行役の業務執行や意思決定を監督するとしても、それは従来型の会社に対して問題提起されていた監督機関と、監督される者が同一であるという問題を解決していないことになります。

ただし、このような会社でも、監査委員会などの委員会によって、従来型よりは、執行役ではない者による監督ということが図られているともいえます。すなわち、監査委員会の監査委員は、その会社または子会社の業務執行取締役や執行役・支配人その他の使用人との兼職を禁止され（商法特例法二一条の八第七項）、また、過半数は社外取締役であることが要求されているということです（商法特例法二一条の八第四項）。

しかし、この点は監査役でも同様といえるでしょう。

監査役の場合には、取締役からの独立性が問題とされていますが、監査委員の場合には、執行役との癒着を防止することが大事であると思います。それがエンロン事件や、ワールドコム事件の教訓だといえます。

社外取締役が取締役の過半数を占める会社です。このようなアメリカ標準型というのは、判例法理である経営判断の原則によって導かれ、さらに最近では、企業改革法や証券取引所の上場規則などによって整備されてきています。

4　委員会等設置会社（アメリカ標準型）

ここでいう経営判断の原則との関係とは、次のようなことを意味しています。すなわち、取締役が株主代表訴訟を提起された場合に、少しでも早くその訴訟から開放されるためには、経営判断の問題であるということによって訴えを却下してもらう必要がある。そのために、裁判所が会社の経営判断であるという意見を尊重して、実体判断に入らずに、訴訟を却下するというものです。経営の専門家ではない裁判官が自己抑制するという面もあると考えます。しかし、そのような尊重を受けるためには、経営判断であるという意見を出した取締役会が、独立取締役が過半数を占め、かつ、そのような独立取締役によって構成されている訴訟委員会によってなされた判断であることが求められています。そこで、実際問題として、株主代表訴訟ということに対応する体制としては、独立取締役を過半数とする取締役会を設置しておくことが必要となります。ここにアメリカ型の体制が確立され、最近の不祥事から、さらに証券取引法などで法律上の規定として、独立取締役が要求されるようになっています。このような経営判断の原則の発達で整備されてきたアメリカ型の組織形態を、ここではアメリカ標準型とさせてもらいました。

このようなアメリカ標準型は、わが国の委員会等設置会社でも、とり得る形態です。というのも、委員会等設置会社で、取締役と執行役を分離し、アメリカ標準型のように、ＣＥＯやＣＦＯなどの二名から三名程度が取締役を兼ねるだけで、後の執行役は取締役を兼ねないとすれば、アメリカ標準型となります。このような会社では、取締役会の監督に際して、監督される執行役との分離が明確であり、その実効性がより一層確保されているといえるでしょう。

以上のように、平成一四年の商法改正は、取締役会の改革といってもよいのですが、その中心点は、取締役会と執行役の分離にあるのではないでしょうか。その意味では、従来の代表取締役を頂点として構成される業務執行体制と、新たに設けられた委員会等設置会社の執行役制度では、どこまで異なるのかということも、会社組織を選択する重要な要素であると思います。

5 代表取締役制度

従来の業務執行および代表行為が代表取締役によって行われる会社ですが、このうち業務執行に関しては、実際は多くの会社で、いわゆる業務担当取締役や使用人兼務の取締役などが代表取締役の下に組織されています。よって、取締役会の構成員としての取締役という地位と、業務執行をする取締役の地位がほとんど一体です。その結果、取締役会の構成員はほとんど業務執行を担い、取締役会が業務執行を監督するということが形骸化ないし空洞化することとなっているといわれています。最近では、このような会社でも、前述したように取締役ではないが業務執行を行う執行役員を置いている会社が多くなりつつあります。この執行役員制度を採用している会社における執行役員は、法的には使用人であり、その意味では、委員会等設置会社の執行役が特別な責任などを法律上規定されている点において異なります。

6 執行役制度

委員会等設置会社では、業務執行を行う機関として執行役が置かれ、その中に代表権限を有する代表執行役が定められています。すなわち、取締役会の構成員としての取締役という地位と、業務執行を行う機関である執行役という地位を分離しています（商法特例法二一条の五第一項四号で執行役の設置が委員会等設置会社において義務づけられた）。執行役の選任・解任は取締役会の決議で行われ（二一条の七第四項、二一条の一三第六項）、執行役の職務の分掌および指揮命令関係などは、取締役会によって決定されます（二一条の七第一項三号）。この執行役の資格についても、所有と経営の分離が規定されています（二一条の一三第四項・商法二五四条二項参照）。執行役の任期が就任後一年以内の最終決算に関する定時総会集結までとされるほかは（二一条の一三第三項）、執行役の職務（業務の執行（二一条の一二第二号）、重要事項として法が除いている事項以外の取締役会によって委任されている事項の決定（二一条の七第三項））を行うなど、その執行役の義務（①職務の報告義務…対取締役会（二一条の一四第一項）、②説明義務…対取締役会（二一条の一四第二項）、③報告義務…対監査委員会（二一条の一四第五項）、④説明義務…対株主総会（二一条の一四第七項三号）、⑤計算書類等の作成・提出義務（取締役会の指定した執行役が作成して、取締役会の承認）（二一条の二六）、⑥計算書類等を監査委員会・会計監査人に提出（取締役会の指定した執行役）（二一条の二七））などのほか、執行役の責任（①対会社…損害賠償責任（二一条の一七）、②対会社…違法配当・各号の定める額の損害賠償責任（二一条の一八）、③対会社…利益供与（二一条の二〇）、④対会社…利益相反取引（二一条の二一）、⑤対第三者（二一条の二二）、取締役との連帯責任（二一条の二三）、現物出資の価格填補責任（二一条の二四））など、ほとんど代表取締役や取締役と同様です。ただ、従来の業務執行担当取締役や代表取締役等に関することを、執行役について明文をもって規定したといえるでしょう。

さて、委員会等設置会社のメリット、デメリットとしてどのようなことがあげられているかといいますと、まずメリットとしては、次のようなことが指摘されています。

①取締役会の人数を絞って意思決定の迅速性を確保しようにも、従来の監査役存置会社では、業務執行の意思決定が取締役会にあるということから限界がありました。それに対して委員会等設置会社では、意思決定に関しても執行役に法律上委任できる範囲が明記され、業務執行の意思決定が大幅に執行役に委ねられています。その結果、業務執行の意思決定が迅速になり、他方では、取締役会による監督機能の側面がそれだけ確保され

るようになります。
②執行役員の法的な地位が曖昧であったのに対して、執行役の法的な地位が明記されています。そこで会社組織としても明確になり、運営がしやすくなりますし、他方では執行役自体も、そのなすべき職務を自覚して励みやすくなります。
③取締役会に提案する案件で、取締役候補や報酬原案など従来社長の一存で決められていた感があった案件も、委員会等設置会社では、指名委員会や報酬委員会といった社外取締役をも含んだ委員会で決定されるので、透明性が高まります。その結果、役員の中における業績評価の透明性が、各役員の励みにもつながり、業績向上につながることが期待できます。
それに対して、デメリットとしては、次のようなことが指摘されています。
①委員会等設置会社では、取締役の任期が一年とされることから（監査役存置会社では二年―商法二五六条一項、委員会等設置会社では一年―商法特例法二一条の六第一項）、業績評価が短期評価になるのではないかという批判があります。そこで指名委員会では運用基準を整備して、業績評価の仕組を明確に合理的な根拠あるものとすることが必要となります。
②委員会等設置会社における監査委員会では監査機能が落ちるのではないかという批判があります。その点は、組織として経営監査部などの監査業務を行う組織を整備するほか、各業務執行体制においてもコンプライアンスを確保するシステム設計が必要です。これは監査役存置会社における監査役の下におけるコーポレート・ガバナンスを確保するシステムと同じです。
③委員会等設置会社においては社外取締役が業務知識に乏しいのではないかという問題です。この点は、もともと社外取締役になる者に理解力がなければなりませんが、それがあれば、後は、会社の業務情報を適宜社

外取締役に提供するようなシステムを構築することによって解決される問題です。もちろん、その業務情報の信頼性の高さを確保することも大事ですが。コーポレート・ガバナンスの視点による監査システムの構築にかかる問題であると思います。取締役会または委員会における取締役および執行役に対する報告・説明請求（商法特例法二一条の九第一項、三項）や、監査委員会による調査（商法特例法二一条の一〇）などの実際の活用にかかっています。

監査役存置会社でも、委員会等設置会社でも、これらは制度であり、その制度に魂を入れるのは、その担い手である取締役であり、執行役の姿勢であると思います。そういった意味では、最高責任者である社長の姿勢が問われるところであるということは、どちらの制度でも同じです。そして、その具体的な制度内容および運用には、それぞれの会社における判断による独自性が認められることになると思います。具体的には、委員会等設置会社でも、その内容は異なり得ると思います。その意味では、会社が株主のものであるというアメリカ型のコーポレート・ガバナンスを指向していくか、企業の社会的責任として株主のほかに、従業員、債権者、顧客、そして地域住民など社会の構成員としてのステークホルダー（利害関係者）を踏まえたコーポレート・ガバナンスを指向していくか、それぞれの会社における経営判断が問われることとなります。

株主も単なる会社の所有者であるということだけでは済まされない時代でもあります。その意味では、株主権の行使にも社会的な責任が問われるべきです。

4　多様な資金調達・企業再編

以上のようなコーポレート・ガバナンスという商法改正の流れに対して、もう一つが、独禁法九条の改正によって純粋持株会社が解禁されたことなどを背景に、企業の再編や企業買収などの多様化や、資金調達の多様化を図るなどの流れです。このような流れの中で潜在的に進められているのが会社法の柔構造化という問題であったことは、すでにお話ししたところです。

今回は、純粋持株会社の解禁に始まる商法改正は直接のテーマではありませんので、平成九年の独禁法九条の改正によって、純粋持株会社が解禁されて以降、複数の事業会社が純粋持株会社を利用して統合するという時に容易にできるように、株式移転や株式交換が新設され、平成一二年商法改正によって会社分割制度が導入されたということに止めておきます。

また、株式会社の株式による資金調達についても、その資金調達の多様性を拡大し、迅速性を確保するという商法改正が行われています。

例えば、平成一三年一一月商法改正は、株式譲渡制限会社に限って、①会社設立時において、定款所定の授権株式数のうち少なくとも四分の一は発行することを強制するという制限を撤廃しました（一六六条四項但書）。また、②定款変更により拡大し得る授権株式数の上限として発行済株式総数の四倍という制限をも廃止しました（三四七条但書）。これは株式譲渡制限会社においては、株主の新株引受権が法定されていることから（二八〇条の五の二第一項本文）、新株発行は原則として株主割当の方式によることとなり、株主の持株比率が原則として維持されるようになっています。そこで、授権株式数に一定の枠をはめることまでは必要がないと考えたものです。株式譲渡制限会社においては、さらに、株主割当以外の方法により新株発行を行う場合に、取締役会が決議をもって新株の割当先ならびに、その者に対して割り当てられる株式の種類および数を決定しなければならなくなっています（二八〇条の二第一項九号）。新株発行における取締役会の経営責任を明確にする趣旨です。

また、平成一三年商法改正は、新株発行の総額引受について、株式申込証の作成義務を免除しました（二八〇条の六第二項）。株式申込証に記載を要求されていた事項等が契約書等の中で明示されていることを条件に、株式申込証の作成を不要としました。新株の総額引受がなされる場合には、情報開示を法により強制する必要はないということです。新株予約権の場合にも同様の規定が設けられています（二八〇条の二八第五項）。また改正法によって新設された新株予約権についても、その有利発行規制は新株発行の場合と同様です（二八〇条の二一第二項）。

このように改正法は、決議の有効期間を六カ月から一年に延長するとともに、一年の有効期間中であれば有利発行を何回も行うことができるとしました。いずれも会社側の資金調達の便宜を考慮したものです。平成一三年六月商法改正では、商法二八〇条の二第一項二号が要求する発行価額は、市場の価格ある株式を公正なる価額で発行する場合には、その決定方法を定めておけばよいとしました（二八〇条の二第五項）。発行価額の公告・通知においても、その決定方法を示すだけでよいものとしました（二八〇条の三の二）。実務において公正な発行価額の決定方法と認められている方法による場合には、具体的な発行価額の決定・公告は必要ないとして、柔軟な発行を可能とし、取締役会の発行決議を一度で済ませるので発行に要する期間が短縮できます。

それに対して、株式発行の多様性を確保するための商法上の手段としては、次のように株式発行の多様性を図る制度と、株式の多様性を図る制度があります。この中でも商法は、多様性に関しては、①株式の多様性を認めるということで、数種の株式（二二二条）、償還株式（二二二条）、転換予約権付株式（二二二条の二）、強制転換条項付株式（二二二条の八）、議決権制限株式（二二二条四項・五項・六項）などを認め、②発行方法の多様性ということで、第三者割当や新株予約権の活用を認めています。そして、この種類株式の多様性が拡大されています。平成一三年度および平成一四年度の改正において、種類株式制度について改正をして、利益配当等において内容の異なる株式について定款で「配当スベキ額ニ付其ノ上限額」を定め、取締役会において具体的な優先配当額を定める優先株のほか、改正法は、利益の内容に関し、異なる種類の株式について「其ノ他ノ算定ノ基準ノ要綱」を定款に定めれば認めることとしました（二二二条三項）。この改正によって、その配当額が特定の事業部門の業績に運動するトラッキング・ストックや、その他、配当額につき配当可能利益に占める上限率で定める株式や、普通株式の配当の何倍かの配当がなされる優先株というようなものの発行も可能となりました。

平成一三年改正は、「議決権ヲ行使スルコトヲ得ベキ事項」についても内容の異なる株式を発行することができるものとしました（二二二条一項）。これにより無議決権普通株の発行、さらには決議事項の一部についてのみ議決権を有し、他については有しないという株式の発行も可能となりました。このような議決権制限株式の議決権が復活するかどうかは、会社が定款で自由に定めることができるようになったのです。

この議決権制限株式（二二二条四項）には、まったく議決権のない株式も、議決権を行使できる事項について内容の異なる株式もあります。これらの株式は、従来の無議決権優先株と同様に、株式の譲渡制限の定めをする場合（三四八条二項）、有限会社への組織変更（有六四条三項）においては議決権を有するものとされています。また、設立時の創立総会（一八〇条三項）においても議決権を有するものと解されています。しかし、特定事項について複数の議決権を有するというような複数議決権株式は認められないと解されています。

従来の無議決権株については、発行済株式総数の三分の一までという発行枠の上限がありましたが、議決権制限株式の発行枠については、発行枠を発行済株式総数の二分の一までに広げられました（二二二条五項）。

なお、議決権制限株式における各種少数株主権・異議申立権の判定基準については、議決権制限株式もこれらの基礎となる議決権数に含むこととしました。しかし、定款で各種少数株主権・各種異議の全部または一部との関係で、これを基礎数に含めないこともできます（二二二条四項）。親子会社の判定基準との関係では、まったく議決権を有しない議決権制限株式は、これを判定の基準となる議決権数に含まないものとしています（二一一条の二第四項）。一部の事項についてのみ議決権を有する議決権制限株式は判定の基準となる議決権数に含まれます。

また、資産運用に関しても、とりわけ余剰資金をいかに株主に還元するかということについての多様性も、利益配当だけではなくて自己株式の取得という形で還元することもあり得る話ですが、この自己株式の取得の方も、前の議員立法でありました定時総会方式というのが、毎年毎年定時総会で自己株式取得枠を決議しなくてはいけない、これは大変だという不満が経済界からありましたので、今年の改正で、いわば定款方式という形、定款で定めておいてあとは取締役会で行い得る方式を認めました。このように、毎年定時総会で行わないで済むような、多様な余剰資金の還元方法を認めてきています。しかも、迅速に、取締役会決議だけでできるようにするという方式です。このように商法改正の主たる目的の方では、いわば迅速性・多様性がさらに今後も続いていくでしょう。それは商法の現代化における改正要綱の中にも流れているわけです。

例えば、企業再編では三角合併も認めるべきではないか、と。いわば、合併において交付するものは何も株式だけではなく、いろいろなものを認める。そういう多様な合併を認めていく。それから会社の種類の多様性も、企業組織変更が無段変速的になるべくスムーズに、小規模な会社から大規模に移行するというようなことを、いかに確保できるかが問われていると思います。

このように商法改正の中心的な流れは、企業組織における多様性を確保し、迅速な経営活動を保証するということだと思われますが、いろいろな事情でコーポレート・ガバナンスということが、どうも脚光を浴び過ぎているのが現実です。私個人としましては、「ガバナンスが画期的だ」といわれるような時代は、あまり良い時代ではないと思います。

5　キーワードは「社外取締役」

さて、このコーポレート・ガバナンスについては世界的に問題となっているようで、関西のある大学で先日、コーポレート・ガバナンスに関する国際シンポジウムが開かれました。そこではアメリカ、ドイツ、オーストリア、イギリスなど、いろいろな国から来た学者たちが、自分のところのガバナンスはこうですという話をしていました。その話を聞いていて、どの国でもコーポレート・ガバナンスにおける共通したキーワードは社外――「アウトサイダー」であり、このキーワードでガバナンスが考えられていると思いました。けれども、なぜ各国はアウトサイダー、「社外」をキーワードにコーポレート・ガバナンスを図ろうとしているのか。これは国によって事情が違うのではないかということを感じました。このシンポジウムでは特にその点が明確には出されませんでしたけれども。

例えば、アメリカで社外取締役がキーワードになった背景は、日本での背景とは違うのではないか。その背景で一番大きいのは、ビジネスジャッジメントルールといわれています。経営判断の原則というものの発達ではないかと思います。アメリカ・モデルにおいて、取締役会の大多数を社外取締役が占めるようになったのは、それが一番の歴史的要因であろうと思います。

アメリカでは日本より先にバブルが破綻して、いろいろな株主訴訟が提起されています。このアメリカの株主訴訟には、日本の株主訴訟より非常に多様なものがあります。大きく分けると、日本の株主代表訴訟と同様の訴訟もその一つですが、もう一つはクラスアクションとしての株主訴訟があります。日本のように会社の損害を株主が会社を代表して訴える場合と、クラスアクション——個々の株主たちに生じた損害を集団で訴える場合と、アメリカでは二つあるわけです。そして前者の方の、会社の損害を株主が代表して訴えるという日本型の株主代表訴訟においても、アメリカの場合はもっと多様な形が認められています。日本の場合は、株主代表訴訟で訴えることができるのは当該会社の取締役だけですが、アメリカの場合は、自分が株主である会社に損害を与えた第三者にも株主代表訴訟で訴訟を提起できます。すなわち、自分が株主である会社に損害を与えた者には、取締役など役員以外の第三者である場合もありますね、子会社の取締役たちが親会社に損害を与えることだってあると。そういう場合、アメリカの株主代表訴訟では子会社の取締役にまで責任追及できます。そのように、非常に幅が広い。そこで、もし日本でもアメリカ型の株主代表訴訟が認められていたら、日本興業銀行事件のように、株式移転によって親会社化された場合における株主代表訴訟の却下だというような問題は起きないわけです。

この中で、取締役たち経営者を守るというか、株主訴訟に関わるエネルギーを少なくして会社経営に専念させるというのは、会社側の利益になります。訴訟に関わってばかりいたら、会社経営に専念できない。だから、いかに早く不当な訴訟から取締役を解放するかということが問題になってきます。そういう中で発達してきたのが、ビジネスジャッジメントルール——経営判断の原則といわれています。

どういうことかというと、裁判官は法律の専門家であっても経営の専門家ではないから、取締役たちが行った経営行為が経営判断上問題なのか否か、なかなか判断しにくい。そういった時に、その訴えられた取締役の帰属していた会社の経営者たちが、「いや、彼がやったことは経営判断上、問題ありませんよ」ということをいってくれれば、裁判官はその意見を尊重する。いわば、自分が専門家ではないから、専門家の意見を尊重するという形で、その株主訴訟を却下するというようなことが出てきました。

けれどもこの場合、訴えられた被告の仲間の取締役が、「あの人がやったことは問題ない」といったからといって、「はい、そうですか」と、簡単にはいかない。だから、裁判官がその意見を尊重するためには、どういう要件が必要かということが判例で形成されてきました。はっきりいえば、その取締役会の過半数が当該会社の執行役員ではない、いわば社外取締役であることが必要とされてきました。さらに、そういったことの意見をいう訴訟委員会のメンバーは、社外取締役に限定されないと駄目ですよというようになりました。さらに今では、単に「社外」だけでは駄目で、利害関係のないインディペンデント、独立の取締役でないといけないというように、要件がどんどん加重されてきています。すなわち、そういう判例法理の発達の中、訴訟社会の中で、各会社の経営者は、いつ自分たちが訴えられるかわからないわけです。そうすると、いつ訴えられても速やかに訴訟から開放されるようなシステムをつくっておかないといけない。これが危機管理です。そういうことからいえば、判例法理に従って、取締役会のメンバーの過半数を社外取締役にする必要が出てきます。さらに、その中に訴訟委員会をつくって独立取締役たちで構成する。このような流れで、社外取締役制度というのが、一般的なアメリカのモデルになっていったわけです。そういう歴史があると思います。

ところが日本の場合は、今回の委員会等設置会社等において、指名委員会、人事委員会、報酬委員会には、過半数が社外取締役であることとあります。しかし、「社外」ということを求めてきた背景はどこにあるのでしょうか。日本で社外取締役が導入されてきた背景には、会社の常識が社会の非常識になっているのではないかという問題提起がありました。会社の常識が社会の非常識では困るから、大所高所・社外の意見から、社会の目からその会社を見てもらいましょうというので、社外取締役を導入してきました。それでは、委員会等設置会社においては一体どういう意味で導入したかということに関しては、後ほど詳しく述べたいと思います。

では、従来の日本の会社の問題点である企業不祥事が発生する原因は、一体どこにあったのでしょうか。例えば最近でいうと、ある会社のオーナー会長が盗聴を命じていたことが明らかになっています。また、株主総会で株主への利益供与がなかなか止まらない。なぜ、社長を守るために、または社長の命令で、社員が違法行為まで行うのか、社長はどうしてそんなに優越的な地位にあるのだろうという疑問が生じます。

従来の監査役設置会社でも、ガバナンスの機構は法律上は整っていたと思います。けれども実際上は働いていないことも多い。例えば、株主総会は取締役を選任し、解任し、報酬を決定し、ボーナスを決定し、定時総会で計算書類を承認するという形で、監督するシステムがあるわけです。けれども、この株主総会はそういう監督システムを働かせてきたでしょうか。株式持合で働かない。企業グループ間で働かない。企業グループの社長会で仲間外れにならない限り、社長の地位は安泰だと。それで、実際の総会の議事進行は社員株主を動員して行う。総会を開く前に大株主の同意を取っていれば、もう実際の株主総会決議は整っているわけです。となれば、総会はセレモニーでやっているだけということになります。

また、取締役会は代表取締役の選任・解任権を持つという形で監督権を持っていますが、従来の会社では取締役のほとんどが代表取締役を頂点とする業務執行体制に組み込まれ、部下になってしまっています。取締役会が取締役の職務執行を監督すると言っても、その職務執行を行っているのは取締役会の構成員である自分たちです。これでは自分たちが自分たちを監督するということで、働かないということになります。

それから、取締役の報酬に関しても、商法上は株主総会で決定することになっていますが、株主総会で取締役会に一任されているのが一般的です。そして取締役会が、さらに代表取締役に一任しています。このような実務上の慣行は最高裁の判例で有効だとされています。とすると、この側面においても、監査役設置会社では、社長の地位が非常に優越して、商法が定めているガバナンス機構が働かない実務慣行が横行しています。

この優越した地位にある社長を監督するシステムとして、どのように改革をすべきでしょうか。株主総会を改革しますか。株主総会活性化のためには、すでにいろいろな手が商法上の規定としては行われてきました。けれども、非常に難しい。なぜならば、株主が全世界に分布している、日本全国に分布している時に、総会にわざわざ株主が来るには手間と費用がかかる。多分、普通株主は出席しないでしょう。すると、株主総会へ一般株主を出席させて株主総会を活性化させるには限界があるのではないでしょうか。

そうだとすると、会社のガバナンス機能を活性化させるためには、取締役会の改革しかないのではないでしょうか。取締役会において監督が働かなかったのは、取締役会のメンバーみんなが社長を頂点とする業務執行に組み込まれているからです。そこで組み込まれないようにすればいいのではないか。または、社長が報酬の決定権を持っているからいけない、社長が人事権を持っているからいけないというならば、そこを改革すれば、監督の実効性が出てくるのではないでしょうか。

というわけで、取締役会に報酬委員会、指名委員会、監査委員会というのを設けて執行役を取締役から分離していけば、しかもその指名委員会、報酬委員会、監査委員会のメンバーを、社長が実権を握らないように社外取締役を過半数にするとすれば機能するのではないかと考えたのが、委員会等設置会社です。社外取締役を入れたのは、代表執行役の部下ではない者を入れることによって、その取締役会および委員会等による監督の実効性を図ったものと理解できます。

このように、「社外」をキーワードにした改革といっても、その要因は日米の間で違うわけです。そこで、全世界的にコーポレート・ガバナンスが流行っていて、しかも全世界的にキーワードは「社外」になっているとしても、その要因は同じか否か、非常に興味があるところです。ただ、その「社外」という人たちが、どのぐらいの時間を当該会社に割いているのか。それについては様々な報告がありましたが、日本の社外取締役が一番多いようで、平均して年間二〇〇時間ぐらい割いているというのです。ところが他の国だと五〇時間から六〇時間という報告が一番多かった。何でだ、と。日本の場合、定例の取締役会と臨時取締役会を合わせると、普通年間二〇回ぐらい開かれます。月一回の定例のほかに、プラスの臨時を入れると二〇回ぐらい。年間二〇〇時間というと、一回一〇時間かと。取締役会の前に大体一回ぐらい会社のかたが来て、次の取締役会の議題と議案内容についてご理解をいただきたいということをいろいろ説明するらしいですね。何時間かそういうことを聞く日が、まず一日あります。それから、取締役会に行く前には、やはり自分でも一応もう一回読み直して頭に入れて行く。いろんなことを考え、ここでこういう発言をしようということは、ある程度やっていくでしょう。さらに、現実に実際開かれる取締役会での時間。結局、一回について三日使うわけです。三日のうちの何時間使うか。それらの全部を加算して、取締役会二〇回に割く時間が年間二〇〇時間ということです。

また、社外取締役が会社外の人であるとすると、それほどその会社の業務に精通した発言ができるとは思えません。場合によっては、その業界のことも知らない。まったく他業種からの人もいるわけですから。そうすると、そのような社外取締役のいわれることは、社会の常識、または、大所高所からの発言ということになりかねません。

さらに気になりましたのは、社外取締役さんが頼まれて行って、当該社外取締役である会社の経営を良くする、業績を上げるということに対するインセンティブは何かということです。

よく、社外取締役の機能を十分に発揮していただくには、報酬を多くしてはいけないといわれます。その報酬が自分にとって大事なものになると、いいたいこともいわなくなるのでは、ということです。そこで、この程度の報酬だったらいつクビになってもいいよということで、好きなことをいえるようにしておく必要があるというのです。このように、報酬の点でインセンティブを与えてはいけない、新株予約権も与えられないということになりますと、会社経営にインセンティブを与えるのは何なのかということになります。高名な経営者たちが社外取締役に頼まれて行きましたら、自分のプライドにかけてある程度いいことをいわなければ、とはなるでしょう。しかし、それ以上のインセンティブは何でしょうか。社外取締役に当該会社の経営向上について、一生懸命その会社のことを勉強してもらうインセンティブを与える手段がなければ、本当に大所高所の評論家で終わってしまう恐れがあります。

では、全世界的に社外取締役にインセンティブを与えるための手段はどう講じられているのか。興味のあるところです。社外取締役に与える利益を誤れば、エンロンやワールドコムの事例のように社外取締役が働かなくなるという問題が生じるかもしれません。それでは困ります。

以上のようにコーポレート・ガバナンスというと、全世界的に「社外」がキーワードになっているようですが、その実態は日本でも、社外取締役が一体どこまで監督できるのか、という問題がつきまといます。それが委員会等設置会社に対する、ある意味では何となくもやもやした批判というか、消極的な雰囲気を形成しています。

また、従来社外監査役であった人が、委員会等設置会社への移行に伴って監査委員会のメンバーになっていることがあります。監査委員会の役割は、ほとんど監査役と同じです。監査役の業務監査ということからいえば、監査役の業務監査（商法二七四条）とは何をするのでしょうか。それは、まずは調査をすることです。調査をしていろんな問題点を見つけたら、監督機関に報告するわけです。監督機関というのは株主総会と取締役会ですから、株主総会には商法二七五条で報告する。取締役会には商法二六〇条の三で報告する。監査役は監督機関ではないのです。選任・解任権を持っていないからです。自ら監督はできないので、選任・解任権を持っている株主総会だとか、取締役会に報告することによって監督機能を発揮してもらおう、と。いわば、監督機関の補助機関みたいなものです。ただ、そういう監督機関に報告している間に違法行為が行われてしまうような場合には、商法二七五条の二で差し止めをする。または、もう違法行為が行われて会社に損害が生じた場合には、会社を代表して損害賠償を請求することを認められています。調査をして報告し、差し止めるか損害賠償を請求する。これが監査です。こういった権限が、ほとんど監査委員会に認められているわけです。

この監査役システムと、監査委員会システム、どこが違うと思いますか？　そして、委員会等設置会社の方が監査・監督が働くのだというのは、どうしてですか？

監査役は、監督機関ではない。しかし、監査委員会は、取締役たちによって構成されています。監査委員としていろんな情報を集めて、問題のある執行役がいる場合には、監督機能を有した取締役会のメンバーとして、当該執行役を解任することも可能です。法律的にいうとこの点が、監査役の監査は適法性監査で、当、不当までは及ばない。ところが監査委員会は取締役会のメンバーですから、違法行為ではなくとも「あの執行役のやり方はまずいよ」とか「良くないよ」とか「利益を上げないよ」というような、当、不当でも解任できるわけです。いわば、違法性監査に限らないで解任できる監督機関のメンバーです。

この委員会等設置会社における監査委員会が働くでしょうか。社外監査役たちによって構成される監査委員会が働く場合は監査役より権限が強いので（妥当性にまで及ぶ）、従来の監査役より働くでしょう。しかし、社外取締役たちが社内から情報を得られなければ、伝家の宝刀を振えないということになります。情報があってこその監督権だと思います。監査役システムの場合には、とりわけ大会社の場合には、半数が社外監査役で、一人は常勤監査役です。そこで常勤監査役が中心になって情報収集します。ところが、委員会等設置会社の社外取締役の場合には、規定上は常勤監査委員とはなっていません。そうすると、社外取締役はどうやって情報を集めるのか。調査権限があるといっても、先ほどの、社外取締役に就任している当該会社に割いている時間を考えてください。自ら調査をする時間はないでしょう。それから、社外の監査委員が、当該会社のいろんな部署を覗いたり、会社経営が普段行われている委員会に顔を出す、ということはあまりないと思われます。社外取締役がいかに情報を集めるかが大きな問題になるでしょう。

そこで監査委員会の仕事には、社内のコンプライアンス体制を整えることや、ガバナンス体制を整備すること、そういうシステムをつくることが含まれてきます。社外取締役に対して、自分のところへ社内情報が入るシステムをつくりなさいというわけです。また、自分が監視の目を光らせるわけにはいかないということで、社内の業務執行体制の中にコンプライアンス体制を完備しなさいよということです。しかし、会社の業務執行体制、会社の組織に精通していない社外取締役が、その業務執行体制のどこにどのようにコンプライアンス体制を整備していくことができるのでしょうか。

6 社会的コーポレート・ガバナンス

この点でいうならば、コーポレート・ガバナンスといっても、会社法のシステムだけでコーポレート・ガバナンスを完備するものではありません。法的なガバナンスとしても、会社法だけではなく独禁法もあるし、証券取引法もある。いろんな法があります。刑法もあるかもしれません。贈賄などは刑法の問題ですし。

また、法律上のコーポレート・ガバナンス・システムではないものも、実際いろいろあります。それらが社会的なコーポレート・ガバナンス・システムです。機関投資家の議決権行使マニュアル・投資行動基準（社会的責任投資）、外国人株主や個人株主の増加の反面における安定株主や株式持合の減少、間接金融から直接金融への移行に伴う資本市場の論理による規制、労働市場の流動化、このような社会的現象が、コーポレート・ガバナンス機能を有しています。例えば、利益供与などの違法行為を従業員に強いるような企業からは、労働市場の流動化の中では優秀な人材が流出するでしょう。とすれば、企業は利益供与のような違法行為をすることはできなくなりませんか。このような意味では、社会的な環境の変化も、コーポレート・ガバナンスに有効に働く要素となってきています。これらを社会的なコーポレート・ガバナンス・システムと捉えることもできるでしょう。

一一月二六日付の日経新聞に、「機関投資家の運用機械的」というニュースが載っていましたが、お読みになりましたか。コーポレート・ガバナンスにとって、この意味するものは何だと思いますか。この中の記事で、例えば機関投資家の運用が機械的ということは、いわば東証株価指数に組み入れられたかどうかで投資の対象にするかどうかが決められているということでした。そこで例としてあげられているのが、東急建設でした。株価指数の中に組み込まれたことによって、機関投資家が投資対象にして、株価が一、七〇〇円以上に上がった。しかし、業績はそんなにいいわけがない。そこであっという間に五〇〇円ぐらいに下がったとありました。

これは何を意味しますか。機関投資家が運用成績を上げず、損失を出しているとしたら。これが年金基金だとすると、億単位で損失を出していることにもなりかねません。私たちの払った保険料が、あっという間に消えているということになります。ここで考えてもらいたいのは、ガバナンスに対する影響です。機関投資家がガバナンスにおいてどういう役割を果たしてるか、それを考えてほしい。

それに対して、アメリカでのニュース。一一月一九日付の日経新聞には、年金基金が、社会責任投資に一割資金を回しているとあります。これと、機械的に運用する日本の機関投資家との間で、ガバナンスにとってどういう違いがあると思いますか。機関投資家の社会的責任というように考えた場合、二つのポイントがあると思います。

まず、投資家としての社会的責任投資があると思います。例えば、環境や人権について、企業がどれだけ考えて経営を行っているかということを基準に投資する。こういう投資基準を持って機関投資家が動けば、企業の経営をその方向に導くこととなるでしょう。さらに最近では、そういう社会的責任投資をしている企業の方が、株価の下落率が少なかったとか、または株価が上がるというような統計資料が盛んに発表されています。ということからいえば、かえって投資先選定の投資基準としてもいい基準ではないでしょうか。

もう一つには、株主としての社会的責任があります。この点については最近は、議決権行使マニュアルを発表して、減益が何期続いたら反対するとか、一定の社外取締役を入れないような場合の取締役選任決議に反対するとか、いろいろな基準を出してきています。その面では、だいぶ進歩はしてきていると思われます。

結局、まだ弱いのは、投資家としての行動基準ではないでしょうか。

なぜ日本の場合は弱いのかということになりますと、その点で考えさせられたのが、一一月二六日のアメリカの投資の不祥事に関する新聞記事、投資ファンドに対しての解散命令の記事です。アメリカの投資家――ディーラーは、そういう厳しい社会的責任を負わされています。その反面、非常に積極的な投資をします。なぜかというと、業績によって人事考課される。儲けない人は、そこにいられなくなる。下手をしたらクビだと。しかし日本の場合は、失敗しなければいいと。投資においても、指標に組み込まれた株式に投資をするというのは、多分そのような行動であろうと思います。それは自己の投資行動を絶えず言い訳できる状態に置いていることではないでしょうか。このような安全思考からいえば、東証株価指数に組み込まれている株価に投資していれば、株価が下がったとしても「ああ、あれだけ優良な企業でも株価が下がるんですね」ということで、投資家の責任は追及されない。ところが、それと違う投資基準で投資した結果、株価が下がれば、「何であんな株を買ったんだ」、「どのような基準で投資したのか」といわれる。というと、やはりそういう運用者に対する人事考課にまでさかのぼらないと、なかなか積極的な、社会的責任投資というような投資行動を取るようにはいかないのではないでしょうか。

アメリカの場合は、積極的に業績至上主義で人事考課されるから、場合によっては危ない投資も行う。しかし、その危ない投資をする可能性があるということで、投資家の責任が非常に厳しい。エリサ法などは、その最たるものでしょう。株主訴訟のように代表訴訟による運用者の責任追及までがあります。日本では、あれだけ年金問題が起きていても、機関投資家の責任追及ということを聞いたことがないですね。

そういう意味でも、一発退場がある、それだけ厳しい規制があるアメリカ社会と、一発退場がない、商法五八条では違う。そこで日本はあまり悪いこともない分、積極的なこともしないでしょう。このように、機関投資家の役割というか、その果たす機能が非常に違う。そうすると、コーポレート・ガバナンスを構成している法的なコーポレート・ガバナンスではなくて、社会的なコーポレート・ガバナンス・システムの重要な一員である機関投資家が、日本の場合はあまり働かない。それが、コーポレート・ガバナンス・システム全体にとって、一体どういう意味を持ってくるでしょうか。

今、商法改正は、一方で「コーポレート・ガバナンス」としての規制整備がいわれています。それに対して、他方では「規制緩和」ということがいわれて、商法の柔構造化が進められています。矛盾していませんか。その点についていえば、法律的な規制がなくても、社会的なコーポレート・ガバナンス・システムが非常に発達してきているから、法規制を緩和しても大丈夫なんだというわけです。その社会的なガバナンスシステムの一つが、機関投資家など「物言う株主の増大」ということです。

それでは、日本の場合、その社会的システム、企業を取り巻く社会的コーポレート・ガバナンス・システム、そういった環境についてどういう変化があるのでしょうか。ガバナンスというのは企業統治といわれますけれども、何のために統治するのでしょうか。企業は何のためにあるのかということからいえば、アメリカのラウンドテーブルなどは、株主利益の最大化のためであるといいます。しかし、日本で、私たちはそういっていいでしょうか。例えば、日本でコーポレート・ガバナンスということをいう前にどのような議論があったでしょうか。日本において、私的所有の論理に対するアンチテーゼとして、どんなものが提起されてきたかという系譜を考える必要があるのではないでしょうか。それが日本の企業風土、企業文化の歴史であると考えます。戦前のことまでいうことはないですが、戦後だって企業の民主化という中で何がいわれたのでしょうか。いわゆる「労働者の経営参加」というようなことが、さんざんいわれた時代もありました。それがヨーロッパ――欧州では、ドイツの共同決定法という形で結実しています。日本の場合は労働者の経営参加ということは、労働運動の主流ではありませんでした。さらに、そのあと企業に対する社会からの問題提起としては何があったでしょうか。高度成長期が終わって東京オリンピックが開かれ、資本自由化もなされました。「日本が先進国の仲間入りだ」と。しかし、この時代に露見してきたのは、高度成長期における歪み、公害だったのではないでしょうか。大気汚染、河川の汚染、ありとあらゆる公害の噴出ではなかったでしょうか。そのような中で、ニクソンショック、オイルショックが起き、企業は狂乱物価まで引き起こしました。トイレットペーパーまで買い占められた。この時代においては、企業は利潤追求活動のためだったら何をやってもいいのかということで、企業のあり方、企業の社会的責任ということが論じられるようになりました。

欧米では、産業資本の発達においてプロテスタンティズムが果たした役割というのは、マックス・ヴェーバーがいっているところですが、本来、企業活動で得た利益を社会に還元する、社会のために寄附するという精神があるとされています。しかし、日本ではどうでしょうか。日本にはそういう精神がない、宗教観がない。ということで、日本の場合は企業の社会的責任を法的に規制しないといけないのではないかということに議論はいきます。そこで、商法改正の審議における結果として、国会の附帯決議で企業の社会的責任を立法化することも検討することが出てくるわけです。企業は社会環境の向上に努めなさい、いろいろな文化の向上に努めなさい、こういう企業の社会的責任論がしきりに議論されていたら、バブル経済が始まって景気が良くなりました。そこで、日本の企業は企業メセナだということで、いろいろな文化活動をやり出し、冠付きのイベントのスポンサーになりました。それですっかり、もう「企業の社会的責任を果たしていますよ」というようなことになりました。しかし、バブル経済が崩壊してみたら、そこにはいろいろな問題点が浮かび上がってきました。そこで今度は、「コーポレート・ガバナンス」ということになったわけでしょう。

そうすると、そういう、いわば私的所有の論理に対するアンチテーゼの日本的な系譜、流れから、日本の企業のあり方というものを考えた場合には、単に株主利益の最大化といってしまっていいのかどうか。企業のあり方を論じる場合には、やはり企業にいろいろなステークホルダー、利害関係者がいます。日本の場合には、そのような多くのステークホルダーを考慮したコーポレート・ガバナンスを構築すべきでしょう。

そのような中で労働者の役割も重視されるべきでしょう。EUの方では、トリプルボトムラインということがいわれています。一一月一七日付の日経新聞の新会社論「企業への期待高度化」という記事です。この記事の中には、懐かしいものがあります。バーリとミーンズの『近代株式会社と私有財産』。「ああ、昔勉強した。懐かしい名前がまた出てきているな」と思いました。さて、ここにあるトリプルボトムラインという考え方。すなわち、企業のあり方についてヨーロッパでは、企業利益、環境保全、社会的責任という三つ（トリプル）それぞれについて、帳じりを考える。目標を設定し、その三つの目標を尺度として企業経営をしていくという理念が出されています。ヨーロッパはこういう、ある意味では、企業の社会的責任といったものが、やはりかなり大きなウエートを占めているんだなということがわかります。

こういう形で、欧州のコーポレート・ガバナンス文化というものについて、出てきた背景も違うけれども、企業文化も違うのだから、コーポレート・ガバナンスで何を守ろうとするのか、何のために統治をするのかと考える時に、やはり国によって企業文化の違いが反映されるべきだと思うわけです。そこで、単に株主利益を最大化することをコーポレート・ガバナンスだというような立場とは、日本の場合は異なるのではないでしょうか。

さて、制度的なコーポレート・ガバナンスということで、少し話をさせていただきたい。そこには、最近の企業改革で取り入れられているものと、取り入れられていないものがあると。最近の企業改革で取り入れられているもの、それは一番目に、IR活動です。これは、いろんなところでされています。この日経新聞を見ても、「機関投資家が選ぶIR優良・不満企業ランキング」などの記事があります。上位にはキヤノン、藤沢薬品とかがあり、悪い方ではソニー、ファナックだとかいろいろあります。

それから、監査役設置会社では、執行役員を導入している会社が三〇〇社に倍増してきたとあります。委員会等設置会社の導入が四〇社で、その関連会社を入れると七〇社ですと、いわれています。

それでは導入されていないもの、委員会等設置会社においても導入されていないものとしては、まずは役員の報酬開示です。これはほとんどなされていない。今度の改正によって、余計不明確になったでしょう。すなわち、監査役設置会社の場合、商法二六九条で、定款で定めていない時は株主総会でこれを決しなさいというから、どんな会社でも株主総会で総額決定し、その配分を取締役会に一任する決議を行っています。そこで総額は、多分、株主総会議事録からわかると思います。ところが、委員会等設置会社の場合には、報酬委員会は基本方針を決めて――報酬決定の基本方針――それは営業報告書に記載するとなっていますが、それだけです。法律上の開示は。だから、総額開示もない。そこで「総額を開示してほしい」というような株主の要求が出てきます。さらにいえば「個別開示まで開示する」という株主提案なども出されることとなります。このような株主の提案はほとんど否決されています。そこで、現実の改正で採用されたものは、執行役員制度だとか、役員の賠償責任の軽減といったようなものです。

7　結び

こういうことを見ると、日本の現実のガバナンスの変化、動き方は、どう評価すればよいのでしょうか。そういった中で、委員会等設置会社が本当に、コーポレート・ガバナンスにとってオールマイティー的な役割を果たしていけるのか、先ほどから、だいぶ批判的なことをいってきましたけれども、検証の必要があると考えています。

最後に一つ、委員会等設置会社について。委員会等設置会社では株主総会による監督は後退しています。具体的には、取締役の報酬に関して、株主総会ではなく報酬委員会に権限が移行し、計算書類の承認も、監査役設置会社では、商法二八三条で定時総会で承認することが必要ですが、委員会等設置会社では、監査委員会と会計監査人が「問題ない」としたら、取締役会の承認が商法二八三条の承認とみなされています。さらに、監査役設置会社では、取締役の選任・解任権が、商法二五四条、二五七条で、株主総会にあります。しかも、株主総会で取締役を解任したら、代表取締役はその地位を失います。取締役たる地位が前提になっていますから。ところが、委員会等設置会社で、代表執行役を株主総会で解任できますか。執行役たる地位と取締役たる地位は、分離しています。執行役たる地位を選任・解任できるのは取締役会だけです、委員会等設置会社では。そうすると、株主総会で取締役を解任しますといっても、代表執行役は取締役ではなくなったとしても、執行役たる地位は失いません。このように、委員会等設置会社では株主総会における統治が後退しています。委員会等設置会社において、「ガバナンスが強化された、強化された」というのは、取締役会の統治が強化されているということです。指名委員会、報酬委員会、監査委員会というように。

よく、委員会等設置会社がオールマイティーみたいに、「ガバナンスの強化、強化」といわれますけれども、このように冷静に制度を見ると、一方では株主総会の権限が縮小しています。株主たちによる統治は後退しています。そこに、監査役設置会社と委員会等設置会社という、二つの制度の、まさに選択性の問題があると思われます。

（二〇〇三年一二月四日）

第12章

コーポレート・ガバナンスと日本企業の事例考察

西藤　輝

中央大学大学院総合政策研究科客員教授

1　今、なぜコーポレート・ガバナンスなのか

(1) 健全なる企業経営と八つの〝C〟

一九九〇年代から二一世紀にかけての日本経済、あるいは日本企業の経営につきまして、日本を含む各国の経済・経営分野の研究者、アナリスト、あるいはマスコミ関係者他、一様に「失われた十余年」"The Lost Decade"と指摘しています。確かに一九九〇代を通して考察されますマクロ経済の指標、あるいは大多数の日本企業の業績推移等を見ますとそうした指摘は肯定されます。多くの企業が「過剰雇用」、「過剰債務」、「過剰投資」に象徴される三つの過剰に苦悩し、傍ら金融機関を中心に膨大な不良債権を抱えて抜本的な対策に追われてきた十余年でもあります。しかるにこうした経済状況あるいは企業業績の多くの要因は一九八〇年代に求めることができます。あらゆる事象には原因があっての結果であり、一九九〇年代のこうした経済・経営における不振の多くの要因は一九八〇年代に求めることができようかと思います。

一言で申し上げますと、一九八〇年代を通じて多くの日本企業には真の意味での経営ならびにガバナンスが存在していなかったということです。大多数の日本企業は売上高指向での経営を良しとしまして、結果としてマクロ経済はいわば「勢い」だけで拡大を遂げてきたともいえます。したがって、一九八〇年代を通じての一〇年が「失われた一〇年」であり、健全で効率的かつ透明性のある企業経営、株主を含めてのステークホルダー（利害関係者）を重視する経営という視点で見ますと一九九〇年代、就中一九九〇年代後半から今日にかけての一〇年は「覚醒と進化」の時代"The Decade of Evolution through Awareness among Japanese business people" といえようかと思います。このような日本企業の経営とガバナンスにおける「覚醒」と「進化」は主としてマクロ経済の低迷と悪化した企業業績、さらにはグローバル時代の多様な経営文化からの影響もあってもたらされたものです。私はそうした「進化」を以下八つの〝C〟で捉えています。

・Business Creed（経営理念に見る進化）
・CEO（Chief Executive Officer）（最高経営責任者に要求される資質の進化）
・Corporate Governance（コーポレート・ガバナンスに見る進化）
・Corporate Culture（企業風土・企業文化醸成における進化）
・Compliance/Code of Conduct（法令順守・企業行動憲章に見る進化）
・Corporate Social Responsibility（企業の社会的責任に見る進化）
・Industry's Culture and Business Practices（業界取引慣行・業界風土に見る進化）
・Implicit to Explicit Capitalism（暗黙知の資本主義から明示知化された資本主義に見る進化）です。

右記しました八つの〝C〟はいずれも優れた企業経営を担保する主要素であり、それぞれが相互関連性を持ち、影響しあい、また補強しあって健全な経営とその持続的成長を実現しています。そして、その根幹には「企業倫理」Business Ethics があります。

多くの日本企業にとってコーポレート・ガバナンスあるいはコンプライアンスの概念は比較的新しいということができます。例えば、コーポレート・ガバナンスの概念が日本経済新聞に掲載されたのは一九九一年が最初で、一九九三以降着実に掲載頻度が増し、一九九七年以降になってコーポレート・ガバナンスについての記事掲載頻度は三桁になってきており、ようやく日本企業社会全体にガバナンスの概念が浸透してきたといえようかと思います。一九九七年にはソニーの取締役会改革があり、こうしたソニーのガバナンス改革が日本企業におけるコーポレート・ガバナンスの仕組と概念受容に当たって覚醒と大きな進化をもたらしました。

同様にコーポレート・ガバナンスの重要な概念の一つである説明責任は一九九六年に初めて日本経済新聞に記事が掲載され、コーポレート・ガバナンスと車の両輪ともいうべきコンプライアンスについては一九八〇年代に時折、記事掲載が見られますが、一九九七年以降徐々に定着していったことが考察されます。いま一つ重要な概念である経営の透明性については一九八〇年代に記事掲載は見られるものの、その概念の定着はやはり一九九〇年代です。以上申し上げましたことは経済専門誌『日経ビジネス』においても同様のことが見て取れます。ちなみに、英国・米国においては、コーポレート・ガバナンスの原形はホワイト・ペーパー・メーカーズ "White-Paper-Makers"(一六八九)、あるいは東インド会社 "East India Company"(一六九〇)等、一七・一八・一九世紀に求められるとする研究があります。*

＊Wright, R.E, Barber, W, Crafton, M. and Jain, A. *History of Corporate Governance*, Pickering & Chatto, London 2004.

さらに、バーリ、ミーンズは二人の共著『近代株式会社と私有財産』で近代大企業における所有と支配の分離において企業を支配しているのは所有者である株主ではなく、専門経営者であるとして早くも一九三二年のコーポレート・ガバナンスの問題を取り上げていますが、*経済社会全般にコーポレート・ガバナンスが仕組として受け入れられ、またその概念が定着してゆくのは米国・英国におきましても一九七〇年代以降です。*Financial Times* がコーポレート・ガバナンスを取り上げたのは一九八二年が最初であり、*Business Week* における記事掲載は一九七五年です。

＊Berle, A. A. and Means, G. C. *The Modern Corporation & Private Property Transaction*, Publishers New Brunswick (U.S.A.) and London (U.K.) 2004. (Originally published in 1932 by Harcourt., Brace & World Inc.)

コーポレート・ガバナンスならびにコンプライアンス経営が経営者、投資家、アナリスト、研究者、さらに

表１

	持合比率	外国人持株比率
1981年	42.3%	6.4%
1985年	41.9%	7.0%
1989年	41.5%	4.2%
1993年	39.1%	7.7%
1997年	34.6%	13.4%
1999年	32.3%	18.6%
2001年	31.15%	18.3%
2003年	26.6%	21.8%

（出所：東京証券取引所、FACT BOOK、2002、2004。大和総研、株式保有構造、2004。金額ベース。）

は日本経団連、経済同友会など経済諸団体、証券取引所などで論議が深まったのも一九九〇年代後半です。

そうした「進化」をリードし、促進する学会、例えば日本経営倫理学会は一九九三年に設立され、日本コーポレート・ガバナンス・フォーラムが一九九四年に設立されています。そして多くの日本企業は一九九〇年代後半から今日にかけて取締役会改革を実施、情報開示を含む投資家とのより良き関係（Investor Relations）確立に向けて多大な努力を払うようになってきています。さらにコンプライアンス（倫理・法令順守）面での充実はもとより、ＣＳＲ（Corporate Social Responsibility, 企業の社会的責任）の面においても今や重要な経営課題として多大な努力がなされています。

日本企業の経営における「覚醒」と「進化」を主としてコーポレート・ガバナンスとコンプライアンスの視点からその背景を考察してみますと、二〇世紀後半以降の企業不祥事の多発、グローバル化の進展、間接金融から直接金融への移行、株式持合構造の解消と外国人投資家による日本企業の株式保有比率の増大とその影響など資金調達面での大きな変化もその背景にあります。株式持合比率の変化と外国人持株比率の推移を金額ベースで見てみますと表１の通りです。

上記を株数ベースで見ましてもほぼ同様で一九九〇年における外国人投資家の持株比率は四・二％、二〇〇二年には一六・五％と一三年間でおよそ四

表２：株主総会と集中日開催（東京証券取引所上場企業）

1995年：96%	
1997年：92%	
1999年：88%	
2000年：82%	
2001年：79%	
2002年：76%	（1,313社平均）
2003年：68・1%	（1,174社平均）

（出所：日本経済新聞、2002年6月26日、東京証券取引所、FACT BOOK、2003。）

倍に増大しています。もっとも外国人持株比率は業種間での相違が見られることを留意しておくことも大切であろうかと思います。二〇〇〇年末時点において、外国人による持株比率は、電気機器二二・八%、医薬品二二・四%、通信業界二〇・七%、精密機器一九・〇%、輸送機器一八・六%、化学一二・一%、機械一二・〇%ですが、電気・ガス七・六%、鉄鋼八・四%、水産農林七・〇%、建設六・八%と二極化しています。グローバルに事業を展開している業種と内需を基盤としている業種で外国人投資家の評価が峻別されていることが見て取れます。

日本企業の経営とコーポレート・ガバナンスの面での進化につきまして、それは外国人投資家による圧力があるからと指摘する方もおられます。確かに実体の一面は突いている指摘ですが、外国人投資家が投資に当たって判断基準とするものは企業業績、成長性、株主価値重視、透明性、情報開示体制、社外取締役を含む取締役会の構成・役割・責任、コンプライアンスとリスク管理等を基盤においてのガバナンスの評価が前提にあり、一九九〇年代後半以降に見る日本企業のガバナンス面での進化があっての外国人持株比率の増大であることも強調しておく必要があろうかと思います。米国、英国などではコーポレート・ガバナンスと収益力の相関関係を捉え、企業の格付けを実施しています。

例えば、米国のＧＭＩ（Governance Metrics International）は世界の主要企業二、一〇〇社についてあらゆる変数をもとに分析し、ガバナンスと業績の相関関係を時間軸からも捉えて格付けの基礎としています。米国の格付け会社であるStandard & Poorsも、長年企業分析に携わってきたノウハウを生かし、傍ら国際比較が可能な基準に基づいて、ＣＧＳ（Corporate Governance《コーポレート・ガバナンス・》 Score《スコア》）を付与するサービスを提供しています。企業経営がともすれば「内輪の論理」に陥りがちな危険があり、このような外部者の客観的な分析と評価は社会的意義があります。日本におきましても機関投資家の立場から例えば厚生年金基金連合会が野村アセットマネジメントおよび野村総合研究所の協力を得てガバナンス評価基準を定め、ファンドの組み入れ銘柄を公表し始めています。

近年「進化」は見られるものの、多くの日本企業にとって今後とも引き続き重要な課題の一つは株主総会です（表2）。

株主総会開催時間は一九九〇―一九九一年＝二九分（上場企業二、一〇八社平均）、一九九九―二〇〇〇年＝三六分（上場企業二、四七五社平均）、二〇〇二―二〇〇三年＝四八社（上場企業一三三一社平均）となっています（出所／商事法務№１６１３）。ソニーをはじめ、より優れたガバナンスの追求に努力している企業の多くは集中日を避け、数時間に及ぶ株主総会を実現し、ＩＲ（Investor Relations）専門部署の設置を含め真の意味での株主の信頼獲得に努力していますが、商法違反の利益供与の問題を含めて株主総会の有り様が今なお問われています。

（2）コーポレート・ガバナンスの概念と定義

コーポレート・ガバナンスの概念は英・米企業社会に端を発し、一九九〇年代世界各国に広がり、日本にも一九九〇年代はじめに紹介されたことは先に触れた通りです。現在、ロシア、中国、ブラジルを含めおよそ九〇カ国でコーポレート・ガバナンス原則が策定されています。ガバナンス概念の歴史の浅い日本の企業社会において優れたガバナンスを浸透、定着させるためにはまず様々な定義を考察し、その本質の理解を深めることが大切であろうかと思います。
コーポレート・ガバナンスは国により、資本市場により、企業によりさらには研究者により様々に定義づけされています。また企業を取り巻く経営環境、ステークホルダーを中心とする社会との関係も変化することから、コーポレート・ガバナンスの定義も必然的に進化するといえます。以下、主なコーポレート・ガバナンスの定義を紹介しておきたいと思います。

1 OECD原則

OECDによるコーポレート・ガバナンス原則は一九九九年に策定され、二〇〇四年に改定「原則」が発表されましたが、それによりますとコーポレート・ガバナンスは、「経済効率性を改善し、成長を促進し、投資家の信頼を高める上での一つの重要な要素である。コーポレート・ガバナンスは会社経営陣、取締役会、株主およびステークホルダー（利害関係者）間の一連の関係に関わるものである。コーポレート・ガバナンスは会社の目標を設定し、その目標を達成するための手段や会社業績を監視するための手段を決定する仕組を提供するものである。そしてその実現のために経営陣ならびに取締役会にインセンティブを与えることが大切である。」

またOECD原則では企業倫理、環境・社会的利益についても言及しています*。

*_OECD Principles of Corporate Governance 2004_, OECD Organization for Economic Co-operation and Development.「コーポレート・ガバナンス原則」、訳監修／OECD事務局および外務省。）

2 モンクスとミノーによる定義

米国の著名なコーポレート・ガバナンス研究者であるモンクスとミノーはその共著*『コーポレート・ガバナンス』の中で次のように定義付けしています。「企業の方向性と活動内容を決定する際に様々な参加者が互いにつくる関係のことである。」主な参加者とは、まず一番目に株主、二番目に経営陣、三番目に取締役会、四番目にその他、その他の中に従業員、顧客、供給業者、債権者、地域社会を入れています。取締役会は経営陣を監視し最も優れた仕事を遂行する経営陣を選び、優れた仕事ができなければ経営陣を解雇するという前提に立って存在するとしつつ、現実の米国の企業社会においては取締役は指名、報酬、情報に関しても経営陣に頼りっぱなしであるという指摘もしています。

＊Monks, R.A.G & Minow, N. *Corporate Governance*, Blackwell Publisher Limited. 1995.（『コーポレート・ガバナンス』生産性出版、一九九九年。）

3　キャドバリー報告書に見る定義

英国のキャドバリー報告書は、コーポレート・ガバナンスは「企業が指揮され統御されるシステムである」と定義して、取締役会の責任には会社の戦略目標の設定、その目標を実現するためのリーダーシップの提供、その事業経営者の監督、スチュワードシップについて株主に対する報告が含まれるとしています。＊

＊『コーポレート・ガバナンス―英国の企業改革』、商事法務研究会、平成一三年。

4　伊丹による定義

「企業が望ましいパフォーマンスを発揮し続けるための、企業の市民権者による経営に対する影響力の行使である。市民権者つまり企業の主権者となるにふさわしい条件として、（1）企業が生まれるのに不可欠な資源を提供していること、（2）その企業の事業の盛衰によって最も大きなリスクを被り、コミットしていることである。この二つの条件に該当するのはリスクを負って逃げない資金を提供している株主＝コア株主と、その企業に長期的にコミットしている経営者や働く人々、同様にコア従業員である」としています。伊丹はこのコア従業員の存在を強調して、コーポレート・ガバナンスの定義の中で最も本質的に重要なのは、株主と従業員による経営者のチェックであるとしています。

＊伊丹敬之『日本型コーポレート・ガバナンス』日本経済新聞社、二〇〇一年。

5　ケーンの定義

二〇〇二―二〇〇三年度米国経営倫理学会会長のケーンは次のように三つの視点から定義しています。

①狭義の定義としてコーポレート・ガバナンスは企業経営者と取締役会が影響力を行使しあうことであり、またそれが本来のコーポレート・ガバナンスのありようである。

②より幅広い定義として、コーポレート・ガバナンスは株主、従業員、債権者、その他ステークホルダーの委任により経営資源の規律ある活用を統治するための原則がその基盤をなしている。取締役会の意思決定、監督によるメカニズムに加え企業の人事政策、戦略さらには企業による世界観まで包含する。

③コーポレート・ガバナンスの最も広義の意味での定義は、企業に影響するすべての政治、経済あるいは社会的要素、同様に企業に影響するそうしたすべての要素に関わるものである。

例えばロシアや中国などの事例は企業経営における文化的環境と企業行動を別の問題として捉え得ないことを示しています。ケーンによる指摘はグローバルに多様なコーポレート・ガバナンスを定義付けすべきことを示しており、現在世界でほぼ九〇カ国に上るコーポレート・ガバナンス原則制定の現実をも示唆しています。ケーンは次のように続けます。「③は現実的には米国企業の経営者、取締役、投資家、従業員においても広義の意味での政治・経済システムの影響を受けているといえる。」

さらに付言すれば、米国におけるガバナンスの問題は企業倫理の役割を最小化していることであると指摘しています。＊エンロンをはじめとする米国企業社会における企業不祥事を見ますと、ケーンの指摘する通り、仕組・概念の根幹に企業倫理を置き、それを企業文化として醸成することこそ経営者の役割であることがいえます。

＊Koehn, D. *Unpublished papers*, 2003.

6　旧日経連による定義

経団連と統合する前の旧日経連は一九九八年八月に発表した「日本企業のコーポレート・バナンス改革の方向」の中で、日本におけるコーポレート・ガバナンス論議を次の三つに整理定義付けしています。

「企業は誰のためのものかという視点に立って経営を遂行する事。資本主義を重視する観点から株主の立場を絶対視する英米のガバナンス論と、経営者や従業員という多様なステークホルダーの立場を尊重する大陸系ヨーロッパ諸国や日本のガバナンス論があるとした上で、コーポレート・ガバナンスとは企業の効率的経営に向けてステークホルダー間の権限と責任の関係をいかに構築し、いかに企業経営の成果配分を行っていくかである。＊」

＊（旧）日経連「日本企業のコーポレート・ガバナンス改革の方向」、一九九八年。

7　経済同友会による定義

コーポレート・ガバナンスは「企業の持続的な成長・発展を目指して、より効率的で優れた経営が行われるよう経営方針についての意思決定をするとともに経営者の業務執行を適切に監督・評価し、動機付けを行っていく仕組であり、その目的は企業の持続的成長・発展を担保することである。＊」

＊経済同友会「コーポレート・ガバナンス」、二〇〇〇年。

8　住友商事コーポレート・ガバナンス原則

日本企業による定義付けの事例として住友商事コーポレート・ガバナンス原則の骨子を紹介しておきます。「住友精神」と「経営理念」が、当社の企業倫理のバックボーンであり、コーポレート・ガバナンスを支える不変の真理と認識しつつ、住友商事に最もふさわしい経営体制、すなわち、株主の負託に応え、同時にすべてのステークホルダーの利益に適う経営を実現するガバナンスとは、究極のところ「経営の効率性の向上」と「経営の健全性の維持」およびこれらを達成するための「経営の透明性の確保」にあるとの認識に立ち、コーポレート・ガバナンス原則を定めたとして、取締役会の役割、構成、運営、また会長・社長の兼務を行わないこと、傍ら執行役員制度の採用、さらに「経営の健全性の維持」の観点からコンプライアンス委員会の設置と監査役の役割・資格に言及しています。

9　最後に、**私自身の定義付け**をご紹介しておきたいと思います。

経営の方向性＝戦略的意思決定と監督機関として、コーポレート・ガバナンスが本質的に持っている意義を「コーポレート・ガバナンスが内在的に持つ相互牽制のメカニズムと優れた概念」として捉え、「健全性を担保し、経営効果をもたらす緊張関係＝規律の文化の創造的メカニズム」と定義しています。そして、「規律の文化は誠実さを根幹においたアカウンタビリティー、トランスペアレンシー、情報開示の概念を含めてのそれであります」。英語で定義しますと次の通りです。

"Corporate Governance is an effective mechanism that creates a culture of discipline to achieve a sound and a better business performance and a culture of discipline includes accountability, transparency, and disclosure of information based on integrity."*

＊西藤　輝「コーポレート・ガバナンス戦略」（『経営戦略』佐久間賢編著、中央経済社、二〇〇三年。）

2　日本企業におけるコーポレート・ガバナンス改革の現状と事例考察

(1) ソニーに見るコーポレート・ガバナンス改革と日本企業の潮流

次に日本における株式公開企業のコーポレート・ガバナンスの現状について触れたいと思います。わが国の企業社会がいわゆるアングロ・アメリカ型のコーポレート・ガバナンスを受容したのは、先にも少し触れました通り具体的には一九九七年六月ソニーが取締役会改革をその年の株主総会に諮り承認されたことに始まります。このことが多くの日本企業に大きなインパクトをもたらしました。その年、ソニーはそれまでの取締役数三八名を一挙に一〇名に減らして新たに執行役員制度を設けたわけです。その後のソニーの取締役会は次のような推移となっています。

二〇〇二年六月のソニー株主総会で専任された取締役数は一一名、そのうち社外取締役が三名、外国人取締役が二名の構成です。

二〇〇三年六月二〇日に開催された株主総会でソニーは取締役を増やし、社内九名、社外八名合計一七名の取締役会として、二〇〇三年四月一日施行の商法改正に基づいて「委員会等設置会社」を選択し、社外取締役過半数で構成される指名、監査、報酬の三つの委員会および執行役を設置しています。そして、取締役会および三つの委員会は、ソニー・グループの経営の基本方針を決定するとともに、ソニー・グループの「経営の適法性・妥当性を確保することを通して、企業価値の向上を目指す」としています。

二〇〇四年六月二二日に開催された株主総会では、社外取締役八名を含む一六名の取締役が選任され、「委員会等設置会社」への移行から一年経過した中で、ソニーにおけるコーポレート・ガバナンス体制がどう進化したかを同社アニュアル・リポートで明記しています。

一九九七年の取締役会改革後も引き続きソニーのあるべき企業像とガバナンスの有り様を追求して、社内外の検討結果を踏まえての大きな方向づけです。経営は継続革命と言われますけれども、コーポレート・ガバナンスにつきましても、終わりのない継続革命ということが読み取れます。

またソニー独自の試みとしまして、代表執行役CEOと取締役会議長を切り離して、執行と監督をより明確に分離しています。英国では多くの企業が最高経営責任者と取締役会議長を切り離していますが、米国では圧倒的多数の企業が今なお兼任でありまして、ソニーは米国型コーポレート・ガバナンスを受容しつつも、米国の大多数の企業よりもこの点に関する限り先行し始めたともいえようかと思います。

またソニーの場合、これまでは監督と執行という二元的な分け方をしてきたけれども、執行部門の中にもガバナンスに軸足を置いた組織が必要であって、三元論で考える必要が出て来たとしています。米国型モデルは社外取締役など外部に依存し過ぎるリスクを内包していることを認識しつつ、ソニー独自の取締役会改革を打ち出しているわけです。

二〇〇二年五月に商法が改正され、翌年四月から施行されたことを契機として、ソニー以外にも監査役を廃止し委員会等設置会社、つまり株式会社の監査等に関する商法の特例に関する法律第二条第四節に規定されていますけれども、この委員会等設置会社に移行する企業が徐々にではありますが増えつつあります。

二〇〇四年六月末時点で委員会等設置会社への移行企業数は株式非公開企業、JASDAQ、一部、二部上場企業を合わせ合計九七社です。日立製作所ならびに同社グループ企業一八社、東芝、三菱電機、オリックス、野村ホールディングス、野村證券、大和證券グループ本社他です。

改正商法におけるもう一方の選択肢は監査役存置型企業です。例えばトヨタ自動車、本田技研、松下電器産業、キヤノン、住友商事他この時点では大多数の日本企業がそうですが、従来通りの監査役存置型を維持しつつ、各企業の経営理念、企業の歴史、企業風土・企業文化、業種・業態等を反映させたコーポレート・ガバナンス改革を実施しています。各企業の独自性が大切です。

例えば先ほど触れましたソニーの場合、一九七〇年に最初の日本企業としてニューヨーク証券取引所に株式を上場しています。ソニーの元社長、盛田昭夫氏は著書『メイド・イン・ジャパン』の中で次のように言っています。「ＳＥＣ（米国証券取引委員会）に提出する発行目論見書を作成するに際して初めて連結決算を取り入れた。この効用を知ってからというものは、連結決算せずしてどうして会社が健全かどうか判断できるかと言った仲間のアメリカ人の気持ちが良くわかるようになった。そしてわが社の経営方針に連結方針が指針として使われる端緒ともなった。」これは一九六一年のことです。そしてソニーは一九七〇年に日本企業第一号としてＮＹＳＥ（ニューヨーク証券取引所）に株式を上場しています。ソニーはいわば日本生まれの米国育ちの青年です。日本人のＤＮＡを持ち、傍ら、米国企業社会の優れたＤＮＡを吸収し、それがソニーの経営方針に影響を与え、同社の企業風土を醸成してきたグローバル企業としての独自の歴史があります。ソニーと異なった経営理念、歴史そして企業風土を持つ企業が、ソニーをモデルとして考察する時この点の留意が大切であろうかと思います。私はソニーが日本の企業社会にもたらしたインパクトすなわち、ソニー「三つの貢献」をここで挙げておきたいと思います。

・日本企業における連結決算概念の覚醒と進化への貢献
・企業を鍛える「ＮＹＳＥ」株式上場の先例企業としての貢献
・コーポレート・ガバナンス概念と仕組についての覚醒と受容における貢献

(2) トヨタ自動車のコーポレート・ガバナンス事例考察

優れたコーポレート・ガバナンスを実現しているいま一つの事例はトヨタ自動車です。ある意味ではソニーとは対極にあるモデルといえようかと思います。最初にトヨタ自動車の最近の業績を競合他社との比較を通じレビューしてみます(表3)。

トヨタ自動車は生産台数においてはGM、Fordに次いで現状では世界第三位ですが、売上高では世界第二位、株式時価総額、純利益そして利益率ではすでに世界の自動車業界をリードしていることがわかります。次に日本を代表する同じ自動車メーカーでありますトヨタ自動車と日産自動車の業績推移を比較してみますと、次の通りです(表4)。

トヨタ自動車、日産自動車はそれぞれ一九三七年、一九三三年に設立されています。同じ日本企業で、ほぼ同じ長さの歴史を有し、同じ自動車業界にあってヒト、モノ、カネ、情報等経営資源は基本的に共通しており、同時に企業を取り巻く環境も同様である両社にあってなぜこのように経営成果に大きな差が見られるのか。特に一九九九年日産自動車がルノーと提携する前までの経営成果について、そのことが言えるわけです。このことは大切な研究テーマですが、本稿では紙面の関係上それには触れず、トヨタ自動車をコーポレート・ガバナンスの視点から考察してみます。

二〇年以上にわたって驚異的な成長を遂げているトヨタ自動車は二〇〇三年六月の株主総会で大胆な取締役会改革を行いました。トヨタ自動車の経営理念、歴史、経営者・従業員、グループ企業各社、取引先関係者が共鳴し、共有しあっている中核的価値観、企業風土・企業文化、さらには同社のグローバル経営のあるべき姿、トヨタを取り巻く環境、企業と社会との関係における変化等を大胆かつ慎重に、時間をかけて検討し、決断し

表3：グローバル自動車企業比較

	株式時価総額	売上高	純利益	利益率
トヨタ	1,400億米ドル	850億米ドル	55億米ドル	6.5%
日産自	490億米ドル	370億米ドル	22億米ドル	6.0%
GM	220億米ドル	940億米ドル	17億米ドル	1.9%
Ford	250億米ドル	820億米ドル	14億米ドル	1.7%

（出所：2004年4－9月中間決算、日本経済新聞、2004年11月5日。）

表4：トヨタ自動車・日産自動車の経営成果推移（連結ベース）

	1996	1997	1998	1999	2000	2001	2002	2003	2004
トヨタ自動車									
売上高（兆円）	10.7	12.2	11.6	12.7	12.6	13.1	14.3	15.5	17.3
営業利益（億円）	3,480	6,651	7,798	7,504	6,986	7,907	10,936	12,716	16,669
当期利益（億円）	2,570	3,859	4,544	4,516	4,819	6,749	5,566	7,509	11,621
一株当たり利益（円）	66	100	118	119	128	180	152	211	342
配当（円）	19	22	23	23	24	25	28	36	45
日産自動車									
売上高（兆円）	6.0	6.6	6.5	6.5	5.9	6.1	6.2	6.8	7.4
営業利益（億円）	432	1,993	868	1,097	825	2,903	4,892	7,373	8,248
当期利益（億円）	▲884	777	▲140	▲277	▲6,843	3,311	3,722	4,951	5,036
一株当たり利益（円）	---	---	---	---	▲179円	83	92	117	122
配当（円）	7	7	10	0	0	7	8	14	19

（出所：トヨタ自動車、日産自動車各年度アニュアル・リポート。）

表5：スタンダード・プアーズに依る格付け推移

	1985	1992	1995	1998	2000	2004
トヨタ	AAA	AAA	AAA	AAA	AAA	AAA
日産自	A	A	BBB	BBB－	BB+	BBB+

（出所：S&P Japan フォーカス Vol. 1、1997、2004。）

た方向づけです。こうしたトヨタ自動車のコーポレート・ガバナンス改革につきましては、この「経営革新」講座でトヨタ自動車・元常務取締役、二〇〇三年六月までは同社の監査役をやっておられました井上輝一先生にご講義をいただくことになっています。したがいまして、私は外部者としての視点から、トヨタ自動車のコーポレート・ガバナンスについて、さらにはトヨタ自動車の優れた発展の主たる要因に触れてみたいと思います。

これまで外国人投資家にとりまして、トヨタ自動車におけるコーポレート・ガバナンスはとかくわかりにくいとされることが多く、これだけの成長を遂げながらもトヨタ自動車の外国人による持株比率は他の日本企業と比較し、低いレベルに留まっています（表6）。

トヨタ自動車が従業員を重視し、株主を軽視しているとの一部の外国人投資家の指摘にも組することはできないと思います。従業員を大切にしていることは事実ですが、同時にトヨタ自動車の株主への配当金は業績と連動して着実に増加していることも検証できます（表7）。

私はトヨタ自動車のコーポレート・ガバナンスはこれまでも十分機能してきたと捉えています。これは一つには長期に及ぶ優れた経営成果ならびに健全なる同社の発展から検証できますが、トヨタ自動車におけるガバナンスを私は次の七つの視点から捉えています。

①豊田家への求心力と豊田家によるガバナンス
②トヨタ自動車の運命共同体文化＝相互信頼文化とガバナンス
③グループ企業間の相互信頼とガバナンス
④トヨタ自動車の企業文化とガバナンス（「障子をあけてみよ　外は広い」）
⑤ＮＹＳＥ（ニューヨーク証券取引所）ならびにＬＳＥ（ロンドン証券取引所）における株式上場とガバナンス

表6：日本企業における外国人持株比率推移・比較

	1980	1985	1990	1998	2004
トヨタ	0.6%	3.1%	2.3%	8.7%	18.2%
ソニー	18.0%	41.1%	15.9%	45.1%	38.6%
松下電器	4.4%	22.4%	6.2%	20.4%	26.2%
日立製作所	20.7%	22.4%	11.0%	27.3%	31.3%
富士通	11.7%	22.7%	7.7%	18.6%	20.1%
キャノン	14.8%	34.2%	15.8%	38.5%	47.4%
コマツ	2.2%	8.5%	10.8%	13.4%	33.5%

（出所：各社決算報告書。）

表7

	1990	1992	1994	1996	1998	1999	2000	2001	2002	2003	2004
(円)	17.27	19	19	19	23	23	24	25	28	36	45

（出所：トヨタ自動車各年度決算報告書。）

⑥一九九六年に設置されたＩＡＢ（International Advisory Board）とガバナンス

⑦二〇〇三年六月取締役会改革

右記それぞれの視点からトヨタのガバナンスを考察してみます。

①豊田家への求心力と豊田家によるガバナンス

トヨタ自動車は一九三三年豊田自動織機に自動車部が設置されたことに始まります。豊田自動織機の創業者は豊田佐吉翁です。そして一九三七年トヨタ自動車工業が設立され、その初代社長に息子の豊田喜一郎が就任したわけです。喜一郎は昭和二五年に直面した、年末資金二億円がなければ倒産するというトヨタ自動車存亡の危機に当たって、人員整理を断行しました。そして自らも身を引き社長の座を去り、運命共同体文化＝信頼を通じてトヨタ自動車を救ったわけです。喜一郎の後任に石田退三を迎え、その後、豊田英二、章一郎、達郎、そして現在の奥田会長、張社長の歴代経営者が中心となって今日のトヨタ自動車を築き上げ、トヨタ自動車固有の企業風土、企業文化を醸成して来たわけです。

トヨタは豊田家が見せる細やかな心遣いを組織として受け

継いでいます。葬と祭を何よりも重んじる豊田家の伝統、それがトヨタとグループ会社を一点に向かわせる求心力となっているとこれはよく指摘されるところです。奥田会長が折に触れ、言及されるトヨタのＤＮＡです。こうしたＤＮＡこそ豊田家への求心力の原点であろうかと私は思っています。そしてそれがトヨタ型コーポレート・ガバナンスの根幹にあるといえようかと思います。

歴代の優れた経営者は実質的に豊田家により、経営を委託され、昭和一〇年一〇月三〇日佐吉翁の遺訓としてまとめられた「豊田綱領」ならびにそれを継承し平成九年四月に改定された「トヨタ基本理念」を経営の指針とし、豊田家の信頼に応える経営を実践しているわけです。

豊田家のトヨタ自動車における持株比率は概ね、二％です。ご参考までに米国のフォード家がフォード自動車に対する持株比率は大体四〇％です。豊田家は株主として短期的な株主利益を優先することよりも、創業者、豊田佐吉の遺訓、そしてトヨタ自動車の基本理念、さらには共鳴し、共有しあっている中核的価値観の視点から経営者を監督する役割を担っていると私は思っています。そしてそれは豊田家と経営者の信頼関係を基盤に優れたガバナンスとして機能し、経営成果につながっているわけです。

②運命共同体文化とガバナンス

二つ目のガバナンス要素として、運命共同体企業における経営者、従業員の相互信頼に基盤を置いたトヨタ自動車の労使関係も、優れたガバナンスの役割を果たしています。企業は誰のものかと問いかける中で一橋大学の伊丹先生は、企業の所有者は日本の商法では株主を会社の所有者としているとしつつも、企業に長期的にコミットしているコア従業員をメインとして株主をサブの主権者として体系付けておられますが、奥田会長は二〇〇一年七月に東京で開催されたＩＣＧＮ（International Corporate Governance Network）で次のように発言されています。「伊丹先生が『日本型コーポレート・ガバナンス』という本を出されています。伊丹先生はわが国の企業経営の研究を通じて人本主義の経営論をまとめられた方であるが、この本の中で株主や従業員を企業に対するコミットメントの強さに応じてコア株主、コア従業員とそれ以外に分けて考えるアイデアが示されている。これはわが国の実情に照らして非常に適切な考え方であり、わが国がコーポレート・ガバナンス改革を進めるに当たり大いに参考になる。」

トヨタ自動車の危機に当たって従業員の解雇を断行した豊田喜一郎は、自らも身を引いたことは先に触れた通りですが、「われわれは支えあっている」とトヨタの人たちはよく言います。トヨタの争議から半世紀、今約六万人を抱える労働組合は役員とともにトヨタと豊田家を守る藩屏となっています。従業員を大切にすることはトヨタにあっては中核的価値観をなしています。このような運命共同体企業における豊田家、経営者、従業員、労働組合の相互信頼が経営に健全な緊張関係と規律の文化を生み、権限の集中する経営者の独善を阻み、トヨタ型ガバナンスとして有効に機能していると私は捉えているわけです。

『トヨタの米国工場経営』（鈴木良始訳、北海道大学図書刊行会、一九九九年）の著者 T. L. Besser はトヨタ自動車・米国ケンタッキー州のカムリ工場を考察した研究成果の中で、「運命共同体」、“Community of Fate”を最初に概念付けたコールのそれを引用して次のようにいっています。「運命共同体的組織の従業員はお互いに運命をともにし、舟の浮沈にともに一身を託している。そして運命共同体文化は従業員に自分たちの仕事は天職であることを動機付けする。このことは組織に対する忠誠心と組織の目標達成に対する従業員のコミットメントを強固なものとする。」それは経営執行者に対する有効なガバナンスをも意味しています。経営者は従業員の信頼を失って経営することはできないわけです。

③グループ企業間の相互信頼とガバナンス

第三番目のトヨタのガバナンスとしまして、重要なトヨタグループの結合企業九社との相互信頼によるガバナンスがあります。トヨタ自動車を生んだ豊田自動織機はトヨタ自動車の株式を議決権比率で五・七〇％保有しています。傍ら、トヨタ自動車が保有しております豊田自動織機の株式は議決権比率で二四・七四％になっています。株式持合が日本企業において経営弛緩を招いたとする主張は多くの場合適切な指摘であろうかと私は思いますけれども、トヨタ自動車とグループ企業の場合は相互信頼＝緊張関係をＤＮＡとして、むしろ健全なガバナンスとして機能しているわけです。そしてそれはトヨタ自動車の経営成果のみに留まらず、グループを構成する中核企業群であります豊田自動織機、デンソー、アイシン精機、豊田工機その他、トヨタグループ各企業の経営成果にも表れています。言い換えればトヨタ自動車によるグループ中核企業に対するガバナンス効果です。相互信頼とガバナンスに大切な緊張関係が見て取れます。

④トヨタ自動車の企業文化とガバナンス、「障子をあけてみよ　外は広い」

幾多の困難に出会いながら、不屈の精神でその壁を乗りこえた豊田佐吉は、常にこう言っていたと佐吉の遺訓がトヨタ自動車冊子の冒頭に出てきます。佐吉の意味したことは実験の繰り返しから来る「覚醒」の訓えですが、私は傍ら、「伝統的遺伝子」ともいうべきＤＮＡの継承に加えて、多様な価値観・文化の受容を通じてトヨタ自動車の経営における不断の「覚醒」と「進化」を佐吉のこの訓えに学び取ることができると思っています。一言で申し上げれば「伝統的遺伝子」と「異文化遺伝子」、二つのＤＮＡの追求です。「障子をあけてみよ、外はひろいよ」をタイトルとした冊子には「豊田綱領」「トヨタ基本理念」、そしてトヨタ自動車歴代の経営者の哲学・信条が二五項目にわたって掲載され、それがトヨタＤＮＡの根幹として役職員に共有されているわけです。それは例えば、実践―現地現物、よい品よい考え、自分の城は自分で守れ、変革にチャレンジです。トヨタ自動車の中核的価値観であり、同時にそれはトヨタの企業文化でもあります。経営者はこの中核的価値観、企業文化を軽視して経営をすることはできません。換言しますと、トヨタのガバナンスはこうした企業文化の視点からも機能しているわけです。

⑤NYSE・LSEにおける株式上場とガバナンス

第五番目として、一九九九年NYSE（ニューヨーク証券取引所）ならびにLSE（ロンドン証券取引所）における株式上場もトヨタにおけるガバナンス要素です。奥田会長はニューヨーク証券取引所での株式上場に当たりまして、「資金調達が目的ではない、圧力がほしかった」とおっしゃっています。ニューヨーク、ロンドン両証券取引所での厳しい株式上場基準をクリアし、それを順守して、外国投資家の強い圧力にさらされることをむしろ良しとしているわけです。まさしくトヨタ経営陣が自ら求めてのガバナンスです。それは株主利益を重視している事の明確な意思表示でもあります。

ニューヨークでの上場は情報開示基準を含む厳格なルールの順守が求められます。違反すると規則に照らし合わせて処罰されますが、ロンドンの場合は最善慣行規定というのがありましてそれを基盤において、ルールよりも市場の判断にまず委ねる慣行があります。最善慣行規範の原則は公開性、誠実性、そしてアカウンタビリティーです。

⑥外部者視点（IAB）とガバナンス

コーポレート・ガバナンスを経営に緊張感をもたらす監督機能として求めるだけでなく、外部者の視点が経営に当たって大切であるという捉え方も重要です。独立性を確保している社外取締役に期待されている役割の一つです。トヨタ自動車のごとくグローバル経営を基盤に置く企業の場合、ことさらそういった外部者の視点が重要です。トヨタはご存じの通り一九九六年米国、欧州、アジアなど世界各地の有識者十数名をメンバーとするインターナショナル・アドバイザリー・ボード（International Advisory Board）という諮問機関を設置して、外部者視点を積極的に求めています。社外取締役のように権限と責任を与えるものではなく、経営を直接拘束するものではありませんが、外部者の視点として大変重要視されており、ここにもトヨタにおけるガバナンスが認められます。

⑦取締役会改革

トヨタ自動車は二〇〇三年六月の株主総会を経て取締役数のスリム化、具体的にはそれまでの取締役数五六名を二七名とし、執行に当たる四四名の常務役員（含む、外国人五名の常務役員登用）の新設です。この制度は取締役である専務を経営に特化させるのではなく、部門別のオペレーションの最高責任者とし、経営と現場のつなぎ役としてトヨタが強みとする現場重視の考え方を織り込み、同時に迅速な経営意思決定を可能とする制度を策定したものです。傍ら、企業行動の透明性を一層担保するため、監査役の増員（監査役七名の中、社外監査役が四名）があります。さらに、トヨタのコーポレート・ガバナンス制度を強化するため、情報開示委員会（NYSE、LSE上場対応）、米国企業改革法四〇四条（内部統制）対応プロジェクト、企業行動倫理委員会、労使協議会・労使懇談会ほか各委員会がトヨタのガバナンスを支える形をとって、アカウンタビリティー、コンプライアンス、よき企業市民として社会的責任を果たす仕組をつくっています。いま一つ付言しておきたい点は、NYSE上場規則に則り、トヨタとニューヨーク証券取引所に上場している米国企業のコーポレート・ガバナンス慣行の重要な相違点についてアニュアル・リポートほかで明記しておりますが、こうした情報開示も外国人を含みます投資家の理解を深める意義があろうかと思います。

トヨタ自動車の経営成果、そして持続的成長を考察してわかりますことはその要因をガバナンスという仕組と概念だけに帰することはできないということです。サミュエル・スマイルズ著『自助論』の影響を受けた豊田佐吉翁の創業者精神、集大成された豊田綱領、それを継承・発展させたトヨタ基本理念、歴代経営者の優れた資質、企業風土・企業文化、多様な文化と外部者視点そして倫理・法令順守の徹底等様々な経営要素がよきガバナンスと融合し、補強しあい、あるいは個々にそうした経営要素が機能し、そして総合化された結果であるといえようかと思います。

トヨタ自動車の事例を考察して参りまして、「トヨタの不思議」があります。トヨタ自動車はグローバル企業として二〇〇四年三月末時点で見ますと、二六カ国・地域で生産をし、一四〇カ国・地域で販売しています。またグループ従業員が二六万人を超えています。民族、宗教、言語、歴史、文化、価値観等多くの面で相違しております。そうした経営環境の中で如何にしてトヨタ自動車の基本理念、企業の中核的価値観、企業文化を共有しあい、それをトヨタの持続的成長の基盤となし得ているのかであります。この不思議を解くことが内外においてトヨタ自動車を経営モデルとする経営者あるいは研究者の課題であろうかと思います。

3　コンプライアンス経営

(1) コンプライアンスは倫理・法令順守

コーポレート・ガバナンスを考察する場合、いま一つ重要な視点はコンプライアンス経営です。日本の経済社会における重要な変化として規制緩和があります。「依存型社会から自立型社会」、「行政指導による事前規制に代わり、法律に基づく事後規制」への進化です。そうした社会の変化の中で企業経営における原点は法と規則を守ることと同時に高潔な倫理の保持であります。“Bringing the business ethics to the bottom line” ということです。

経営理念、経営者の資質、企業それぞれの持つ中核的価値観の共有、健全な企業文化の醸成と共にコーポレート・ガバナンスの根幹にあるものは企業倫理です。企業倫理を欠いたコーポレート・ガバナンスはいわば「仏つくって　魂入れず」“Ploughing the field, forgetting the seeds”です。

コンプライアンスは直訳すれば、法令順守ですが、コンプライアンスが本来的に意味するところは「倫理・法令順守」です。換言すればコーポレート・ガバナンスとコンプライアンスは車の両輪ということもできようかと思います。

住友四〇〇年の歴史を通じて住友各社が継承し、事業を発展させてきた原点は文殊院旨意書の教え、「信用」「確実」「浮利を追わない」を継承したことに尽きるといっても過言ではなかろうと思います。

人も組織としての企業も倫理観を根幹に置かない経営を実践する場合、必然的に企業不祥事につながります。私はここで「自己愛」“Self-love”を問題の所在として取り上げたいと思います。アダム・スミスは国富論の中で「自己愛」が社会的富を最大化する原動力であるとして次のように書いています。「われわれが食事を整えることのできるのは屠殺業者、醸造業者、製パン業者の慈悲からではなくて、それらの人々が各々自分の利益を念頭に置くところから来るのである。われわれは彼らの人道心に訴えるのではなくて、彼らの自愛心に訴えるのであり、われわれ自身の利益を彼らに語るのではなくて、彼ら自身の利益を彼らに語るのである」。そしてこのアダム・スミスの思想は今日なお、広く世界中で受け入れられています。しかるに、この「自己愛」＝「利己心」“Self-interest”が企業不祥事の主要因でもあります。

経済発展によりこうした「自己愛」が経済的利益の形で実現する機会が増せば、人間は不正行為に走る動機付けをされます。計画経済から市場経済に移行してきた中国やロシアでは自由と経済発展に伴って企業不祥事が増大しておりますし、こうした経済の発展と企業不祥事の相関関係はドイツや米国でも考察できます。例えば米国における一九九〇年代を通じてのウォール街バブル経済において、「欲望は善なり」“Greed is good”の文化が醸成され、私利私欲と富獲得機会の増大における相関関係が見て取れます。このことは日本におきましても同様です。

日本における「自己愛」は私利私欲の傍ら、「保身」文化で見て取れます。そしてこの保身文化が企業不祥事の重要な要因となっているといえます。私利私欲に代わり、「会社のため」というこうした日本における文化・国民性が罪悪感を希薄化させているといえます。こうした日米の文化、国民性の違いがどのように企業不祥事の要因となっているかは、例えば日米企業不祥事の象徴事例でもありました「雪印乳業・雪印食品」とエンロン二社の不祥事要因の比較考察を通じて検証できます。ご参考までにエンロンは崩壊しましたが、雪印乳業は新たな経営理念のもとにコンプライアンスを最優先課題として再建（新生雪印）に努力中です。日本企業の不祥事の象徴でもあった雪印乳業がコンプライアンスを通じて再建のモデルとして注目を浴びつつあります。

社会的富最大化の原動力として、あるいは企業の発展の原動力としての「自己愛」を認め、同時に高潔な倫理観を根幹においた経営が何よりも大切です。住友第二代総理事、伊庭貞剛（明治三三年就任）は住友の経営に当たり、経営理念である「文衆院旨意書」を経営の指針とする傍ら、「君子財を愛す。之を取るに道あり」という句を座右の銘としていたといいます。また伊庭は「自利利他公私一如」を信条としてこれが住友各社の企業風土・企業文化として伝統的に生きているわけです。欧米の企業社会では宗教に支えられた自己犠牲と奉仕の精神＝利他心・利他主義“Altruism”があります。傍ら「倫理は見合う」、“Ethics pays”,“It pays to be honest”といった倫理の捉え方が浸透していますが、それは本来のよき企業倫理に求められる倫理観ではなく、「自己愛＝欲望」を制御する倫理観はより純粋で強固なものでなければならないと思います。そしてそれは暗黙知の企業風土・企業文化として醸成されると同時に形式知として明示知化されることが重要です。その形式知がコンプライアンスです。

（2）松下電器産業、富士ゼロックスの事例考察

企業倫理綱領のよき事例を二社ご紹介しておきたいと思います。その一社は松下電器産業であり、いま一社は富士ゼロックスです。松下電器は「企業は社会の公器」との理念のもと、コンプライアンス（倫理・法令順守）に関する全社的なマネジメントの仕組を構築してそれを公表していますが、業務における法令順守“Compliance Guide”の中で「企業倫理五つの視点」を明記し役職員が共有しています。

1　法令順守……その行為は、法律に違反していないか？

2　経営理念……その行為は、経営理念や会社の方針に違反していないか？

3　社会常識……その行為は、社会に通用するか？

4　消　費　者……その行為は、消費者がどう思うか？

5　自分の心……その行為は、間違いないか？　もう一度

そしてグローバル企業として上記「企業倫理五つの視点」を英語はもとより中国語でも作成し、内外の松下電器産業の事業に携わる全員に浸透させる大きな努力を払っています。

富士ゼロックスは一九九七年に「社員行動規範」を作成し、一九九九年、二〇〇二年に改定していますが、「改定にあたって」の一文が注目されます。一部引用いたしますと「皆さんすでにご承知の通り、当社では『私たちが大切にすること（Shared Values）』という富士ゼロックス共通の価値観を宣言し、これらを行動の指針として『私たちが目指すもの（Mission Statement）の実現に向けて努力しています。この「私たちが大切にすること」の一つに、「高い倫理観」があります。（中略）そして、そうした一人ひとりの「高い倫理観」に裏打ちされた企業倫理（Business Ethics）の確立こそが、私たちの職場環境を健全なものとし、結果として企業とし

ての高い社会的評価につながるものと確信しています。
松下電器産業や富士ゼロックス株式会社と対極にあるのが三菱自動車工業、あるいは先に触れましたエンロンです。三菱自動車企業倫理（一九九九年三月　三菱自動車企業倫理委員会）には次のように書かれています。

企業ポリシー「いいもの　ながく」および三菱伝統の企業理念である「処事光明」の精神を反映して、「三菱自動車　私たちの指針」を改めて制定しています。

この中で三菱自動車は私たちの指針としてオープンでクリーンな企業として誠実に行動することを掲げていますが、長年に及ぶリコール隠しを含め一連の不祥事を考えますと建前だけの企業倫理がいかに空疎で企業を破壊するものであるかがうかがえます。同様に米国企業のエンロンにおきましてもそのことがいえます。二〇〇〇年七月にエンロン取締役会長兼ＣＥＯでありましたケネス・レイ（Kenneth L. Lay）は、同社が策定した **Code of Ethics** で次のように書いています。

エンロンならびに関係企業の役員ならびに従業員として、われわれは企業活動を実践するに当たってすべての関連する法令、そして倫理の面において、さらにはまた企業行動における正直さにおいて責任を負っている。（中略）われわれはエンロンに誇りを持ちたいと思うし、公正さ、正直さそしてそれらがエンロンでは尊重されているという社会的評価を得たいと思う。（中略）エンロンの素晴らしい社会的評価は経営者、管理職、従業員全員の皆さんに、そして私自身のこうした倫理的企業活動の実践にかかっています。

社会的に高い評価をぜひ得ていきましょうと呼びかけているわけですが、実際、同社長を中心にしてエンロンが展開していった経営はすでに周知の通りです。倫理・法令順守は建前ではなく、まさに言行一致＝Integrity

です。

(3) コンプライアンス経営――今後の課題

日本企業による企業倫理綱領の策定に進化が認められることは冒頭に申し上げた通りですが、策定状況は以下の通りです(表8)。

今後の課題としては次の四点をあげておきたいと思います。

1　経営理念を根幹において企業倫理策定に加えて研修の充実に努力し、そしてそれを暗黙知である企業風土・企業文化として醸成し、傍ら明示知化された企業倫理綱領を全役職員が共有する。

2　グループ関連企業においては、業種・業態、企業を取り巻く様々な相違もあってグループ中核企業の経営理念、企業風土・企業文化、同様に企業倫理観がとかく希薄化する問題があります。一連の企業不祥事の多くがこうしたグループ関連企業に端を発していることを認識し、関連企業の役職員に対して Core Values、倫理・法令順守の浸透に努力することが極めて重要な課題です。

3　内部告発制度、社内ホットラインの充実と法的整備。

4　グローバル企業としての責任。

二〇〇四年時点で、グローバル企業社会における日本企業の存在は次のようになっています。

Business Week Global 1000(市場価値基準)……一二九社

FORTUNE Global 500(売上高基準)……八九社

社会に対する企業の影響力が大きくなっており、高度信頼社会構築に向けて企業が果たす役割と責任は極めて大きなものがあります。ことにグローバル企業としてランク付けされている企業はグローバルにも社会的責

表8

	1996	1999	2002
企業倫理綱領策定済企業	22.3%	51.0%	79.5%
企業倫理研修を実施している	5.4%	22.9%	37.8%
企業倫理委員会を設置している	10.7%	28.4%	50.5%
CSR 委員会を設置している	29.5%	36.6%	42.6%

（出所：日本経営倫理学会誌 No. 10、2003。）

任を有しているという認識が大切です。

最後に一言付け加えておきたい点があります。それは「倫理は企業を鍛える」ということです。企業倫理を軽視した経営、安易な取引は結局は企業にダメージを与え、株主、従業員を中心とする利害関係者がその犠牲者となります。傍ら、そうした企業からは社会に有用な新たな価値は生まれませんし、高潔な倫理を保持してこそ、役職員が動機付けられ、企業価値を生むことについて考え抜き、それが企業発展の原動力となります。本田技研の今日の発展の原動力の一つにカリフォルニア州の厳しい排ガス規制があり、それにチャレンジしたことから本田技研の新たな技術的発展があったと吉野信行元社長が述懐されていますが、企業倫理におきましても同様で、「倫理が人も企業も鍛える」ということです。

（二〇〇三年九月二五日）

参考文献

Besser, T.L. *Team Toyota*, State University of New York Press, U.S.A. 1996.（鈴木良始訳『トヨタの米国工場経営』北海道大学図書刊行会、一九九九年。）

Drucker, P.F. *The Effective Executive*, Harper&Row Publishers, U.S.A. 1996.（上田淳生訳『経営者の条件』ダイヤモンド社、一九八五年。）

Koehn, D. *Corporate Governance, Ethics Across the Board*, Center for Business Ethics, University of St.Thomas, Houston, TX, U.S.A.

盛田昭夫　and SONY *Made in Japan*, E.P.Dutton 1987.（下村満子訳『Made in Japan』、朝日新聞社、一九八七年。）

中川敬一郎編著『経営理念』ダイヤモンド社、一九七二年。

日本経済団体連合会「企業行動憲章」（*Strengthening Measures for the Prevention of Corporate Misconduct*, Nippon Keidanren October15,2002.）

日産自動車決算報告書

『日産自動車社史一九六四―一九七三』

『日産自動車社史一九七四―一九八三』

New York Stock Exchange *Marketplace*, A Brief History of The New York Stock Exchange, NYSE 1998.

Smiles, S. *Self-Help*, John Murray, First Published 1859, Second Impression 1969.（中村正直訳『西国立志編』講談社学術文庫、昭和五九年。）

Spear, S. & Bowen, H.K. *Decording the DNA of the Toyota Production System*, Harvard Business Review September-October 1999.

住友商事広報室「住友の歴史から」昭和五四年。

トヨタ自動車企業PR部「障子をあけてみよ　外は広い」（*Open the Window It's a Big World Out There!*）一九九九年。

トヨタ自動車決算報告書

トヨタ自動車50年史『創造限りなく』（トヨタ自動車50年史・資料編、昭和六二年。）

読売新聞中部本社「トヨタ伝」（1）－（5）、二〇〇一年―二〇〇二年。

富士ゼロックス「社員行動規範」、二〇〇二年。

松下電器産業「企業倫理綱領」、二〇〇二年。

第13章

イトーヨーカ堂グループと経営革新

鈴木敏文

株式会社イトーヨーカ堂代表取締役会長兼ＣＥＯ
株式会社セブン‐イレブン・ジャパン代表取締役会長兼ＣＥＯ

1　社外取締役への疑問

近年、コーポレート・ガバナンス（企業統治）という言葉を耳にする機会が大変多くなりました。私も、企業にとってガバナンスとは一体何かと、いつも考えています。

コーポレート・ガバナンスの「形」として、最近では日本でも様々な制度が議論され、実際に取り入れられるようになりました。しかし、私はいかに形だけを整えても、コーポレート・ガバナンスの問題は解決するものではないと確信しています。極論すれば、形をいくらつくってみても何の意味もないのだと考えています。

私は今、日本で会社を経営していますし、アメリカでもセブン‐イレブン・Ｉｎｃ（Seven Eleven Incorporated）の経営に携わっています。先ほど先生から、セブン‐イレブン・Ｉｎｃは社外役員を含む役員構成になっていてなかなか立派な経営組織になっていると、お褒めいただきました。けれども、実はアメリカの会社制度で取り決められた仕組なので、仕方なく従っているのだということを先ほども冗談混じりに申し上げました。

どうして形をつくるだけでは駄目なのかというと、企業というものは、どんなに優秀な社外役員を入れようと、それだけでは経営の質を担保できないからです。企業の質とは、それを運営する人々、とりわけリーダーがどういう考え方で経営するかによって決まるものだと思います。外部から立派な社外役員を入れれば、それだけで企業が良くなるなどということはあり得ません。もしも、そういう方法で経営が改善されるのであれば、あらゆる企業全部が良くなっているはずです。

もちろん、トップの判断に対する牽制機能がまったく必要ないなどと言っているのではありません。しかし牽制機能を取り入れさえすれば万全だと思ったら大きな間違いだということを、まず申し上げたいわけです。

先ほどお褒めいただいたアメリカのセブン‐イレブン・Ｉｎｃの事例をまずお話ししましょう。現在ちょうど、セブン‐イレブン・Ｉｎｃの社長をはじめとした数名の幹部が新年度の予算について討議するため来日しています。そして、週末にはハワイでセブン‐イレブン・Ｉｎｃの役員会を開催します。そこには当然アメリカの社外役員も参加しますので、私たちは彼らに会社の経営状況を説明して理解を求めます。社外役員の方々は、日常的にセブン‐イレブンの業務に接しているわけではありませんから、正しく経営状況を把握していただくには丁寧な説明が必要ですし、そのためには相当な時間を費やさなければなりません。もとよりセブン‐イレブン・Ｉｎｃの社外役員というのは、皆さん大変立派な人たちで、アメリカの経済界でも名前を言えばすぐわかるような方々です。けれども、流通業のことは専門外でほとんど知りません。そのため、彼らにそれを十分理解してもらうことは大変で、ややもすると説明のための役員会を開くようなことになります。明らかに効率的とは言えませんが、アメリカではそういう制度になっているので、やらざるを得ないわけです。

冒頭に申し上げた通り、企業の質というのは、偏《ひとえ》にリーダーがどのような経営を行うかにかかっているのです。その経営をなぜ社外の人たちにわざわざチェックしてもらわなくてはいけないのでしょうか。社員たちが明確に意思表示のできる組織風土があれば、その企業の業務内容に知見を持たない社外取締役の人たちにチェックしてもらわなくとも、牽制機能は働くはずです。あらかじめその会社の仕事に知見を持っていないから、社外役員は公平な判断ができるのではないか、という意見もあるでしょう。しかし、社外役員はまったく経営者と人間関係がない人たちかというと、そんなことはありません。社外役員を選任する場合、ほとんどはＣＥＯが中心となって人選を行います。アメリカでも、社外役員を公募するというケースは、ほんのわずかしかありません。ＣＥＯが中心となって人を選ぶということは、もうその時点で人間関係があるわけです。アメリカでもほとんどそうなのです。よほどの人物でもない限り、自分を勧誘してくれた人の方針に対して反対することなどあり得ません。社外役員制度があるから安心だなどと言えないことは、この点からも明らかです。

社外役員制度が一定の成果をあげている場合も皆無ではないでしょう。しかし、多くの場合はあまり実質的な意味があるとは思えません。日本では社外役員を入れている場合でも、社外役員の方はほとんどトップとのつながりのある人々です。中には取引先の方が入っていたりしますが、互いに取引を前提とした判断にならざるを得ず、それでは公正な牽制機能など期待できません。別の表現をすれば、取引先から社外役員を迎えたのでは、むしろコーポレート・ガバナンスを損なうと言わざるを得ません。

私があえてこういうこと申し上げるのは、形から入るということは往々にして大きな間違いを起こす可能性があるということをご理解いただきたいからです。企業というものは、その企業に関わる人たちが自らの手で自分たちの企業としてのアイデンティティーを育み、それを尊重しながら継承していくということが最も自然で重要なことではないでしょうか。アイデンティティーとは、その企業の組織風土であり、経営理念にほかなりません。

現在、セブン‐イレブン・Ｉｎｃの社外役員は、ヒューレット・パッカードの前社長・会長を務めた人ですから、アメリカ経済界の中でも知らない人はありません。年齢は私よりも遙かに若い方ですが、流通業に関してはまったく知りませんから、説明するのが大変です。縷々《るる》説明し、提案しても、会議の後で「自分はどうもよく理解できず、申し訳なかった」と言われるケースが多いのです。セブン‐イレブン・Ｉｎｃでは、役員会を開く前に、社内の経営陣でいろいろディスカッションもするのですが、今回は社外役員もそれに参加させてほしいということで、参加してもらうことになっています。

私たちイトーヨーカ堂グループが、アメリカのセブン‐イレブン・Ｉｎｃの経営に参加して一〇年たちました。その間の経験からも、社外役員を入れれば会社が良くなるというように考えるべきではないと申し上げることができます。今、多くの方が一生懸命になって社外役員はどうあるべきか、というようなことをおっしゃっておられるのに、水を差すようで誠に申し訳ないと思いつつ、それでもあえて皆様方に申し上げたいことは、経営とは形から入るものではないのだということです。社外役員の問題を議論する前に、まずトップ自らの経営に対する思想が問われるべきです。

社外役員の制度については、キヤノンの御手洗社長とも私はよく話をしています。ご存じの方も多いかと思いますが、御手洗さんはアメリカで一三年間ご自分で会社を経営されていましたので、アメリカの経営制度については知りつくしていらっしゃいます。そして日本のキヤノンの経営を手がけてあれだけの好業績をあげている優れた経営者です。その御手洗さんも、巷間論議されているような社外役員制度に対し、日頃から大きな疑問を投げかけています。いや、御手洗さんがこの場にお立ちになったら、きっと私より一〇倍も厳しく社外役員制度の問題を指摘されるでしょう。あるいはトヨタ自動車の奥田碩会長なら、そのまた一〇倍ぐらい厳しい内容になると思います。キヤノンもトヨタ自動車も、わが国を代表する立派な会社であることには、どなたも異存はないと思います。その優れた企業の優れた経営者であるお二人が、同じように社外役員制度について問題提起していらっしゃるのは、結局、経営に対する思想をしっかりと確立されているからです。リーダーの経営に対する真摯な考え方がなければ、いくら形を整えても何の意味もないということを、お二人ともよくご存じなのです。

アナリストをはじめ経営分野の専門家を自任する多くの評論家の方々の議論は、アメリカの経営手法を手本に仰ぎ、アメリカでの成功例をそのまま日本に持ち込んで考えることが習慣のようになっています。私などは、形だけアメリカの真似をしても日本の経営には通用しないと、面と向かってはっきりと言いますから、多くのアナリストに嫌がられるわけです。アナリストの前では、私みたいなことをあまり言わない方が評判が良くなると思います。しかし、経営というものは現実を直視して、その現実に合わせた対応をその都度図っていくことが基本だと確信していますから、たとえアナリストの方々に嫌がられても、アメリカの後を追って形ばかり真似をしていても決して企業は良くならないのだと言わざるを得ないのです。

2 時代の変化を捉える

ところで、私どもイトーヨーカ堂グループというのは一体どういう会社かといいますと、今、全部で六四社の企業から成り立っています。グループ全体の単純売上高は五兆六、〇〇〇億円、連結の営業収益が三兆五、〇〇〇億円、連結の経常利益が一、九〇〇億円という規模です。小売業をメインの事業領域としていて、大型スーパーであるイトーヨーカドー、コンビニエンスストアのセブン‐イレブンなどグループ企業全体で見ますと、レジを通過する来店客数が一日一、二〇〇万人、年間では四三億人に上ります。

皆様もご存じの通り、国内の小売業ではこれまで、デフレということが大きな問題となってきました。それではデフレに陥った原因は一体どこにあるのでしょうか。

古典的な経済学者は、過去の例、例えば昭和初期のデフレを引き合いにして、当時はこういう方法でデフレを脱却できたのだから今回もこうすれば良いという話をされます。「古典的」という言葉をあえて使ったのは、今現在の経済環境や社会状況を直視せずに過去の経験則に頼った考え方である点を強調したかったからです。昭和初期のデフレと昨今私たちが経験しているデフレはまったく違うもので、過去の例は、今はまったく参考にならないと私は考えています。

では、過去と現在とどう違うのか。それをお話ししたいと思います。もとより私は学者ではありませんから、自分の経験を振り返ってみた中で実感したことです。

私がもう二〇年以上前からずっと言い続けてきたことに、「個人消費の構造的な変化」があります。どういうことかと言いますと、私ども小売業でいうと、製造業や小売業など商品を供給する側が消費市場を主導する「売り手市場」が一九七〇年代に終わったということです。売り手市場の時代というのは、まだ生活の中に物が十分に行き渡っていない時代で、消費者は旺盛な購買意欲を持ち、店頭に並ぶ商品はどんどん買っていただけました。売れない商品があっても、価格を少し下げれば買っていただくことができたのです。しかし、一九八〇年代に入ると消費者が消費市場を主導する完全な「買い手市場」に転換し、どんなに価格が安くても、消費者が価値を認めた商品でなければ買っていただけなくなりました。

なぜ、私がそういうことに気付いたかと言いますと、実は私どもイトーヨーカドーが一九八〇年代に入って初めて減益になった時の経緯からです。イトーヨーカドーは、八一年の中間決算で創業以来初めて経常利益が減益になりました。それまでは増収増益でずっときたわけですが、その時、売上が急に下がったわけでも特別何かの取組に失敗したわけでもないのに減益に陥ったのです。特別な経費が増えたのかというと、そういうわけでもありませんでした。

それでは何が原因なのかと、私が様々な経営数値を見直したところ、一番の問題は各店舗の商品在庫の積み上がりが経営を圧迫するようになっていたことだとわかりました。それまでは、在庫というようなことは考えなくてもよかったのです。なぜなら、商品の在庫がちょっと増えても、価格を下げれば処分できたからです。ですから、在庫が利益を圧迫するようなことはありませんでした。しかし、八〇年代に入る頃から、値下げをしても売れ残る商品が増え、さらに値下げが必要になって、それが利益を圧迫し始めたのです。

もちろん、それ以前から在庫コントロールをしなくてはいけないというようなことは言われてきました。

メーカーにおいても問屋においても、あるいはわれわれ小売業においても、昔から在庫は重要な経営指標とされてきましたが、その在庫問題を企業の中で指摘してきたのは、多くの場合、それぞれの企業の財務担当者でした。財務担当者というのは資金繰りについて常に考えており、在庫が増えれば資金繰りを圧迫するというわけで、これは至極当たり前の話です。しかし、営業担当者は在庫についてほとんど関心を持たないのが普通でした。私どもスーパーなどではむしろ、たくさん在庫を確保しておいた方が販売機会を逃さないという点で望ましいというのが、営業担当者の意識でした。

何年か前、東芝のトップに呼ばれて「社員研修で在庫の問題について話をしてほしい」と言われたことがあります。その方は「最終需要を考えず、モノをつくれば売れない方がおかしいと、在庫問題を考えない社員が大勢いる。これはとんでもないことだ」とおっしゃっていました。そこで私は在庫というものはどうあるべきかというようなことについて、一時間半ぐらい話をさせていただきました。別に東芝さんがどうこうということではなく、小売業と同様にメーカーさんでもやはり、在庫という問題にあまり関心を持たずに、ただモノを生産すればいいという考え方があるのかと改めて思いました。

また、今から二十数年前に、私は中国から招待を受けました。中国はこれから経済生産性をあげていかなければならないので、それについてディスカッションするようにと言われ、自動車、電機、化学関係、商社、流通などの各業界から一人ずつ、全部で六人ほど呼ばれたのです。私は流通を代表して参加しました。しかし、その時は中国の方々と話が噛み合いませんでした。なぜなら、その当時の中国には利潤という考え方がまったくなく、モノを生産する、つくるという観点から生産性を上げるという問題意識はありましたが、そこで終わりなのです。ご存じのように今の中国は利益に対してものすごくシビアに考えていますが、その時はまだ利益を出すという感覚がまったくありませんでした。それというのも、当時の中国はモノが足りないという時代であり、要するに「つくる」ということが重要で、利益を上げるという必要はなかったわけです。北京から始めて重慶や成都など内陸部まで行ったのですが、途中で日本から行った全員が、『これではいくら話をしても中国の人と話が噛み合わないな』と痛感しながら二週間過ごして帰ってきたという記憶があります。

なぜ急にこのような話をしたかと言いますと、モノが不足している時代と、モノが行き渡り充足している時代では、生産性一つとってもまったく考え方を変えなければいけないということを申し上げたかったからです。日本でも、モノ不足の時代、売り手市場の時代は、在庫という問題を考えずにとにかくモノをつくって並べて売ることが、利益を上げることに直結していました。その当時には、在庫は利益を圧迫するという見方はなく、実際に営業に携わっている人の感覚では、むしろ利益を上げるためには在庫を少しでも多く持つことが必要だったのです。しかしモノが行き渡ってしまうと、今度は消費者が自分の生活に必要なモノ・不必要なモノを厳選して購入するようになりますから、消費者に買ってもらえないモノをつくればつくるほど、不良在庫が積み上がり、利益を失ってしまうようになるわけです。経済環境や時代背景が変われば、問題の意味合いも一八〇度変わってしまうということです。そして、経済環境というものは、ほんのわずかの間に変わってしまうわけです。ですから、先ほど申し上げたデフレというような問題についても、環境や時代背景が異なる昔の対応を持ち出してみても何の役にも立たないということです。

3　時代の変化に対応する

では、どのように考えることが必要なのでしょうか。八〇年代はじめにイトーヨーカドーが減益になった話に戻りますが、その時、私はこう考えました。減益になった原因を探ると、次のようなことがわかってきました。モノが行き渡り始めた結果、モノ不足の時代のように売り手サイドの都合ではなかなか売れなくなり、それまでの経験から売れ残った商品を値下げして売ろうとしたものの、それでも売れなくなった。そうした値下げによるロスが増え続けて利益を圧迫するようになったということです。そこで、真剣に在庫回転ということを考えなければいけないと考えました。しかし、どうすれば在庫回転を高めることができるのか、過去の経験に頼ろうにも、それまでの経験にない事態ですから、手本はどこにもありません。結局、一つ一つの商品、単品がどのように売れているか、あるいは売れていないかといったことを見るしかないという結論に達しました。私はその当時から単品管理という言葉を使い始め、それを徹底して行うよう指導しました。その時、安くすれば売れるということではなく、一つ一つの商品、単品を見て、単品ごとに対応を考えていかなければならない時代になったのだと言いました。

ところが、八〇年代には日本経済はまだインフレ基調が続いていましたから、名目的には成長が持続していたわけです。「心の豊かさを重視するものの割合」というグラフを見ていただくとわかるのですが、八〇年代以降、心の豊かさを重視するという人の割合が増加しています。これは実際に何を意味しているのかを一言で言えば、すでにモノが行き渡って飽和状態になったということです。生活の中でモノが飽和してきたので、結果として選択的な支出は心の豊かさを充足する方向に向かったと見るべきなのです。

しかし、八〇年代から九〇年代にかけて盛んに言われたことは、これからは心の豊かさの時代だから、例えば通信などをはじめとしたサービスに消費が流れ、その結果モノが売れないのだということです。「携帯電話が流行るから、モノが売れなくなるのだ」というようなことがよく言われました。しかし、本当はまったく逆だと思います。従来私たちが扱ってきた消費財というものが完全に充足したのです。その結果、それまでモノの充足に向かっていたお金の流れがサービスの方向に向かったということで、その逆ではありません。

心の豊かさを重視するものの割合

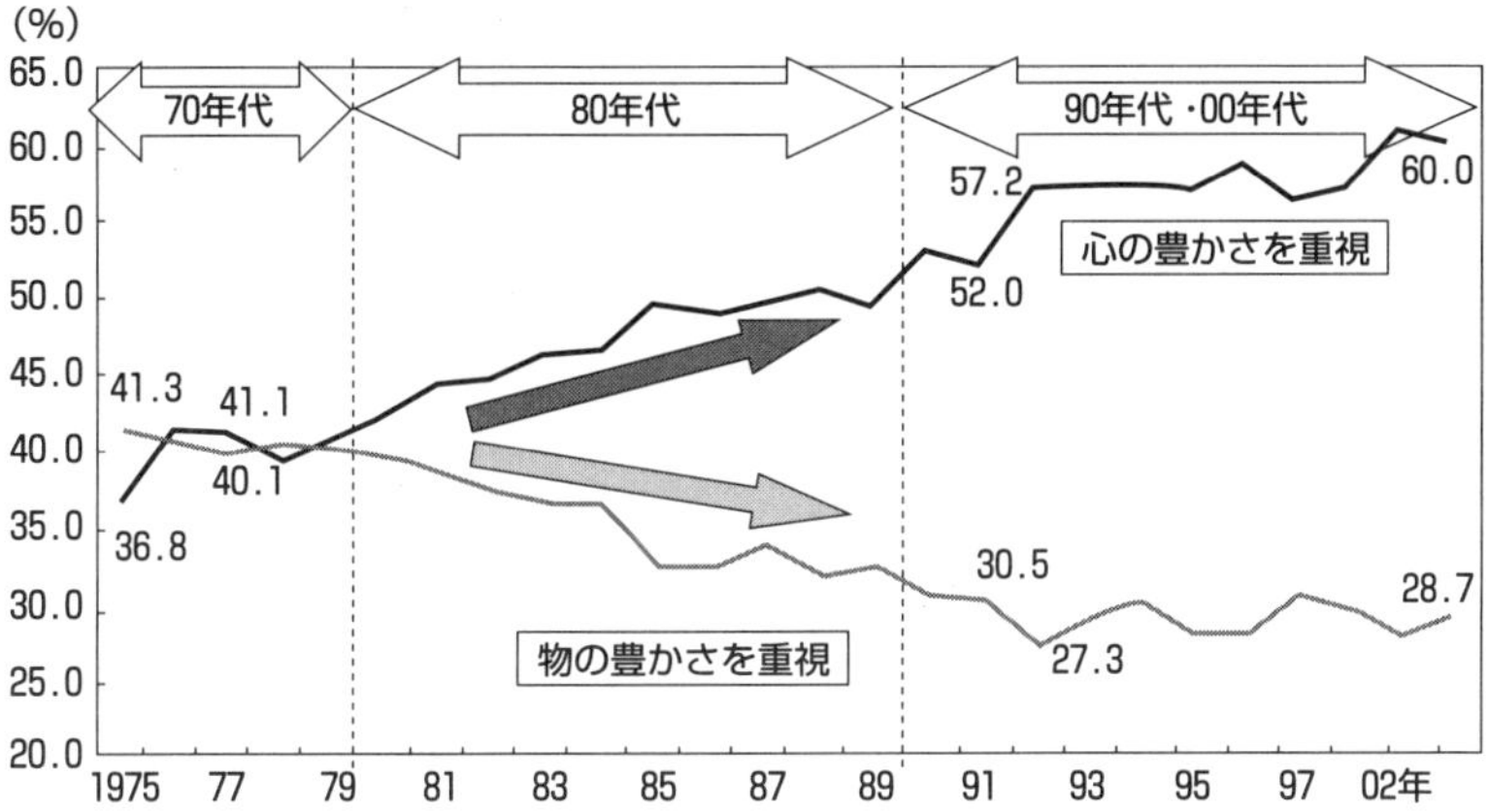

（出所）「国民生活に関する世論調査」

生活の力点

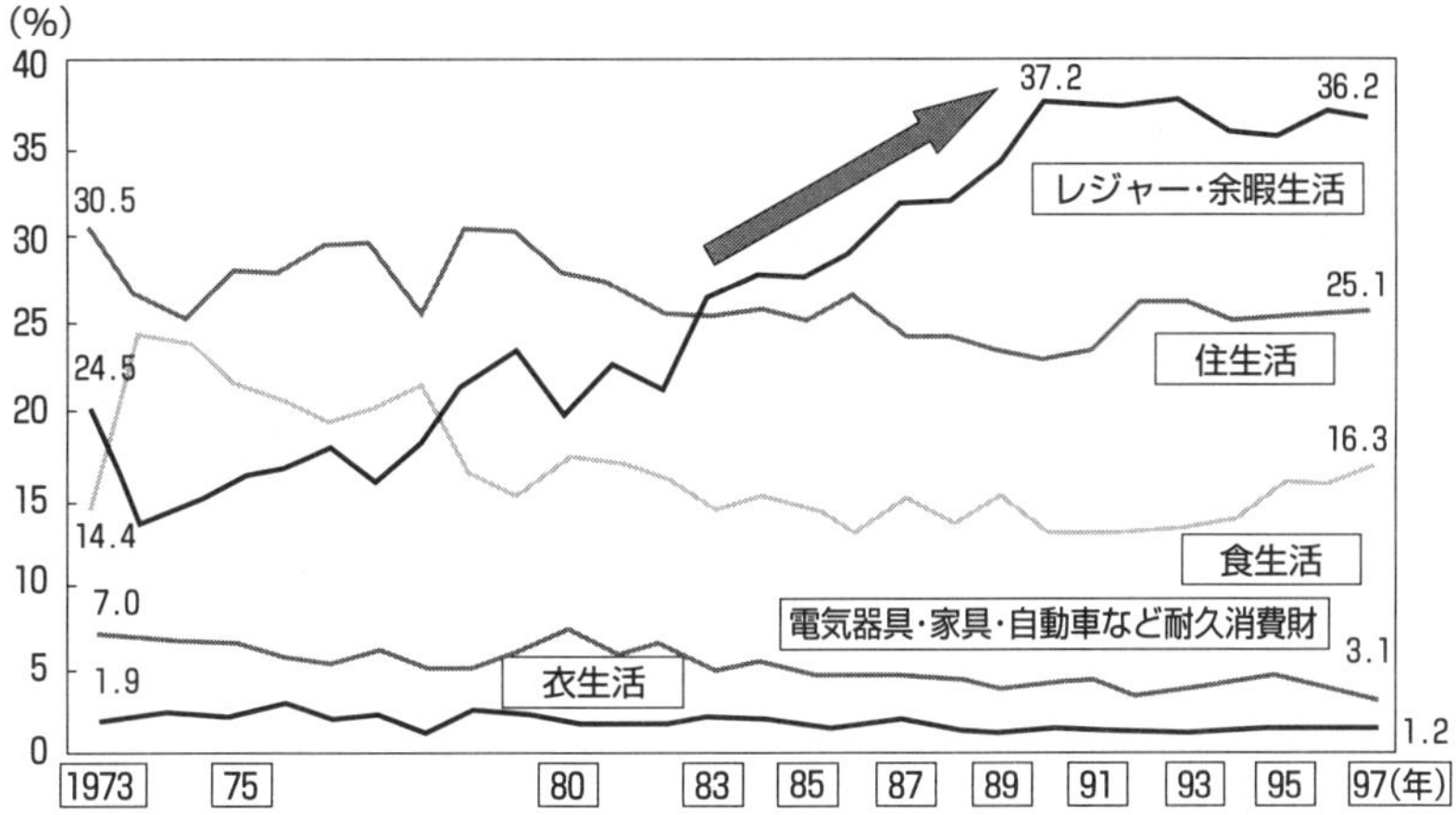

（出所）「国民生活に関する世論調査」

その証拠に今でも、これまでにない新しい価値を持った商品が登場すれば、値段が高くてもお客様は買ってくださるのです。もし過去のデフレと同じなら、もっと安いものが売れていいはずですが、実際の商売では安い商品ほど売れ残っているのです。むしろ今までにない新しいモノ、抽象的にいえば新しい価値を備えた商品は、値段が高くても売れているということです。「生活の力点」というグラフをご覧いただくと、そのことがおわかりいただけるだろうと思います（このグラフの元となったデータは、複数を選択しても良いというマルチアンサーですから、アンケートを取ったものを全部足しても必ずしも一〇〇にはなりません）。この結果を見ると、食生活とか電気器具・家具・自動車などの耐久消費財などはもう飽和状態になってきたということや、生活がレジャー・余暇の方に移っていることが見て取れます。しかしこの点も、世の中では逆の説明が多く行われているように思います。すなわち、人間の生活がレジャーとか余暇を求めるようになったために、モノが売れなくなったのだと。これも逆だと思います。資料だけを見て解釈すると、その説明はもっともらしく聞こえますが、それならモノへの支出は最低限に抑えたいわけですから、やはり安い物が売れるだろうという理屈になります。しかし、実際にはそんなことはないわけですから、その説明は論理矛盾を起こしています。

八〇年代半ばにプラザ合意があり、その直後から円高になって日本では一層インフレが進み、バブル経済と呼ばれる状態にどんどん進んで行きました。それが九〇年代に入ってバブルが崩壊したわけです。このバブルが崩壊したというのは、大変正しい言い方、正しい認識だと思います。八〇年代後半のバブル経済を、当時は多くの人が「経済成長なのだ」と勘違いしました。私たち流通業者もそうですし、メーカーもそうです。何か自分たちの努力によって業績が伸びているというふうに勘違いしたのです。しかし、実際には資産が膨張したことを背景に、見かけ上経済全体が成長しているように見えていたに過ぎません。私たち小売業もメーカーも、時代の変化に合わせた商売ができていたから、売上や利益を伸ばせたのではありません。その点を正しく認識できず、見かけ上の成長を実力による成長と錯覚したために、消費市場の根本的な変化をしっかりと捉える努力を怠ってしまったのです。

そして、バブル崩壊後、物が売れなくなると、不況でお金がなくなったからモノが売れないのだと多くの人が考えました。その結果、過去の経験から不況なのだからモノをもっと安くすれば売れるのではないかというような、完全な錯覚にとらわれたのです。実際には消費市場が売り手市場から買い手市場へと構造的に変化したにもかかわらず、それに対応した新しい価値の提供に取り組まないで過去の売り手市場時代の経験に頼った商売をしたために、消費者ニーズの変化に対応できなくなった結果、モノが売れなくなっていたのです。この変化を直視せずに、不況で物が売れないと考えて値段を下げる、それでも売れないからさらに値段を下げるという、われわれを含めた供給サイドの過去の経験に頼った無為無策が、デフレを招いたのではないかとさえ、私は考えています。

小売業を見ますと、一九九二―九三年のバブル崩壊後はデパートの売上が大きく落ち込み、スーパーの売上はそれほど下がりませんでした。ところが九三年以後は、デパートの下がり方の方が少なくて、スーパーの売上の下がり方が遙かに大きくなりました。もし、過去と同じように、不況で収入が落ち込む結果、安い物をお客様が求めているなら、デパートの売上が下がり、スーパーの売上が上がっていいはずなのです。しかし、実際はまったく逆になっているわけです。繰り返しますが、過去のデフレ期のように、不景気でお金がなくなって、その結果、消費者がモノを買いたくても買えないという状況だったわけではありません。消費者はお金を持っていても、本当にニーズに合った欲しい商品が見当たらないので、買い控えているというのが正確なところです。

よく「失われた一〇年」と言われますが、実体経済から見れば、金融を緩和して資金をふんだんに供給するだけでは、デフレが解消し景気が回復するはずはなかったのです。ところが、いまだにそういうことを言っている学者の方もたくさんおられます。しかし、お金をいくら出しても、ニーズに応えるモノやサービスの供給が伴わなければ、お金の行き先がないわけですから、だぶつくだけで、物価の上昇にはつながりません。

先ほども申しましたが、今、私たちのグループを見ても、小売業全体を通してみても、安いモノほど売れず、新しいモノであれば、少しぐらい高くても売れるのです。そういう意味で、デフレという経済現象に対する対応を考えても、従来と、今現在置かれている状況を前提としての対応では、まったく違うということをまず認識しなくてはいけない。そんなことを考えながら、私は経営しようとしているわけです。

4 成功体験を捨てる

今申し上げたような話を、私は社内で常にしています。けれども、人は過去の成功体験にとらわれていて、なかなかそこから抜け出すことができないものです。高度成長時代、私が言うところの売り手市場の時代の体験から、小売業に携わっている誰もが、売れない時は安くすれば売れると考えるのです。恥ずかしい話ですが、社員に対して、物不足の時代と現在とはまったく環境が違うのだから過去の経験は通用しないと繰り返し言っても、どうしても安売りに固執するわけです。ここでご同業のことまで申すつもりはありませんが、私どもイトーヨーカドーだけでなく、スーパー業界全体の業績が良くありません。その一番の原因は、まだまだ過去の成功体験にとらわれ、現実に即した対応ができていないからだと思います。言葉で過去の成功体験を捨てるというのは簡単ですが、頭で理解するだけでなく、行動を変えるところまでもっていくのは、大変に難しいことなのです。

自分で創業以来手がけてきたセブン‐イレブンの例を私はよく出しますが、もともとセブン‐イレブンは、大型スーパーなどがつくり上げてきた従来の流通のあり方に頼っていては成り立ちませんでした。セブン‐イレブンの一店舗一店舗はわずか三〇坪ほどの売場しかなく、一店舗の発注量一つとっても数個、十数個という単位ですから、当時の大量生産、大量販売を前提とした流通の仕組は、ロスが多過ぎて合わなかったのです。ですから商習慣や既成概念にとらわれず、取引先の協力を求めながら自分たちで新しい仕組を考え、実行することで成長してきたわけです。したがって、常識や既成概念を壊すということに対しては、同じグループ会社でもセブン‐イレブンの方がイトーヨーカドーよりも抵抗がありません。新しいものをつくっていくという点では、最近はセブン‐イレブンもマンネリ化してきたと私は文句を言っているわけですが、それでも同じグループの中で見ますとイトーヨーカドーよりもセブン‐イレブンの方が優っています。その結果、既存店の売上を見ても、セブン‐イレブンは今もそんなに下がっていません。イトーヨーカドーでも、ニーズの変化に合わせた新しい商品やサービスをしっかりと提供していくことが、今後の成長の鍵を握っているわけですが、そのためにはマーチャンダイジングのあり方を全部組み替えていく必要があります。

デパートでは、近年、新しい商品の提供ということに力を注いでいるように見受けられます。しかし、スーパーではなかなかこれが進んでいません。デパートとスーパーとの違いはどこにあるかと言うと、デパートは自分たちで独自の商品を企画して販売するという自主マーチャンダイジングも進めていますが、売場に並ぶ多くの商品はいわゆる問屋マーチャンダイジングです。つまり、取引先であるメーカーや問屋に売場を提供し、それぞれのメーカーや問屋が企画開発してつくった商品をそこで販売するという、平たく言えば場所貸しのような形をとっています。それぞれの売場では、メーカーや問屋が専門販売員を置いて自分たちの商品を売っているわけですから、お客様のニーズに合った新しい商品、新しい売場を、必死になって研究しています。

スーパーの場合は、衣料品などはメーカーや問屋に提案してもらった商品の中から自分たちの売場で売れそうな商品を選んで仕入れるという形が、これまで一般的でした。提案してもらうメーカーや問屋も、イトーヨーカドーではこれまでこういう商品が売れたから次のシーズンはこういう商品がいいだろうというような経験を元に、商品案を持ってきてくれました。しかし、現在のようにお客様のニーズの変化が激しくなると、去年これが売れたから今年はこれというような過去の経験がまったく通用しません。過去のデータではなく、今お客様が何を求めているかをしっかりと分析して、新しい商品づくりに結び付ける必要があります。そのためには、過去のようにメーカーや問屋に提案してもらったモノの中から拾い買いをするのではなく、自分たちで、自分たちの売場に来ていただいているお客様のニーズをしっかりとつかみ、メーカーや問屋とチームを組んで情報を共有し、マーチャンダイジングを組み立てていくことが必要です。そういう意味の自主マーチャンダイジングの能力を育てていかなければ、変化が激しい時代にお客様のニーズに合った新しい価値を持つ商品を提供することは困難です。

そのようなマーチャンダイジング力こそが、現在のデフレを脱却するためには不可欠だと確信しています。それによってお客様に支持していただける新しい商品を次々に提供し続けるということが、これからの成長の鍵を握っています。

いろいろな分野でいまだに安いモノを提供すればいいと言う人がいます。しかし、安いモノを提供すればお客様に買っていただけると考えているうちは、絶対にデフレから脱却できません。先ほども申し上げたように、小売業も問屋もメーカーも、安いモノを提供すれば売れるという考えに固執した結果デフレに陥ってしまったという側面があるわけです。今後、皆さんにはよく見ていていただきたいところですが、会社の業績を最も早く回復させられるのは、新しい価値を創造することに力を注いだ会社であり、逆に安いモノ、安いモノと考えているところは立ち直りが一番遅くなるのではないかと、私は考えています。

5 「人間の心理」の重要性

今、日本で暮らしている大多数の人は、モノがなくて明日の暮らしに差し支えるという状態ではありません。もちろん中には職を失って明日どうしようかと困っていらっしゃる方も皆無というわけではないでしょう。しかし、社会全体から見れば、ほとんどの人がモノに関しては充足している状態です。そうしますと、過去のモノ不足の時代のように、値段が高い、安いというような経済合理性だけでは単純に消費動向を判断できない時代になっています。そのような変化を踏まえて、私はよく社内でもこれからの経済は経済学よりも心理学を通してみることが必要だと言っています。

和田秀樹さんという、東京大学医学部を出て心理学・精神医学を専門にしている先生がおられます。まだ若い先生ですが、心理学や精神医学の知見に基づいて老人ホームの問題、あるいは経済の問題など様々なフィールドで活躍されています。先日、その和田さんと二人で二時間ぐらいいろいろ話し合う機会がありました。私が大変驚いたのは、先生ご自身がスーパーによく買物にいらっしゃるということです。流通業の話をしていたら、「あの店はこうで、この店はこうで……」と、名前をいちいちあげてどこどこのスーパーマーケットではこういう商品がこんな陳列をされているというようなことまでおっしゃったのです。そこで、今流通の世界でも消費者心理を読み込むことがいかに重要になっているかという話をしましたら、和田さんも大変賛同してくださり、今は皆、経済合理性だけで考え過ぎているのではないか、ということで意気投合しました。先生は研究活動において、心理の面から今の消費を捉えているということでした。

話は飛びますが、今のアメリカの消費について申し上げたいと思います。最初に申し上げましたが、今、アメリカのセブン‐イレブンの幹部が来ています。私は彼らとのディスカッションの折、「今、アメリカの消費はどうなんだ?」と訊いてみました。するとアメリカでも、所得階層でいうと上位に属する人たちと下位に属する人たち両極の消費の伸びが好調で、中位層は良くないとのことでした。確かに、アメリカではディスカウントストアであるウォルマートは今好調ですし、ニーマン・マーカスのようなハイソサエティーを対象としているところも成績が良いわけです。しかし、中位層をターゲットにしている小売業は必ずしも良くありません。

では、アメリカのセブン‐イレブンはどうかというと、中位層のやや下あたりをメインターゲットとした店になっているのですが、今日まで連続七〇カ月ほど既存店の対前年売上がプラスになっています。そういう意味では、日本のセブン‐イレブンより成績が良いわけです。アメリカの小売業全体で見ると、中位層を対象とした商売はやや苦戦していますが、セブン‐イレブンは好調な業績を上げています。これはどうしてかと言いますと、アメリカの流通の中でいち早く自主的なマーチャンダイジングに取り組んだ結果だと思います。私から見ますと、アメリカの流通業は遅れています。ですから、ちょっと考え方を変えて新しい商品を導入するだけで差別化ができ、売上を伸ばすことが可能なのです。

アメリカが遅れていると申し上げたのは、例えばチェーンストアの場合では自社で大きな物流センターを保有していて、メーカーがつくった商品をいったんそこに入れ、そこから各店舗に商品を供給しています。この場合、それぞれの店舗がその商品を必要としているか否かにかかわらず、割当としてそれを流していくというのがアメリカ流の商売です。確かに、商品のライフサイクルが長く、売り手が提供する商品が何でも売れる状態、すなわち売り手市場であれば、それは経済合理性に適った方法かもしれません。しかし、その合理性が通用するのは、高度成長期の日本のようにモノの充足が経済のテーマになっている社会であり、売れたらそれを同じ商品で補充するというやり方が通用している社会です。ところが、「こういうものなら買ってもいいが、それ以外は欲しくない」というような現在の日本の消費者と同じように、商品を厳選して自分が本当に欲しい商品しか買わないという、モノに充足している人たちの層も、当然のことながらアメリカにはあります。その層には、経済合理性一辺倒の方法は通用しなくなっています。こういうことを言うと我田引水に聞こえるかもしれませんが、モノに充足し始めているお客様たちに支持していただくことができているのは、新しい価値を持つ商品づくりをいち早く進めてきたセブン‐イレブンだけで、その結果、既存店の売上が伸び続けているわけです。

アメリカのチェーンストアは、チェーンストア理論を確立して成功したのですが、その理論のベースとなるチェーンストアのあり方というのは、大量に商品を仕入れて傘下の店舗に押し出すプッシュシステムです。アメリカの「近代的」な流通のあり方は、まさにこのプッシュシステムであり、商品が売れたらそれを補充するというやり方を採っています。しかしこのプッシュシステムでは、少しくらい高くても今までにない新しい価値のある商品が欲しい、自分の価値観に合った商品でなければ欲しくないという選択的消費に対しては、通用しません。そういうお客様のニーズに応えるには、本部から各店舗に画一的に商品を送り込むプッシュシステムでなく、各店舗が自店のお客様のニーズに合わせて商品を発注するプルシステムが必要です。

日本のセブン‐イレブンと比較すると、アメリカのセブン‐イレブンの店舗オペレーションはまだまだ低いレベルにあります。しかし低くとも、自店で販売する商品は自分たちで発注するというプルシステムを実行しています。幸いなことにアメリカのほかの小売業でこれを実行しているところはありませんから、そこに差が生まれているわけです。

では日本はどうかといいますと、日本の消費者ほど厳しい目で商品を選別する消費者は世界でも見当たりません。そして消費者のニーズが変化していくスピードもどんどん早くなっています。その厳しく、どんどん変化していく消費者ニーズに的確に応え続けることが、私たち日本の小売業の使命であると言えます。そのためには、従来の発想をがらっと変えてあらゆる仕組を見直していかなければなりません。わかりやすく言えば、消費のあり方や消費者ニーズが大きく変化したのだから、私たち小売業のあり方もそれに合わせて大きく変えていかなければいけないということです。しかし、既存のあり方を変えるということは、そんなに簡単なことではありません。相当強力なリーダーシップによって、トップダウンで変革を進めて行くことが不可欠です。真に力のあるトップなら、変革もスムーズに推進できるかもしれません。しかしながらイトーヨーカドーでは、私のリーダーシップの問題かもしれませんが、繰り返し同じことを言い続け、指導して徹底を図っていかないと変えられないというのが実態です。変わらないのは仕方がないなどとは言っていられません。これからの社会では、自らを変え得る企業だけが競争に勝ち抜き、生き残ることができるからです。だからこそ今、変化対応のための経営革新があらゆる企業に求められているのだと思います。

そういう意味では、まだ私のところはそれだけの力がないというのが、私の自己評価です。本日は「グループの経営革新」という講義テーマをいただきましたが、このように正直なところを皆さんに告白せざるを得ないというのが現状です。

（二〇〇四年一月一五日）

経営革新 vol.1

2005年3月31日　初版第1刷発行

監修　鈴木敏文・林昇一
編　中央大学総合政策研究科経営グループ

発行者　辰川弘敬
発行所　中央大学出版部
東京都八王子市東中野742−1　〒192−0393
電話 0426(74)2351　FAX 0426(74)2354

装幀　松田行正
印刷・製本　藤原印刷株式会社

ISBN4−8057−3130−3